성난 초콜릿

성난 초콜릿

그럴듯하면서 확인할 수 없고 매우 가혹한 가십의 문화 · 사회사
GOSSIP: FEASIBLE, UNCHECKABLE, DEEPLY DAMNING

조지프 엡스타인 지음 박인용 옮김

함께읽는책

기품 있는 사촌누이 샤론 로즈에게 바칩니다.

인생에서 가장 흥미로운 것 두 가지는 형이상학과 가십이다.
― E. M. 치오란

차례

#2_공적인 가십

#3_사적인 것에서 공적인 것으로

지적으로 껌 씹기

이 책은 가십에 관한 것이다. 어떤 역사에서든 어떤 문화권에서든 심한 비난을 받는 데도 불구하고 가십은 결코 멈출 수 없는 인간 행위이다. 교양 있는 분들이라면 몰라도, 대부분의 평범한 사람들은 두세 명만 모이면 그 자리에 없는 누군가에 대해 이야기하기 시작한다. 마치 음모라도 꾸미는 듯 친근한 분위기를 즐기는 것처럼 보인다. 그들은 그 자리에 없는 사람 입장에서는 거론되기를 원치 않는 일들, 예를 들면 금전적, 가정적, 위생적, 윤리적, 성적인 문제 등 영역을 막론한 그의 나쁜 품행에 대해, 또는 위선, 무취향, 오만, 신경질 등의 약점에 대해 이야기할 것이다. 그것도 아니면 형편없는 그 작자가 어쩌다 그렇게 성공했는지, 혹은 그렇게 훌륭한 사람이 어쩌다 그렇게 실패하고 말았는지 분석하면서 그의 성격을 파악하려 들지도 모른다.

　물론 가십은 오랫동안 엄청난 혹평을 들어 왔다. 가십의 내용은 사소한 것이며, 가십을 주고받는 사람은 불가피하게 저속하거나 변덕스러운 사람이라는 취급을 받았다. 가십은 '지적으로 껌 씹기'라는 불친절한 별명으로 불리기도 한다. 18세기 루이 14세의 베르사유 궁정에서 왕을 보좌하던 생시몽 공작이 벼락출세한 시종 소메리에 대해 묘사한 짧은 글은 가십의 전형으로 일컬어진다. 그 묘사는 마치 프랑스의 사실주의 화가 도미에의 그림에서나 볼 수 있는 과감한 풍자처럼 읽힌다.

"그는 으스대고 중요한 사람처럼 보이고자 했으며 자신이 버릇없다고 생각하지 않았다. 말할 때는 사람들의 귀에 대고 소곤거렸고 그렇지 않으면 손으로 입을 가렸으며, 때론 킥킥거리다가 재빨리 사라졌고, 언제나 가십을 내놓았다."

여기서 덧붙일 것이 하나 있다. 태양왕의 궁정에서 벌어진 모든 일을 연대순으로 정리해 놓은 생시몽 공작의 《회고록》은 지속적으로 만들어진 고급 가십과 역사적 사실이 서로 맞물려 있음을 보여준다는 사실이다. 하지만 가십에는 항상 판단이 내포되어 있음을 명심해야 한다.

아무리 나쁜 냄새를 풍기더라도 가십은 지속된다. 단순히 지속되는 것이 아니라 꾸준히 커지고 더 멀리 영향을 끼친다. 종교적·세속적 억압에도 불구하고 왜 가십은 사라지지 않으며, 어떤 방식으로 지난 수십 년간 그 지배력을 확대해 온 것일까? 한때 뒷마당의 울타리 너머에서 여자들끼리 주고받는 것이라 여겨졌던 가십은 이제 뉴스를 지배하며 정권을 바꿀 수도 있는 폭로와 동의어가 되기도 한다. 그리고 계속해서 인터넷을 통해 엄청나게 확산되며 그힘을 키우고 있다. 가십에 대한 욕구가 결코 충족될 수 없는 것은 왜일까? 왜 가십은 그다지도 매혹적일까? 그 참된 기능은 무엇일까? 누가 그것을 필요로 할까? 오늘날에도 끊임없이 넘쳐 나는 이유는 무엇일까?

이 질문들은 가십의 전체적인 의미를 이해하지 못하면서(그것을 탐구하려는 저자도 포함된다) 꾸준히 즐기는 우리들 대다수의 행동에 관한 문제이다.

가십의 역사는 저술된 적이 없으며 엄격하게 말하면 이 책에서도 다루어지지 않지만 대략적으로 살펴보면 이렇다. 가십은 매우 평범한 두 사람 사이에서 이루어지는 친밀하고 사적인 행위로 시작되었을 것이다. 그러다 인쇄기가 등장하고 대중에게 가십을 전하는 일을 직업으로 삼는 사람들이 생겨남으로써 가십은 곧 공적인 행위가 되었다. 이는 오늘날에도 마찬가지로, 공적인 가십에 대한 욕구와 그것을 전달하는 사람들의 숫자는 결코 부족해지는 법이 없다. 케이블 TV의 확대와 인터넷 망의 확산이 가십을 퍼나르는 데 엄청난 기여를 한 것은 두 말할 필요도 없다. 가십을 전파하는 수단과 기술이 다양해지자 자연스럽게 가십의 영향력 또한 확대되었다.

나는 이 책을 읽는 독자들이 이제껏 하찮은 것으로 취급되었던 가십에 대한 평가가 더 이상 옳지 않음을 깨닫게 되기 바란다. 가십의 중요성은 점점 커지고 있으며 다양한 부작용을 만들어 내는 수단으로서 공적 생활에서 매우 비중 있는 역할을 하게 되었기 때문이다.

이 책을 준비하는 동안 내게는 가십을 전하는 데 기교를 발휘하는 친구들이 생겼다. 개중에는 상당한 고위직에서 일하거나, 매력적이라고 정평이 나 있는 사람들과 어울리는 친구들도 많다. 그 덕분에 나는 가십을 받아들이는 데 상당한 재미를 느끼게 되었다. 그리고 가끔은 틀리고 사악하기도 하지만, 입이나 사적인 편지, 일기, 사후에 출판되는 개인 문서 같은 것이 아니고서는 달리 전해질 방법이 없는 일종의 진실이라는 가십의 성격에도 끌렸다. 가십으로 시작되는 정보라고 해서 진실이 될 수 없는 것은 아니다. 가십이 지니는 진실의 성격은 기만적인 진실이다. 유혹적이고 매력적이지만 때로는 속이는 것 같기도 하고 항상 회의적인 지성을 통해 여과시킬 필요가 있다는 점에서 그렇다. 가십은 비열하고 심지어 사악할 수도 있지만, 또한 엄청 흥미롭고 도움이 되며 중요하다. 때로는 이들 세 가지 모두에 해당되기도 한다. 여러분이 지금 들고 있는 이 책이 그 이유를 설명해 줄 것이다.

#1

사적인 가십

몰리는 전화를 많이 하는 여자다.
그녀는 전화기에 대고 대뜸 이렇게 묻는다.
"그래, 이번 가십은 뭐야?"
— 도리스 레싱 《황금 노트북The Golden Notebook》

우리가 중동의 평화 유지에 관해 길게 이야기할 수 없는 이유

가십은 어떻게 작동하며 어떤 효과를 발휘할까? 어떤 사람이 다른 사람에게 그 자리에 없는 세 번째 사람에 대한 어떤 이야기를 한다 치자. 그 이야기는 사실에 근거했을 수도, 그렇지 않을 수도 있다. 첫 번째 사람이 말하는 것은 십중팔구 그 자리에 없는 세 번째 사람에 대한 평판이다. 누군가의 사생활에 관한 가십은 보통 그 사람의 평판을 폄하하거나 훼손시키는 데 기여한다. 첫 번째 사람은 왜 그 가십을 꺼내기로 결심했을까? 세 번째 사람에게 원한이 있는 것은 아닐까? 그 자리에 없는 가십의 주인공이 했던 어떤 행동에 화가 났거나 기분이 나빴던 것은 아닐까? 어쩌면 그 가십의 내용이 아주 재미있거나 놀라워서 이야기하지 않고는 견딜 수 없었기 때문인지도 모른다. 아니면 그 가십을 들은 상대가 찰나의 즐거움에 대해 감사를 표시하리라 은근히 기대하고 있는 것일지도 모른다. 그것도 아니면 그 정보를 제공함으로써 두 사람 사이의 친밀감이 더욱 커지리라 기대하는 것은 아닐까?

가십에 귀를 기울이는 것은 훔친 물건을 받는 행위와 비슷하다. 가십을 듣는 순간 그것을 전하는 사람과 공모자가 되어 버리기 때문이다. 때때로 가십을 전하는 사람은 그 내용을 다른 사람에게 발설하지 말라고 단서를 붙이기도 한다. 이렇게 비밀이 요구되기도 하고 그러지 않는 경우도 있지만, 그 가십 속에 정말이지 사람을 흥분시키는 요소가 있다면 그 요구는 지켜지기 어렵다. 가장 훌륭한 가십들은 대개 사무실이나 힉교, 이웃, 촌락이나 소도시 같은 작은 집단의 내부에서 생겨난다. 내가 처음으로 이런 종류의 가십과 마주친 것은 십대 소년들이 데이트 상대인 여학생들에 관한 성적인 이야기를 화제 삼던 고등학교 시절이었다. 소년들은 여학생과 키스를 하지 않고도 했다고 거짓말을 하거나 거짓 가십을 늘어놓음으로써 자신의 지위를 강화시키려는 경향이 있다. 그래서 사소한 승리를 과장하거나 극화하여 퍼뜨리는 경우도 적지 않았다.

같은 무리에 속하지 않을 경우 가십에 대한 우리의 관심도는 사회적 관점이나 정치적 견해에 따라 좌우된다. 예를 들어 자신의 성향이 진보냐 보수냐에 따라 가십의 관심 분야는 판이하게 달라진다. 보수주의자들에게는 빌 클린턴에 관한 이야기가 재미있었겠지만, 진보주의자들에게는 그렇지 않았다. 마틴 루터 킹 2세에 관한 두 가지 가십은 세간에 꾸준히 떠돌았다. 하나는 그가 박사 학위 논문의 많은 부분을 표절했다는 것이고, 또 하나는 기혼임에도 불구하고 코넬대학교의 학장을 지낸 여성과 꾸준히 관계를 지속하는 등 수많은 염문을 뿌렸다는 것이다. 킹 박사를 존경하는 사람이라면 그런 이야기는 듣고 싶지 않겠지만, 그를 존경하지 않거나 대중의 영웅들에 회의를 느끼는 사람이라면 그런 가십에 당연히 매력을 느낄 것이다. 킹이 죽기 직전 제시 잭슨 목사를 해임하려고 했었다는 이야기는 제시 잭슨을 사기꾼이라고 생각했던 사람들에게는 매우 훌륭한 가십이었다. 이러한 이야기는 존 F. 케네디에게도 똑같이 적용된다. 그를 아끼는 사람이라면 그가 백악관 위층에서 영화배우나 마피아의 애인과 벌였다는 일들에 대해 별 관심이 없겠지만, 그를 별로 좋아하지 않는 사람이라면 그런 이야기에 흥미를 느낄 것이다. 오래전 〈뉴욕 포스트New York Post〉의 가십 칼럼니스트였던 얼 윌슨이 말했다시피 가십이란 "우리가 좋아하지 않는 사람들에 관해 무엇인가를 듣는 것"이기 때문이다.

비록 대부분의 가십은 사악하고 비열하며 앙갚음하려 하고 자신의 지위를 강화하고자 만들어지지만, 그렇지 않은 경우도 분명 있다. 그렇다면 가십과 루머는 어떻게 다를까? 루머는 대개 불쾌하고 이상한 사건들 혹은 사람들에게 일어나는 일들에 관한 것이 많으며, 일반적으로 사람들의 현재나 과거를 다루지 않는다. 따라서 실체가 없으며, 사실 여부가 아직 추측 단계인 사건들이 대부분이다. 미국의 법학자이자 베스트셀러 작가인 캐스 선스타인은 《루머: 오류는 어떻게 전파되며 왜 우리는 그것을 믿는가, 그리고 우리가 할 수 있는 일은 무엇인가?On Rumors: How Falsehoods Spread, Why We Believe Them, What Can Be Done》라는 그의 저서에서 이렇게 말했다. "루머란 사람이나 집단, 사건이나 단체들에 관한 아직 다듬어지지 않은 내용을 주장하는 것이다. 간단히 말해 사실로 드러나지 않았음에도 불구하고 사람들 사이에서 떠돌아다니는 것이다. 루머는 그것을 뒷받침해 주는 직접적인 증거 때문이 아니라 다른 사람들이 많이 믿는 것처럼 보이기 때문에 신뢰를 얻는다." 가십과 비교할 때 루머는 불특정의 듣는 이를 대상으로 더욱 널리 퍼지며 그 내용이나 퍼지는 방법도 덜 세밀하다. 루머가 가십에 이를 수 있으며, 가십이 루머를 강화시킬 수도 있다. 하지만 가십은 세심하게 선별된 특정 인물에게만 이야기되는, 다른 사람에 관한 매우 구체적인 정보라는 점에서 루머와 구별된다.

타인은 세상에서 가장 매혹적인 주제이다. 다른 사람에 관한 이야기를 제외하면 직업 이야기나 스포츠, 정치, 의상, 음식, 책, 음악 등 그와 비슷한 일반적인 것들에 관한 잡담이 있을 뿐이다. 그날그날의 사회적인 이슈나 사건들, 혹은 영원불멸한 주제들에 대하여 이야기하는 것도 가능하지만, 우리들 대부분은 그런 주제들에 대해 미미한 의견만을 갖고 있을 뿐이다. 아마도 우리는 그 주제들에 대해 흥미롭게 이야기하기는커녕 할 말도 그리 많지 않을 것이다. 정말이지 중동의 평화 조건이니 경제 예측, 신의 존재 등에 관해 친구들과 얼마나 오래 이야기하고 싶은가? 진실을 말하자면 그리 오랜 시간은 아닐 것이다.

어느 지인의 시들어 가는 결혼 생활, 시댁이나 처가 식구들의 화려한 겉치레, 독신 친구의 성적인 허풍 등에 대해 이야기하는 것은 그보다 훨씬 쉽고 또 재미있다. 대부분의 가십, 또는 대부분의 가장 훌륭한 가십은 대놓고 비난할 만한 것이라기보다 약간 의심스러운 행동들에 대한 것이 대부분이다. 그중에서도 가장 훌륭한 가십은 가까이 알고 지내는 사람에 관한 것이다. 거기에 약간의 유머가 더해지면, 비록 이야기를 듣는 상대방이 대상 인물을 만난 적이 없더라도 매우 훌륭한 가십이 될 수 있다.

여러 해 전에 런던에 있는 내 친구가 이런 이야기를 해주었다. 노벨문학상을 수상했던 극작가 해럴드 핀터가 보잘것없는 시를 한 편 쓴 뒤 그 원고를 복사해 친구들에게 보낸 다음 그들의 찬사를 기다렸다고 한다. 그 시 가운데 하나는 미국의 전설적인 야구 선수 조 디마지오에 비견할 만한 영국의 크리켓 선수 렌 허턴에 관한 것으로, 그 전문은 이랬다.

나는 전성기 때의 렌 허턴을 알고 있었네,
먼 옛날이지, 먼 옛날.

핀터가 보낸 원고를 받은 친구들은 여느 때와 마찬가지로 편지와 전화로 소감을 전했다. 그 시가 "매우 훌륭하며 완벽하고 간단명료하게 핵심을 찔렀으며 매우 감동적이었다"는 것이다. 그러나 한 사람만이 예외적으로 아무 반응이 없었다. 두 주가 지나도 아무 소식이 없자 핀터는 전화를 걸어 시를 받았는지 물었다. "물론 받았지." 그러자 핀터는 물러서지 않고 물었다. "어떻게 생각하나?" 그러자 그 사람은 잠깐 침묵하더니 이렇게 대답했다고 한다. "실은 아직 다 읽지 못했네."

이것이 바로 농담으로서 모범이 되는 가십으로, 여기에는 급소를 찌르는 요소가 곁들여져 있다. 이 경우 가십으로서 가장 커다란 흥미를 자아내는 것은 그 대상이다. 세계적인 명성을 자랑하는 극작가이자 노벨상 수상자가 이처럼 사소한 찬사에 집착했다는 사실, 이것은 바로 애처로운 허영에 관한 가십이다. 우리는 그처럼 성공한 작가라면 이미 그가 받을 찬사를 모조리 차지했으리라 생각하겠지만, 그의 생각은 달랐던 모양이다. 이것은 인물의 분석 또는 테스트로서의 가십이며, 거의 모든 훌륭한 가십에서처럼 이 영역의 테스트에서 합격하지 못하는 인물은 상당하다.

단지 등 뒤에서 누군가를 욕하는 것도 가십이 되는지 모르겠다. 얼마 전 한 친구가 편지를 보내왔다. 편지에는 우리가 함께 알고 지내는 한 남자의 아내가 그를 버리고 떠났지만 누구도 그녀를 비난할 수 없을 것이라는 내용이 적혀 있었다. 그녀가 남편을 버리고 다른 남자와 동거한다는 사실을 이미 알고 있던 나로서는 그 이야기가 놀랍지 않았다. 하지만 가십의 소재가 항상 새로워야 하는지 여부는 분명하지 않다. 남의 말하기를 좋아하는 종족들이 전하는 대부분의 가십은 제3자의 이미 알려진 실패나 애달픈 시련을 재연하는 것 그 이상은 아니다.

여류 작가 엘리자베스 하드윅은 〈파리 리뷰Paris Review〉 기자와의 인터뷰에서 다음과 같이 말한다. "나는 이야기하는 걸 좋아해요. 그 자리에서는 '나'도 자주 이야기되지만 보통은 다른 사람들에 대해 이야기하죠. 가십이랄까, 우리가 흔히 말하는 '인물 분석' 같은 거예요." 1940년대와 50년대 뉴욕에서 활발하게 활동했던 지성인

가운데 한 명인 미국 작가 아이작 로젠펠드는 농담 삼아 그런 가십을 '사회적 분석'이라 불렀는데, 그들 집단에서 그 분석은 가십의 대상이 된 사람의 피부를 한 겹 벗겨내는 종류의 것이었다. 뉴욕의 지식인들은 그들의 야심, 성생활, 자존심, 자부심 등을 등 뒤에서 험악하게 조롱했으며, 당연한 말이지만 거기에는 여러 가지 사악한 독창성이 발휘되었다.

"감출 것이 전혀 없는 사람들보다 인간적인 흥미가 없는 사람이 또 있을까?" 미국의 소설가 프레더릭 라파엘의 최근작《명성과 재산Fame and Fortune》의 한 등장인물이 묻는다. 우리들 가운데는 다른 사람들보다 감출 것이 많은 사람도 있고 감출 것이 거의 없는 사람도 있지만, 가십으로부터 자유로운 사람은 없다. 조금이라도 등 뒤에서 비난을 받으면 그것이 가십이 되는 것이다. 나는 얼마 전 나이 여든을 앞두고 있는 한 노인을 만났다. 그는 "더 이상 가십을 두려워하지 않아도 될 인생의 시점에 이르렀다"고 말했다. 사실 그는 책 수집벽을 제외하고는 어느 것에도 중독되지 않았고, 훌륭한 아버지였으며, 아내를 속이고 다른 여자와 바람피운 적도 없고, 허세를 부리지도 않았다. 요컨대 명예롭고 평온한 인생을 살아 온 사람이었다. 그러나 앞서 말했다시피, 만약 내가 그의 등 뒤에서 음식에 대한 그의 취향이 끔찍하다거나(그는 저렴한 식당에서 훌륭한 음식을 찾아낼 수 있다고 자부하곤 했다) 지적 판단력이 보잘것없다거나(문필가 대여섯 명을 매우 존경한다고 말했으나 그가 언급한 사람 중 시인은 새뮤얼 존슨뿐이었으며 나머지는 모두 사회학자였다) 음악과 영화에 대한 그의 안목이 별 볼 일 없다(음악회나 새로운 영화가 재미있었다는 이야기를 드물지 않게 하는 사람이었다)고 말하면서 돌아다닌다면 결코 기분 좋지 않을 것이다. 물론 사람들이 내 글이나 옷차림, 그다지 겸손하지 않은 허세를 공격하면서 내게도 그 비슷한 일들을 하고 있음을 안다. 만약 누군가 등 뒤에서 내가 관대하지 않다거나 미적 판단력이 엉망이라거나 불성실하다고 말한다면 나는 사실 여부와 관계없이 고통을 느낄 것이다. 즉 가십에 대해 난공불락인 사람은 없다.

가십의 정의 가운데 하나는 "타인의 사생활에 대한 여러 가지 소식"이다. 여기서 말하는 사생활은 각 남녀의 비밀이며, 표면상의 비밀스러움이야말로 바로 그 비밀들을 사적인 것으로 만든다. 뛰어난 사회학자였던 게오르크 지멜은 비밀이 "인류가 이룩한 가장 위대한 업적 가운데 하나"라고 주장한다. 함축적이며 명료한 그 말은 사회가 규칙을 제정함으로써 다른 사람들이 한 개인의 생활에 침입하지 못하게 되었다는 뜻이다. 만약 사적이며 소중한 것을 보호하는 이 자유가 없다면 우리의 삶은 엄청나게 비참해졌을 것이다. 은밀한 꿈, 희망, 사소한 악덕, 소중히 여기는 환상 같은 것들은 때론 비현실적이고 실현 불가능하다 할지라도 우리에게는 엄청난 의미를 지닌다. 따라서 이러한 것들을 침해하는 가십은 이들을 망칠 수 있으며, 그 같은 가십의 피해가 막대한 것은 바로 이 때문이다.

모든 가십이 사람들을 해치려는 목적에서 시작되는 것은 아니다. 가십도 매우 훌륭한 오락이 될 수 있다. 때때로 친구들, 심지어 매우 소중한 친구들의 문제점, 결점, 약점 등을 분석하는 것은 기분 전환이 되기도 한다. 철학자 마르틴 하이데거는 가십이 사소하고 천박하며 잘못된 권위를 갖고 있다고 못을 박고, 거기에 교육적 가치가 있음을 부인했다. 하지만 나는 매우 난해하고 불명료한 하이데거의 저작들보다 사람들이 주고받는 가십이 더 많은 지식을 제공하며 다른 사람들의 동기를 꼼꼼히 따지는 경우를 많이 보았다. 하이데거 자신도 한때 나치에 기울었다가 나중에 그것을 은폐하기 위해 노력했는가 하면, 기혼임에도 제자인 한나 아렌트와 정사를 가짐으로써 풍기 문란하면서도 매우 흥미를 자아내는 맹렬한 가십의 대상이 되었다. 그의 사후에는 더욱 그랬다.

가십은 사람이 모이기만 하면 나온다. 물론 비열하고 추악하며 사악할 수도 있지만, 기지가 넘치고 과감하며 매혹적일 수도 있다. 또한 가증스럽고 사기를 저하시키며 따분할 수도 있지만 기분을 들뜨게 하고 재미있으며 때론 교육적이기도 하다. 그것은 외딴 촌락의 원시적인 부족들 사이에서도, 대도시 빌딩 숲에서도 튀어나온다. 에덴동산에 유일하게 없었던 것은 아담과 이브가 가십을 나눌 제3자였다. 가십은 많은 비난에도 불구하고 현재로서는 사라질 것처럼 보이지 않는다. 어쩌면 결코 사라지지 않을 것이다.

Diary 어느 추운 날 어두컴컴해진 늦은 오후에 나는 책 한 권을 들고 아파트에서 한 블록 아래에 있는 피츠 커피숍으로 갔다. 혼

자서 커피를 마시며 책을 읽으려던 참이었다. 하지만 거기서 노스웨스턴대학교의 영어과 교수 S. L.을 만났다. 그녀와 나는 같은 대학에서 함께 일한 적이 있었고 나는 그녀의 학식을 높이 평가했다. 두 번이나 이혼했지만 자녀가 없는 그녀는 여전히 매력적이었다. 진지하고 겁이 없다는 평을 듣기도 했는데, 학자에게 겁이 없다는 것은 생각하는 대로 말한다는 뜻이었다. 한마디로 희귀한 존재였다. 그녀의 말에 따르면 자신은 학생들이 처음에는 겁을 내다가 이윽고 존경하게 되는 진지한 교수라고 했다. 우리는 결코 가깝지 않았지만 (단둘이 점심을 먹거나 술을 마신 적도 없었고 깊이 있는 대화를 나눈 적도 없었다) 나는 내가 그녀에게 그랬던 것처럼 그녀도 나를 존중해 주기를 바랐다.

그녀는 창가 쪽 테이블에 혼자 앉아 있었다. 그녀가 나를 알아보았으므로 커피를 기다리며 줄을 서 있던 나는 손을 흔들었다. 그리고 커피를 받아든 내게 합석을 권하는 시늉을 하기에 나는 그녀와 함께 앉았다. 나는 4년 전에 교직에서 물러난 상태였다. 그녀는 나와 동년배였지만 여전히 교직에 남아 있으리라고 짐작되었다.

내가 코트를 벗고 맞은편 자리에 앉자 그녀가 물었다.

"가르치는 일이 그립지 않아요?"

"전혀. 열심히 일했으니까. 그거면 된 거죠. 당신도 알다시피, 교수라는 사람들은 무엇이든 한 번만 말하고 끝내는 법이 없잖아요."

그녀가 가볍게 한숨을 쉬면서 대꾸했다.

"네, 그렇죠. 나는 교수를 '다른 사람들이 잠잘 때 말하는 사람'

이라고 정의한 것이 제일 마음에 들어요. 오든^{영국 태생의 미국 시인}이었
던가요?"

"영어과 사람들은 여전히 대단하죠?"

내 물음에 그녀는 이렇게 대답했다.

"의기소침한 사람, 실망한 사람, 발광한 사람으로 분류하면 적당
하겠군요."

"아, 그런데 그 가련한 아디스 로런슨이 자살했다는 게 사실이
에요? 그 후자에 해당하는 사람말이에요."

"네, 그래요. 오래전부터 알코올에 중독되어 있었어요. 욕조에서
시체로 발견됐는데 수에토니우스^{로마의 역사가}처럼 정맥을 끊었어요."

"맙소사!"

"그저 알코올 중독자 중 하나라고 생각했지, 자살을 할 만큼 별
난 사람이라고는 생각 못했었죠."

"봄가트너도 여전한가요?"

루이스 봄가트너는 영어과의 위대한 인물 중 하나로, 20년 전
얼빠진 학장이 스탠퍼드에서 끌어온 르네상스 시대 영어를 전공한
학자였다. 짙은 구레나룻을 기른 키가 작은 남자였다.

"그럼요. 봄가트너와 그의 부인은 여전히 따분하지요."

"릴리 봄가트너의 뚱뚱한 몸집과 검은색 앞머리, 남자의 수염 자
국처럼 거무스레한 코밑이 올리버 하디^{미국의 희극 배우}와 닮았다고 학
생들이 '올리'라 불렀던 거 알아요?"

"아뇨, 몰랐어요. 잔인하지만 그 독창성만큼은 탄복할 만하군요."

"봄가트너도 이제 나이가 많아 스카우트 제의가 없겠군요. 그동안에는 그것을 빌미로 연봉을 올렸는데 말이에요."

"어떤 남자도, 여자도 마찬가지지만 늙었다고 해서 탐욕스럽지 않거나 지저분하지 않은 건 아니죠. 특히 대학에 있는 남녀는 더요. 그건 그렇고 내가 에릭 헬러^{영국의 수필가}와 봄가트너 부부 얘기를 했던가요?"

에릭 헬러는 유대인이자 동성애자로, 체코 출신의 문예 비평가였다. 독일어과에서 학생들을 가르쳤으며 죽을 때까지 대학에서 가장 두드러진 인물 가운데 한 사람이었다.

"무슨 얘기요? 나는 에릭을 좋아했어요. 그가 죽기 3주 전쯤에 점심 식사를 같이했어요. 그의 친구 아이자이어 벌린^{영국의 역사가 · 철학자} 이야기를 너무 많이 하고 내 취향을 지나치게 존중하는 그의 속물근성조차도 나는 거부감이 없었죠. 그런데 무슨 얘긴데요?"

"봄가트너 부부가 노스웨스턴에 도착한 지 얼마 되지 않았을 때 에릭과 같이 점심을 먹은 적이 있는데요, 에릭이 내 쪽으로 몸을 기울이더니 봄가트너 부부를 아느냐고 묻더군요. 나는 한두 번 만난 적이 있다고 대답했어요. 그랬더니 이런 말을 하더군요. '어젯밤 루디^{당시 미술 대학의 학장}의 집에서 그들과 함께 있었는데 내가 봄가트너 부인 바로 옆에 앉았죠. 그런데 고통스러울 정도로 지겨운 여자였어요. 정말 놀랍더군요. 내가 상상력이 없는 사람이 아닌데, 아무리 노력해도 그런 여자와 동침하는 것은 상상이 안 되더군요.' 그의 목소리는 점점 날카로워졌어요. 마치 릴리 봄가트너와 동침하게 되면 어쩌나 두려워하는 것 같았죠. 나는 그의 손을 쓰다듬으며 이렇게 말했어요. '걱정하지 말아요, 에릭. 어느 누구도 그렇게 하라고 하지 않을 테니까요.'"

내가 말했다.

"그 이야기를 들으니 봄가트너는 아마도 지난 여러 해 동안 아내와 동침한 것 때문에 봉급이 인상될 만한 가치가 있었던 것 같군요."

우리는 계속해서 영어과의 다른 교수들에 대해 이야기를 나누었다. S. L.은 모든 비밀을 알고 있었다. 그리고 그녀의 표현에 의하면 '시인들의 무모한 작은 드리블'로 드러난 그들의 지나친 허영을 분석했다. 나는 무시해도 될 만한 새로운 상을 받은 사실을 알리기 위해 전자 우편을 정기적으로 보냈던 시인을 언급했다.

"맞아요. 그 사람으로서는 자신의 의심스러운 업적을 알려야 했을 거예요. 이러다 지난 주말에 아주 멋들어진 소화 운동을 했다고 전 대학에 알리는 전자 우편이 등장할지도 모르겠어요."

그녀는 영어과에 재직하는 '이른바' 학자들의 과장된 허세를 폭로하기 시작했다. 누가 자살을 시도했고, 누가 레즈비언과 동거하고 있으며, 누가 음주 문제를 비밀로 하고 있고, 누가 비공개 회의에서 동료 교수의 종신 재직권을 반대했으며, 누가 화려하고 비현실적인 새로운 행동을 했는지를 모두 알고 있었다. 이 훌륭한 가십의 스튜에 나는 나대로 내가 알고 있던 재료를 보탰다. 비록 그녀의 재료만큼 풍족하지는 않았지만.

우리는 그렇게 한 시간 반정도 이야기를 나누었다. S. L.은 자신이 알고 있는 가십을 모두 이야기했다. 쌀쌀한 빈정거림을 가미하면서. 나는 이야기를 듣는 내내 웃음을 터뜨렸으나 혹시 나에 대해서도 이와 비슷한 이야기를 하지 않았을까 한순간 궁금해지면서 섬뜩하기도 했다. 90분 이상 쉬지 않고 한 이야기 가운데 긍정적인 내용은 하나도 없었으며 공정한 평가를 내리려는 시도도 전혀 없었다. 혹평뿐이었고, 상처에 소금을 뿌리는 격이었다.

그런데도 나는 과연 언제 그렇게 재미있는 시간을 보냈는지 기억나지 않을 정도로 그 순간을 즐겼다.

다른 사람이 자신에 대해 무슨 말을 하는지 알 수 있다면
이 세상에 서로를 친구라고 부르는 사람들은 남아 있지 않을 것이다.
— 블레즈 파스칼

2
그럴듯하면서
확인할 수 없고 매우 가혹한 것

우리의 시선을 잡아끄는 뉴스는, 최근 일련의 사건을 대하는 저널리스트들의 경향과 마찬가지로, 알려지는 것을 원하지 않는 사람에 관한 뉴스이다. 오늘날 탐사 보도(이 말은 부정부패를 들추어내는 행위를 점잖게 표현한 말이며 그 목표는 폭로이다)에 대한 관심이 높은 것도 그 때문이다. 가십은 이러한 뉴스의 개념과 거의 완벽하게 일치한다. 알려지기를 꺼리는 다른 사람들의 비밀을 드러내는 것이 바로 가십이다. 그런데 차차 이야기하겠지만, 가십만이 그런 것은 아니다.

최근에 사회학자들은 '가십'이라는 말의 정의를 확대하기 시작했고 이제 가십이라는 말에는 약간의 악감정이 가미되었다. 그리고 가십에는 '반드시 사실로 확인되어야 할 필요가 없으며 다른 사람들에 관한 임의적이거나 억제되지 못한 대화'라는 과거의 의미는 물론, '정보의 유용한 전달'이라는 의미까지 포함되었다. 여기에서 과거의 가십이란 성서나 탈무드, 소도시의 모든 성직자가 통렬히 비난하며 일반적으로 무시되는 전통적인 가십을 말한다.

성에 대한 의식이 느슨해지면서 매춘 제도와 관련 산업들이 심각한 타격을 입은 것과 마찬가지로, 정신 건강을 위해 친구들은 물론 지인들에게라도 자신의 문제에 대해 고백하라고 권장하는 시대적 분위기로 인해 오늘날의 가십은 적지 않은 타격을 받고 있다. 만약 내가 여러분에게 자발적으로 내 자신의 약점이나 실수(성적인 괴벽, 여러 가지 중독, 속임수, 사악한 행위, 심각하면서도 사소한 부도덕 등)를 이야기한다면, 이는 친근하고 은밀한 분위기에서 다른 누군가를 통해 가십을 들을 수 있는 기회를 박탈하는 셈이다. 가십은 아직 알려지지 않은 일, 특히 스캔들을 폭로하는 성격을 띨 때 절정에 이른다. 오스카 와일드는 "스캔들이란 도덕에 의해 지루해진 가십"이라고 말했다. 스캔들로 점철된, 지겨운 부분이라고는 찾아볼 수 없을뿐더러 가십에 의해 파괴된 인생을 산 사람의 말치고는 엉뚱하기 그지없다.

훌륭한 가십이 되려면 그것이 사적이며 배타적이라는 느낌이 들도록 만들어야 한다. "이 얘기는 아무한테도 하면 안 되는데……" 또는 "너니까 하는 말인데……" 또는 "더 이상 말하면 안 되는데……" 등등 이렇게 시작하는 말들은 가십을 좋아하는 사람들에게는 "옛날 옛적에……" 하고 시작되는 동화와 같은 마법적인 효과를 발휘한다. 가장 매혹적인 가십은 그 주인공에 대해 아주 그럴듯하면서 확인할 수 없는 매우 가혹한 어떤 것이다. 유명한 가십 칼럼니스트였던 월터 윈첼이 '아이템'이라고 표현한 가십이 사실이라고 밝혀지기까지 한다면 더할 나위가 없다. 윈첼에 의해 시작된 이른바 맹목적인 아이템은 지금 우리 시대에도 사용되고 있다. 다음은 〈뉴욕 포스트〉 2009년 8월 28일자 제6면에 수록된 그 같은 아이템의 일부이다.

> 널리 팬들의 사랑을 받는 프로 골퍼가 입막음할 돈 수백만 달러가 필요해 스폰서 기업을 바꾸었다? 그는 오하이오 주 애크런에 있는 파이어스턴 컨트리클럽에서 경기 중 어느 스트리퍼와 관계를 맺었고 그 뒤 태어난 사생아를 비밀에 붙이기 위해 돈을 지불할 필요가 '있었던 것 같다…….' 케이블 뉴스의 앵커는 휴대 전화에 비밀번호를 걸어 두어야 할까? 최근 그가 전화기를 두고 잠시 자리를 비운 사이 그의 동료가 그의 휴대 전화에서 여자 친구의 알몸 사진을 '보았던 것 같다…….' 어느 정치가는 카리브 해에 있는 자신의 저택을 개축하는 데 대외 원조 자금을 사용한 혐의로 미국 정부의 수사를 받고 '있는 것 같다.' 사용된 443,000달러는 '보안 및 도로 보수'의 명목으로 책정되었다고 한다.

오늘날 가십에서 제기되는 또 다른 문제는 어떤 행태가 나쁜지, 그것도 얼마나 나쁜지를 가십이 판단할 수 있느냐는 것이다. 예컨대 요즘같이 이혼율이 높은 시대에 부부간의 부정이 가십으로서 가치가 있을까? 비록 그것이 배신행위이긴 하지만 결혼 당사자 가운데 어느 한쪽에 의한 일방적인 부정이라고 해도 더 이상 예전과 같은 도덕적 반감을 불러일으키지는 않을 것이다. 사람들은 그러한 가십에 놀랄 수는 있지만 충격을 받지는 않을 것이다. 자신이 동성애자임을 밝히는 사람들이 꾸준히 늘고 있는 마당에 동성애자라는 사실을 숨기고 생활하는 사람이 가십의 대상이 될까? 그럴지도 모른다. 하지만 이 경우에도 이전만큼의 전율은 없는 것 같다. 또는 누군가의 재산이나 그 사람이 그 재산을 모은 과정을 소개하는 것은 어떨까? 소설가 발자크는 커다란 재산의 뒤에는 반드시 범죄가 있게 마련이라고 말했다. 그 범죄에 대해 생각해 보는 것도 훌륭한 가십이 되겠지만, 이것 역시 그다지 충격적이지 않을 것이다.

가십의 입장에서 보면, 가족의 가치를 강조함으로써 주목 받았던 정치가가 젊은 청년이나 소년과 함께 '비유클리드적인 섹스'(미국의 비평가 H. L. 멩켄의 말이다)를 하다 발각된 사건에는 아직도 흥미로운 요소가 있다. 2007년, 가족의 가치를 강조하던 정치가 래리 크레이그의 미니애폴리스—세인트폴 공항에서의 동성애 현장이 들통났을 때 사람들은 충격보다는 또 하나의 위선이 드러난 사실에 흥미를 느끼지 않았을까. 교육부 장관을 역임하고 도덕을 주제로 한 많은 책을 쓴 윌리엄 베넷이 라스베이거스에서 슬롯머신을 하다가 300만 달러를 잃었다는 사실이 드러났을 때 내가 아는 도박꾼들은 그가 도박을 했다는 사실보다 도박장에 유리하다고 악명이 높은 슬롯머신에 그 많은 돈을 바칠 만큼 어리석다는 사실에 놀라움을 감추지 못했다. 요즘에는 확실히 가족의 가치나 도덕을 주장하는 사람들에게 스캔들이 뒤따르는 것 같다.

여기에 내가 최근에 들은 가십 하나를 덧붙이려고 한다. 이 이야기는 심지어 이런 종류의 충격에 무덤덤한 문화권에서조차 가십이 될 만하다고 생각되며 그 충격적인 내용 때문에 정확하게 분석할 필요가 있는 가십이다. 책에서 사람들의 이름을 밝히는 것은 명예 훼손이 될 우려가 있으므로 자제하려고 한다. (가십의 다수는 중상 비방의 성격을 띤다. 명예 훼손은 보통 인쇄물이나 영화 또는 다른 대중적인 매체를 통해 표현되는 데 반해 중상 비방은 연설이나 담화를 통해 표현되는 경우가 많다.)

얼마 전 나는 어느 유명한 미국 여류 작가가 자신의 아들과 근친상간했다는 이야기를 들었다. 이야기를 들려준 사람에게 이 놀라운 정보를 어디서 입수했느냐고 물었더니, 그 여류 작가의 아들과 함께 대학에 다닌 어떤 여자로부터 들었으며, 우울증을 앓던 그 아들이 그녀에게 털어놓았다고 대답했다. 근친상간은 분명 충격적인 가십임에 틀림없다. 고백하건대 나는 백인 꼴통의 농담을 제외하고는 근친상간에 관심이 쏠린다. 그 이야기는 그럴듯하면서 확인할 수 없고 매우 가혹한 것이라는 가십의 기준에 딱 맞아떨어진다. 먼저 그 이야기의 대상이 된 여류 작가는 성적으로 매우 개방적이어서 충분히 그럴 만한 사람이라고 생각되므로 그럴듯하다. 그리고 믿을 만한 취재원이라는 기준이 적합하지 않기 때문에 확인할 수 없다. 그 이야기를 직접 들었다는 여자를 만나본다 하더라도 내용을 확인할 수는 없을 것 같다. 다른 사람들에게 괴짜로 보이기를 원했던 그 아들이 거짓말을 한 것일 수도 있기 때문이다. 그 여자 역시 여러 가지 이유로 거짓말을 했을 수 있다. 그런 이야기를 퍼뜨릴 만한 동기가 있을지도 모른다. 우리는 그 아들을 찾아가 어머니가 당신을 잠자리로 끌어들였고 당신은 순응했느냐고 단도직입적으로 물을 수도 있다. 그러면 그는 정말이든 아니든 그것을 부인할 수도 있고 우리 얼굴에 주먹을 날릴 수도 있다. 그의 어머니는 사실을 확인해 줄지도 모르지만 이미 고인이 되었다. 아주 가혹한 것이라는 조건은 나를 놀라게 한 것만으로 충분하다. 근친상간이 다른 대부분의 사람들을 놀라게 하는 것도 그 때문이다. 하지만 이성적이지 못한 문화에서는 〈세인펠드Seinfeld〉라는 시트콤에 나오는 등장인물의 말처럼 "그것이 꼭 잘못된 것은 아니다"라고 말하는 사람도 있으리라 확신한다.

여러 해 전, 나는 뉴욕시립대에서 강의하던 문예 비평가 어빙 하우의 연구실에 찾아간 적이 있었다. 당시 그의 책상에는 훗날《우리 아버지들의 세상World of Our Fathers》이라는 제목으로 그에게 상업적 성공을 가져다줄 원고가 쌓여 있었다. 그의 명성은 이미 지식인층이나 언론계에서는 절정에 달해 있었지만 그는 우울해 보였다. "나는 때때로 나 자신에게 왜 이렇게 애를 쓰는지, 이 끝없는 일이 과연 무엇을 위한 것인지 묻곤 하네." 그러더니 내 쪽으로 몸을 숙이고는 이렇게 덧붙였다. "얼마 전에 L. C.(그녀의 본명이나 진짜 이니셜은 밝히지 않겠다)가 '어빙 하우는 성급한 유대 놈일 뿐'이라는 말을 했다는구먼." 이 이야기에서 가십의 조건을 충족하는 것은 대단히 진보적인 여성인 L. C.가 노골적으로 반유대적인 발언을 했다는 사실이다. 이 이야기는 어빙 하우가 아니라 L. C.에 대한 것이다. 이제 어빙 하우나 L. C. 모두 고인이 되었지만 내가 그녀의 이름을 밝힌다면 이 수치스러운 언급 때문에 그녀의 명성이 손상될 것이다. 그와 동시에 그녀의 이름을 밝히지 않음으로써 나는 이 이야기에서 훌륭한 가십으로서의 가치를 내버리고 있는 셈이다.

《대단한 서프라이즈: 리오 러먼의 일기》The Grand Surprise: The Journals of Leo Lerman라는 가십이 풍부한 책에서 소개된 한 이야기는 가십에서 실명을 밝히는 것이 어떤 문제를 일으킬 수 있는지를 보여준다. 러먼은 경력의 대부분을 콩데 내스트 출판 그룹Condé Nast Ma-gazines, 뉴욕에 본사가 있는 세계적인 잡지 출판사이 간행하는 잡지들의 필자 및 편집자로서 활약한 작가로 맨해튼에서 활동하는 언론계 및 예술계의 모든 인사를 알고 있는 듯 보인다. 그는 1969년 1월 6일 일기에 이렇게 적었다. "오나시스는 항문 성교를 좋아한다. 케네디 부인은 원치 않을 것이다." 과거 오나시스의 애인이자 러먼의 친구이며 그 이야기를 맨 처음 꺼낸 소프라노 마리아 칼라스는 몇몇 친구들에게 "뒤에서 당하면 아프기만 하고 지루하다"고 말했다고 한다. 이것은 대부분의 사람들이 원하는 것보다 훨씬 더 멀리 나아간 이야기일지도 모른다. 성적 취향에 관한 것뿐 아니라 그 취향의 불쾌한 세부 사항까지 다루는 가십이기 때문이다. 하지만 그 놀라울 정도로 은밀한 내용과 케네디, 칼라스, 오나시스 등의 이름을 감안할 때 그 가십은 저급한 내용을 담은 높은 수준의 가십일지도 모른다.

아니, 고급의 수준 낮은 가십인가?

내게는 매일 저녁 호화로운 식사를 하는 영국 친구가 하나 있다. 몇 년 전 그 친구가 갑자기 내게 피델 카스트로가 요즘 누구와 동침하는지 짐작하느냐고 물었다. 가능성의 범위가 워낙 넓었기에 나는 전혀 모르겠다고 대답했지만 친구는 좀 더 생각해 보라고 다그쳤다. 그래서 인도 최초의 여성 총리였던 인디라 간디, 미국의 영화배우 다이안 캐넌, 케네디 대통령 부인의 동생인 리 라지월 등의 이름을 댔지만, 그때마다 그는 '틀렸어', '거리가 멀어', '지금 장난하는 거야'라고 대꾸했다. 답은 연극 비평가 케네스 타이넌의 부인, 캐슬린 타이넌이었다. 그러니까 세계에서 마지막으로 성공을 거둔 혁명가(그 자신을 위한 성공이었지 불행하게도 그의 나라를 위한 성공은 아니었다)의 침대에 누워 있던 사람은 아름다운 여류 문사였던 것이다. 그것이 사실이었을까? 그럴듯하기는 하다. 타이넌 부부는 좌익적인 경향이 매우 강한 사람들이었으며 그들에게 카스트로는 위대한 인물처럼 보였을 것이다. 나는 다음에 카스트로와 마주치면 그 이야기가 진실인지 따져 묻겠다고 다짐했지만 아직 그 만남은 이루어지지 않았고, 친구에게 이 사실을 어떻게 알게 되었느냐고 묻지도 못했다. 하지만 그 이야기는 가십에 대한 이 책에서 되풀이되고 있다.

방금 이야기한 피델 카스트로뿐만 아니라 우리가 알지 못하거나 알 생각도 없었던 사람들에 대한 가십도 있다. 출판된 일기나 회고록, 서한집 등에는 다양한 가십이 가득하다. 문필가들 가운데 가장 신중했던 영국 시인 T. S. 엘리엇은 젊은 시절 친구인 콘래드 에이컨^{미국의 시인 · 소설가}에게 "편지는 분별없는 것임에 틀림없다. 아니면 공식적인 게시물일 따름"이라고 말했다. 자서전은 자신에 대한 가십을 늘어놓는 형식이며(덧붙이건대 일반적으로 가십과 똑같은 수준의 진실성을 지니는 경우가 대부분이다) 특히 오늘날에는 자신들의 결점을 털어놓는 경우가 점점 더 늘어나고 있다. 유쾌하지 못한 예이지만, 영국 배우 로렌스 올리비에는 조루증 때문에 비비안 리와의 결혼 생활이 원만하지 않았다는 사실을 우리에게 알릴 필요가 있었을까? 올리비에와 대니 케이^{미국의 배우 · 가수}가 애인이었다는 가십을 퍼뜨린 사람은 누구였을까?

유명한 사람들에 대한 가십 가운데는 오랜 세월에 걸쳐 전해지는 것도 적지 않다. 이런 종류의 가십 중 하나로, 따분하기 그지없던 영국의 에드워드 8세가 왕위까지 내던지며 결혼했던 월리스 심프슨 부인이 유럽에서 가장 훌륭한 구강성교 전문가라는 가십을 나는 최근에서야 들었다. 미국의 극작가 테네시 윌리엄스가 그의 회고록에서 이러한 내용을 밝혔다. 확인이 불가능한 역사적 가십의 완벽한 예이지만, 에드워드 8세가 동성애자였으며 그것이 대단한 비밀도 아니었다는 또 하나의 가십과 견주어 볼 필요가 있다. 물론 한쪽의 가십이 다른 쪽의 가십을 반드시 배제시키는 것은 아니다. 나는 예전부터 남자처럼 보이는 심프슨 부인이 실제로 남자였다는 의견(만약 사실이라면 그 두 이야기가 멋지게 어울릴 수도 있을 것이다)에 찬성해 왔다.

영국의 언론 재벌이었던 콘래드 블랙과 그의 부인 바버라 블랙에 관한 가십은 사회적 위선 및 사치에 관한 것이다. 두 사람은 블랙이 경영했던 미디어 기업의 주주에게 공금을 횡령한 혐의로 기소되었고 언론에 대서특필되었다. 〈뉴요커The New Yorker〉는 부잣집 아들인 콘래드가 자신이 영국의 귀족원(상원) 의원이 된 것은 생전 처음으로 평범한 사람들을 만날 수 있는 기회이므로 잘된 일이라고 했다는 예전 친구의 말을 인용해 보도했다. 〈배너티 페어Vanity Fair〉는 바버라 블랙만큼 값비싼 옷을 입을 수 있는 여자는 지구상에 대여섯 명밖에 없을 것이며 물론 자신은 거기에 해당되지 않는다고 밝힌 익명의 인물이 한 말을 싣기도 했다. 이들은 모두 가십의 일종인 심술궂은 사담의 본보기로서, 기지가 번뜩이는 재치있는 말들로 포장된 악감정이야말로 가십에 생기를 불어넣고 가십을 장난스럽게 만드는 데 도움이 된다는 사실을 상기시켜 준다.

다음은 '우리가 지금 살아가고 있는 방식'의 범주에 해당될 만한 가십이다. 누군가의 말에 따르면(내가 어딘가에서 읽은 것인지도 모른다) 사진작가 애니 레보비츠가 낳은 아이의 유전자 반쪽이 그녀의 오랜 파트너이자 깊은 우정의 대상이었던 수전 손택미국의 여류작가·비평가의 아들 것이라고 한다. (그러나 레보비츠는 정자 은행을 통해 제공 받은 것이라고 주장하고 있다.) 그 소문이 사실이라면, 손택은 그 아이의 공동 어머니이면서 동시에 할머니가 되는 것인가? 비록 그것이 사실이라고 하더라도 앞서 언급된 관계자들이 알고 싶어 하지 않을지도 모른다. 또는 조금이라도 유명한 사람들의 사생활이라는 것이 워낙에 지저분하고 공개되어 있으므로, 그 같은 사실이 알려지더라도 아무 상관없는 것일지도 모른다.

여기서 잠깐, 나로서도 서너 명을 건너 알게 된 이러한 가십들을 소개하면서 편안하지만은 않다는 사실을 말해 둔다. 나는 우리 시대의, 좀 더 이색적인 형태의 가십을 소개할 뿐이다. 나는 앞으로 이 책에서 더 많은, 심지어 더 끈적끈적한 가십이 나오리라는 것을 약속한다. 그리고 이 약속은 여러분을 이 책으로 더욱 끌어들이기 위한 것인지도 모른다. 내가 느끼는 거북함은 아직도 훌륭한 취향이라는 것이 존재한다는 사실에서 나오는 것이며, 이에 대해서는 이미 조금 전에 꽤나 흥분을 드러낸 바 있다.

가십에 대해, 또는 가십에 관계된 어떤 문제에 대해 책을 쓰는 사람이라면 가십에 대한 기본적인 태도가 명확해야 한다. 가십이 즐거운 것이라고 생각하는지 유해하다고 생각하는지, 재미를 주는 것인지 나쁜 취향일 뿐인 것인지를 결정해야 한다. 당신은 가십을 개선의 여지가 없는 인간성의 여러 측면 가운데 하나라고 보는가? 그래서 가십과 관련된 이러한 이야기들이 아무런 의미가 없다고 보는가?

나는 가십을 비난할 수 없다. 양심상 그렇다. 종종 너무 많은 가십이 사람들의 명예를 훼손하거나 인생을 파괴해 버리는 것은 물론 그 사회의 분위기를 저하시키기도 하지만(가십이 실제로 그랬는지는 이 책의 뒤에서 따져 볼 생각이다) 아무튼 나는 평생 동안 멋진 가십을 듣는 일에 기쁨을 느꼈고, 이상한 노릇이지만 그것을 전하는 데서도 진정한 즐거움을 맛보았다. 그리고 때로는 내가 가십을 만들어 내기도 했다. 이것은 잘못된 쾌락일까, 아니면 사과할 필요까지는 없는 쾌락일까? 옥스퍼드대학교의 학장으로서 사회에 대한 거침없는 능변으로 유명했던 아이자이어 벌린은 미국 최고재판소의 대법관 펠릭스 프랭크퍼터의 아내였던 매리언 프랭크퍼터에게 보낸 편지에 이렇게 적었다. "저는 사람들에 대한 말이든 사람들에게 하는 말이든 제가 하고 싶은 말을 멈출 수 없습니다. 만약 멈춰야 한다면 제 인생은 즉각 그 재미를 잃을 것이며 삶을 지속할 이유도 없을 것입니다." 뻔뻔스럽다. 정말 뻔뻔스럽다. 그렇지만 나는 아이자이어 경이 무엇을 말하려는지 안다. 여러분도 알 것이라 믿는다.

Diary 1991년 어느 날 밤, 워싱턴에서 만찬이 열렸다. 이 자리에는 신보수주의의 대부라 불리는 어빙 크리스톨과 그의 아내 비 크리스톨(빅토리아 시대 지식인의 삶을 다루는 역사가 거트루드 히멀퍼브와 동일 인물이다), 화가 헬렌 프랑켄탈러, 그리고 나까지 네 명이 참석할 예정이었다. 당시 크리스톨 부부는 워싱턴에 살고 있었고, 미국 국립예술기금위원회NEA 전국 평의원이었던 헬렌과 나는 평의회 회합에 참석하기 위해 워싱턴을 방문 중이었다. 만찬은 저녁 7시에 포시즌스 호텔에서 열릴 예정이었다.

오후 5시쯤 비 크리스톨이 내게 전화를 걸어 만찬이 끝난 뒤 다과를 즐기는 자리에 딕 체니와 그의 부인 린이 합석해도 되겠느냐고 물었고 나는 기꺼이 좋다고 대답했다. 당시 국방 장관이었던 딕 체니는 이라크를 상대로 한 걸프전을 성공적으로 수행하고 있었으며 아직까지 그의 정치적 반대자들이 즐겨 부르는 '사람 잡는 도깨비'가 되기 전이었다. 그리고 린은 전국인문학기금의 이사장이었다. 비 크리스톨은 린이 예술기금이 어떻게 운영되는지 우리 이야기를 듣고 싶어 한다고 전했다.

체니 부부는 8시가 조금 지나 도착했다. 그들을 호위한 경호실 요원들은 식당의 복도에서 대기했다. 당시 일반 영화관에 갈 수 없었던 딕은 미국 영화원이 그들 부부를 위해 특별히 상영해 준 영화를 보고 오는 길이었다. 나는 그날 밤 딕 체니가 전면에 나서지 않으려 했고 매우 겸손했다고 기억한다. 중간에 중부 유럽 악센트가 있는 하원의원 톰 랜토스가 우리 테이블로 다가와 딕과 악수를 나누면서 걸프전을 아주 훌륭하게 수행하고 있다며 찬사를 늘어놓았다. 그다음에는 웨이터가 다가와 손님 중 한 사람이 딕 체니의 노고를 기리는 뜻에서 샴페인을 사고 싶어 한다는 말을 전했지만, 체니는 사양했고 웨이터에게 고맙다는 뜻을 전하라고 당부했다.

커피와 디저트를 앞에 두고 많은 대화를 나눈 것은 린 체니와 헬렌 프랑켄탈러, 그리고 나였다. 린은 예술 기금에 관해 여러 가지를 물었고, 우리는 성의껏 대답했다. 딕은 자신의 아내가 테이블에서 대화를 주도하는 것에 전혀 개의치 않는 듯 보였다. 어쩌면 국방부에서 거의 매시간 콜린 파월을 대동하고 카메라 앞에 서서 전쟁 수행에 관한 질문에 답변한 뒤였기 때문에 침묵을 지키는 편이 더 좋았는지도 모른다.

한 시간 반쯤 이야기를 나눈 뒤 체니 부부는 식당을 떠났다. 나는 그들에게 깊은 인상을 받았다. 헬렌 프랑켄탈러도 그랬다. 그녀가 입을 열었다.

"린 체니, 아주 똑똑한 여자군. 질문이 성말 날카로웠어. 그런데 그 남편은 뭐하는 사람이야?"

비, 어빙, 그리고 나는 서로 시선을 교환했다.

내가 대답했다.

"실은 국방 장관이지요."

나는 헬렌의 반응은 기억하지 못한다. 하지만 이런 일에 머뭇거리지 않은 크리스톨 부부의 우아한 태도는 기억하고 있다. 그리고 그날 밤의 나머지 시간도 멋지게 지나갔다.

친구에 대해 좋게 말하지 마라.
좋은 얘기로 시작하더라도,
결국엔 나쁜 얘기로 끝날 것이다.
— 탈무드

3
심리학자들이
간과하고 있는 것

미국의 정치가 벤저민 프랭클린은 "세 사람이 비밀을 지키려면 두 사람이 죽어야 할 것"이라고 말했다. 대부분의 사람들은 자신이 비밀을 지킬 수 있다고 생각하지만, 정말로 그럴 수 있는 사람은 거의 없다. 때문에 가십은 결코 사라지지 않을 것이다.

17세기 프랑스의 모럴리스트 라브뤼예르는 "타고난 신사나 교양인을 제외하고는 비밀을 지킬 수 있는 사람은 거의 없다"고 썼다. 하지만 내가 아는 매우 교양 있는 사람 중에서 몇몇은 비밀을 깨뜨리는 가십에 대한 커다란 욕구를 가지고 있다. 예전에는 가십을 듣거나 말하는 것을 훌륭하지 못한 취향이라고 여겨 신사, 숙녀 사이에서 그와 같은 행동을 금기시했다. 가십이란 게으르고 느른하게 주고받는 대화를 가리키는 말이었으며, 보잘것없고 비열한 것이라 생각되었다. 그리고 잘못된 생각으로 밝혀졌지만, 제대로 시간을 보내지 못하는 여자들이 가십을 나눈다고 간주되었다. (이 문제를 다루었던 대부분의 사람들은 남자들도 여자만큼 많이, 그리고 같은 빈도와 강도로 똑같은 재미를 느끼면서 가십을 주고받는다고 결론짓는다.)

가십의 스펙트럼은 가볍고 부주의한 행동부터 결정적인 배신행위까지 다양한 영역에 걸쳐 있다. (독일의 사회학자 외르크 베르크만이 가십에 대해 쓴 유용한 책의 제목이 바로 《신중한, 신중하지 못한 행위Discreet Indiscretions》이다.) 가십의 대상이 된 사람들에게서 수다쟁이들을 떼어놓을수록 배신은 희미해지고 무분별한 행동도 줄어든다. 예컨대 엘리자베스 테일러의 수술을 맡았던 부인과 의사의 말에 따르면, 그녀는 경호원을 대동하고 병원에 나타나 수술하기 전에 면도한 자신의 치모가 제대로 수거되어 적절하게 폐기되었는지 (혹시 간호사가 그것을 모아 인터넷 경매 사이트에 내놓지는 않았는지) 확인했다는 것이다. 이러한 이야기 역시 가십의 하나이지만, 그것을 퍼뜨리는 일이 배신행위라고 느껴지지는 않는다. 다만 나 자신이 비열하고 나쁜 취향을 가지고 있다고 느낄 뿐이다. 그리고 요즘 같은 시대에, 그 이야기는 어쩌면 사실일 수도 있겠다는 생각이 든다.

　가십은, 당연한 말이지만 뉴스의 한 가지 형태이다. 에벌린 워가 쓴 언론에 관한 소설 《특종Scoop》에 등장하는 한 인물은, "사람들이 읽기 원하는 것이야말로 뉴스이고, 일단 활자화가 되면 더 이상 뉴스가 아니며 흥미를 끌지 못한다"고 말한다. 덜 확산되고 덜 알려질수록 그 독점적인 성격 때문에 더욱 새롭고 더욱 강력하며 더욱 흥미를 끌게 된다는 것이다. 강도가 센 가십일수록 그 자리에 없는 사람에 관한, 그때까지 알려지지 않은 내용으로, 최대 두세 명에게만 은밀하게 전달되어야 한다. 가십이 너무 널리 알려지면 활자화된 뉴스처럼 더 이상 별다른 흥미를 끌지 못한다. (그렇다고 해서 타블로이드 신문이 오프라 윈프리의 체중 가감이나 브래드 피트가 결혼에 대해 느끼는 따분함 등에 대해 똑같은 이야기를 되풀이하는 것을 막을 수 있다는 말은 아니다.) 그리고 뉴스와 마찬가지로 가십은 나쁜 소식이어야만 흥미를 불러일으킨다.

"다른 사람의 은밀한 장점에 대해 가십을 말하는 사람은 없다." 철학자 버트런드 러셀은 말했다. 그러나 드물지만, 이론적으로는 가능하다. 매우 훌륭한 자선 행사에서 거금을 기부한 사람의 이름을 공개하는 것이 그 예가 될 것이다. 거대한 자선 행사까지는 아니더라도 관용을 베풀거나 친절한 행위를 한 사람에 대한 가십을 통해 사람들은 아직 세상에는 조건 없는 선행이 존재하며 이것이 바로 주님의 뜻이 아니겠느냐고 믿어 버린다. 그러나 이러한 이타적인 행동의 이면에 있는 저속한 동기(예를 들어 죄책감의 해소, 도덕심의 과시, 세금 감면 등)를 찾아내는 것이 바로 가십의 본성이다. 어쩌면 여기에는 앞서 소개한 탈무드의 경고가 작용하는지도 모른다. 즉 사람들의 좋은 점에 관해 이야기하면서 대화를 시작하더라도 이야기는 자연스럽게 부정적인 가십으로 흘러가게 된다는 말이다.

사회학자들은 상당 기간 동안 가십의 여러 가지 사회적 용도를 밝히거나 강조하고자 연구하면서 가십의 이미지를 바꾸기 위한 활동을 해왔다. 가십은 대기업, 관공서, 대학 등 직장 내부에서 무슨 일이 벌어지고 있는지 헤아릴 수 있는 소문들을 쏟아 내는 원천으로서 근로자들에게는 자신의 장래에 중대한 영향을 미칠 수도 있는 사건을 미리 알아챌 수 있는 유일한 수단이 되기도 한다. 또한 동료들의 상황을 파악하는 데 효율적이기도 한데, 예를 들어 당신과 부사장 직책을 놓고 경쟁하는 여성 간부가 CEO와 동침하고 있다는 내용의 가십은 얼마나 소중한 정보인가?

대학들도 마찬가지이다. 누가 누구와 동침하느니 누가 승진할 것 같다느니, 누구는 야심이 꺾였다느니, 누구의 연봉은 얼마냐느니, 누가 누구를 미워한다느니, 어떤 직책이 새로 생긴다느니 등등 가십 없는 대학은 상상도 할 수 없다. 그런 가십을 나누는 데 동참하는 것이 대학에서 성공적인 경력을 쌓는 데 중요할 수도 있다는 말이다.

나는 최근에 이웃들과의 저녁 식사 자리에서 가십이라고 할 만한 사실 몇 가지를 알게 되었다. 얼마 전 사망한 이웃의 사인이 자전거를 타다가 당한 사고 때문이 아니라 혈관 촬영 도중 동맥에 상처가 생겼기 때문이라는 것, 최근에 이사 온 서로 다른 성을 쓰는 남녀가 사실은 결혼한 부부라는 것, 얼마 전 아파트로 이사 간 60대 초반의 독신남이 그곳에서 많은 인기를 한 몸에 받으며 행복하게 지낸다는 것, 동생과 출세 경쟁을 하던 어느 이웃 남자는 경쟁에서 졌는지 성질이 사납다는 것, 우리 아파트의 수위가 25년의 결혼 생활을 끝내고 이혼 절차를 밟고 있다는 것, 위 축소 수술을 받았던 한 이웃이 그 뒤로도 여러 차례 입원해 재수술을 받았다는 것 등이다.

그동안 다른 사람들이 내가 그런 정보에 무관심할 것이라고 오해해서 하지 않았던 이야기들을 그 이웃 여자는 말해 주었다. 물론 나는 이 유용한 정보들을 이야기해 준 활발하고 생기 넘치는 그 이웃 여자보다는 호기심이 적을 것이다. 이 이야기들은 모두 악감정이 없는 가십이자 유용한 정보가 되는 가십이었으며, 나는 그 정보들을 얻게 되어 흐뭇했다.

이것은 사회학자들과 인류학자들의 연구 결과를 확인시켜 주는 사례의 하나로 의미가 있다. 즉 가십을 공유하는 사람들은 현재 진행 중인 일에 대해 더 확실하게 지각할 수 있을 뿐만 아니라 주위 사람들과 더 잘 어울리고 있다고 느낄 수 있다는 것이다. 최근 사회학자들은 집단에서 이루어지는 가십의 역할이 연구할 만한 과제라고 생각하기 시작했다. 빙햄턴대학교의 생물학 및 인류학 교수인 데이비드 슬론 윌슨은 "가십은 한 집단의 행태를 규제하고 그 집단의 구성원을 규정하는 데 중요한 역할을 하는 매우 세련된 다기능적 상호 작용으로 보인다"고 말했다. 이 말은 곧 상사나 동료와의 관계에 문제가 있는 사람이 다른 사람들도 이와 비슷한 어려움을 갖고 있음을 알게 되면 자신만이 예외적이며 혼자라는 느낌을 떨치는 데 도움이 된다는 뜻이다. 콜로라도대학교의 심리학자 세라 워트는 다음과 같이 덧붙인다. "우리는 사회생활에 적응하지 못하는 사람들을 알고 있다. 만약 그들이 가십을 주고받는 일에 가담했더라면 그들은 사람이 얼마나 의지가 되며 신뢰할 수 있는 대상인지를 깨달았을 것이다. 또한 꼭 알아야 하지만 다른 곳에서는 배울 수 없는 많은 것들을 가십을 통해 배웠을 것이다. 가십에 적당히 참여하지 않는 사람은 건강하지 않을 뿐 아니라 비정상일 가능성도 있다." 더불어 워트 교수와 동료 피터 샐러비가 〈리뷰 오브 제너럴 사이콜러지Review of General Psychology〉에 발표한 '가십의 사회적 비교'라는 논문에서 그들은 "가십은 그 자체가 흥미로운 현상이며, 사회적 비교, 정형화, 내집단·외집단의 과정, 귀속 과정, 기타 여러 심리학적 현상을 연구할 수 있는 훌륭한 원천임에도 불구하고 심리학자들에게 간과되고 있다"고 주장한다.

사실상 기업이나 관공서, 대학 등에서 일하는 대부분의 사람들은 가십이 아닌 다른 방식으로 내부의 사정들을 알아낼 수 있는 방법이 거의 없다. 본사가 피닉스로 이전할 예정이지만 CEO는 이전하려 하지 않을 것이라는 소문들은 가십을 자극한다. 이런 류의 가십은 보통 어느 누구의 권리도 침해하지 않으며 유해하지도 않다. 다른 사람들의 등 뒤에서 전해지지만 그들의 개인적인 비밀을 폭로하거나 명예를 훼손하거나 헐뜯지 않는 가십들은 이 외에도 많다. 하지만 왜 사람들의 마음속에서 선량하고 유익한 가십은 진정한 가십이 되지 못하는지, 이 의문이 바로 문제의 핵심이다.

많은 가십이 도덕적으로 중립적인 곳에서 떠돌고 있다. 훌륭한 친구 하나가 심각한 우울증 초기 증상, 또는 그보다 더 나쁜 치매 증상을 보인다고 생각해 보자. 그 문제를, 그 친구의 등 뒤에서 다른 사람들과 논의하면 안 되는 것일까? 비록 잠자코 있는 것이 그가 원하는 바라 해도, 우리는 그의 병에 관해 이야기하게 되지 않을까? 그의 친구들과 그 일에 관해 논의하지 않는 것은 그가 가진 문제를 친구들이 알지 못하게 막는 것과 같다. 이렇듯 가십을 주고받지 않는 것은 중요한 정보를 차단하는 일이 될 수 있다.

가십은 또한 자신의 지위를 점검하는 데 유용할 수 있다. 1944년 영국의 소설가이자 문예 비평가인 C. S. 루이스는 런던대학교의 학부생들에게 '내부의 고리'라는 제목으로 강연을 했다. 그 강연에서 루이스는 우리 대부분이 자신이 속하고자 하는 파벌이나 집단을 상상하며, 그 매력적인 집단의 내부로 들어가기 위해 분발한다고 주장했다.

> 나는 경제적·애욕적 동기가 우리 모럴리스트들이 '세상'이라고 부르는 곳에서 이루어지고 있는 모든 일을 설명한다고 믿지 않습니다. 거기에 야망을 더한다 하더라도 그 그림은 여전히 불완전합니다. 심오한 것에 대한 갈망, 안으로 들어가고자 하는 동경은 야망처럼 쉽게 알아차릴 수 없는 여러 가지 형태를 취합니다. 물론 우리는 안으로 들어가는 모든 내부의 고리로부터 권력, 돈, 규율을 깨뜨릴 수 있는 자유, 틀에 박힌 의무의 면제, 훈련의 기피 등 구체적인 이익을 바랍니다. 그러나 만약 그것에 덧붙여 은밀하게 느끼는 친근감을 얻지 못한다면 그 모든 것도 우리를 만족시키지 못할 것입니다. (중략) 하지만 우리는 편리를 위해서만 그 친근감을 소중하게 여기지 않습니다. 아주 똑같은 무게로 친근감의 증거로서 그 편리를 소중하게 여깁니다.

강연의 요점은 내부 고리에 대한 우리의 갈망이다. 우리는 사회적인 수용을 동경한 나머지 오로지 다른 사람의 동의를 얻고자 하는 열망으로 아주 가혹한 가십을 이야기하는 건 아닌지 생각해 보게 된다. 가십을 이야기하는 것도 결국 그가 동경하는 내부의 고리에 들어가는 데 도움이 될지도 모를 여러 방법들 가운데 하나이다. 그 고리의 내부에 있는 사람들과 가십을 공유한다는 것은 내부의 고리에서 좋은 자리에 위치하는 구성원이 될 수도 있다는 뜻이기 때문이다. 물론 루이스도 강조하다시피 처음부터 안쪽 고리에 있는 사람들에게 받아들여지지 않을까 봐 너무 불안해하거나 자신없어 할 필요는 없다. 하지만 안타깝게도 우리들 대부분이 그렇다.

가십의 입장에서 생각해 볼 때, 왜 숨겨진 나쁜 행태가 범상한 좋은 행태보다 훨씬 더 재미있는 걸까? 사람들이 나쁜 행동을 하는 것은 천성이 악하기 때문이 아니라 때때로 약하고 어떤 면에서는 부족하기 때문이다. 이런 류의 나쁜 행태에 관한 목록은, 다른 사람들과 잘 어울리지 못한다, 단정치 못하다, 생활 습관이 나쁘다 등이 적힌 중학교 생활기록부가 성인용으로 바뀐 것과 같다. 그 내용은, 아내가 아닌 다른 여자들과 잔다, 마약을 하거나 몰래 술을 마신다, 성형 수술을 너무 많이 한다, 사치 때문에 사업에 실패한다, 성적 취향을 몰래 억압하거나 해소한다 등으로 꾸준히 바뀐다.

가십의 대상이 되었다는 것은 자신이 저지른 나쁜 행동 혹은 비정상적인 행동에 대해 벌을 받게 되었다는 뜻이다. 만약 비윤리적이거나 비뚤어지거나 비열한 짓을 저질렀다면, 만약 자신이 정한 점잖은 행동에 어긋나는 짓을 했거나 자신의 행동이 그 시대의 가치관을 공격하는 것이라면, 그리고 이 행동들 가운데 어느 하나가 발각된다면, 그렇다면 자신이 가십의 대상이 되더라도 놀라서는 안 된다. 악명이 높거나 오명을 쓴 사람들은 늘 가십의 주된 대상이 된다. 사실 가십의 주된 임무 가운데 하나는 사람들의 악명을 높이거나 그들에게 오명을 씌우는 것이다.

행실이 나쁜 사람들에 관한 가십은 사회학자들이 말하다시피 공동체의 규범을 강요하는 가십이 되기도 한다. 비록 드문 동기이기는 하지만 나쁜 행동을 자제시키는 잠재적인 역할을 하기도 한다. 어떤 사람들은 자신의 행동에 대해 다른 사람들이 등 뒤에서 이야기할지도 모른다는 두려움 때문에라도 나쁜 짓을 하지 못할 것이다. 물론 이 모든 것은 공동체 규범의 질에 달려 있다. 만약 이들 규범이 존경할 만한 수준이 아니라면 이런 가십은 당연히 추악해진다. 이러한 가십의 효과는 너대니얼 호손의 《주홍 글씨The Scarlet Letter》와 이보다 훨씬 뒤에 나온 싱클레어 루이스의 소설 《배빗Babbit》 그리고 《중심가Main Street》에 잘 나타나 있다. 이 작품을 통해 호손과 루이스는, 간혹 참된 정신과 개성을 상실하는 엄청난 대가를 치르게 되더라도 공동체의 규범에 순응하는 것이 성인으로서의 생활에 아주 중요하다는 점을 지적하고 있다.

이와는 반대로 가십이 관용을 증대시켜 긍정적인 면에서 공동체의 규범을 느슨하게 할 수도 있다. 가십 칼럼에서 유명인들의 이야기를 읽은 사람들은 그들의 행동이 비록 규정된 경계를 넘어서기는 했지만 어쩌면 나쁜 것만은 아닐 수도 있다고 생각하게 되는 것이다. 예컨대 1970년대와 80년대에 무하마드 알리와 우디 앨런 등 유명한 운동선수나 영화배우들이 혼외정사를 통해 자녀를 얻기 시작했다. 이러한 현상을 어떻게 생각하든 (나 자신은 그리 문제가 되지 않는다고 생각한다) 유명인들이 그런 방식으로 자녀를 얻은 사실이 대중에게 알려짐으로써 혼외정사로 태어난 일반인들의 자녀들도 좋든 싫든 차츰 불명예를 덜게 된 것이 사실이다.

철학자 임리스 웨스태컷은 '가십 주고받기의 윤리'라는 글에서 "나는 다른 사람들에 대한 이야기 가운데 어느 것은 허용되고 어느 것은 허용될 수 없는 것인지를 구분할 수 있는 일반 원리가 있다고 믿지 않는다"고 적었다. 가십에서 맥락은 중요할 수 있고, 사실 대부분 중요하다. 하지만 그보다 더 중요한 것은 동기이다. 가십을 세상에 내놓는 사람의 마음속에는 과연 무엇이 있었을까? 다음에 열거하는 것은 여러 가지 가능성 가운데 몇 가지에 지나지 않는다.

아주 경멸할 만한 첫 번째 동기는 가십의 대상이 되는 사람에게 비열한 짓을 하기 위함이다. 그는 상대방의 명성에 흠집 내기를 원한다. 그는 상대방을 싫어하고 질시한다. 그는 상대방이 자신의 삶을 엉망으로 만들었다고 느끼고, 가십이야말로 훌륭한 보복 수단이라고 생각한다. 그래서 가십이라는 수단을 이용해, 심지어 거짓말을 보태 기꺼이 진실을 왜곡시키려 한다. 악감정에서 우러난 것이므로 그런 가십은 분명 윤리적으로 용납할 수 없지만, 그런 가십은 항상 존재했고 금세 사라지지도 않을 것이다.

그보다 덜 직접적인 또 다른 동기는 순전히 성적 욕망에 대한 열망에서 나오는 것이다. 이런 가십은 너무 비속한 나머지 다른 사람들에게 옮기지 못할 정도이다. 예를 들어 어떤 남자가 몰래 동성애를 즐긴다, 혹은 모녀 두 사람과 동시에 관계를 유지한다, 또는 현장에서 남편에게 발각되었다, 또는 성전환 수술을 고려하고 있다 등등. 이런 가십을 말하는 것은 그렇게 함으로써 사람들의 주의를 끌고 자극을 통해 쾌감을 줄 것이라고 확신하기 때문이다. 대부분의 사람들은 자신이 감히 하지 못하는 일에 대해 듣고 싶어 하는 경향이 있다. 그런 가십에 귀를 기울이는 것은 대화를 통해 달콤해 보이는 것을 얻으려는 속셈이지만, 그것을 집어삼키는 순간 당신이 발견하게 되는 것은 아마도 성난 초콜릿이리라. 참아내야 한다. 하지만…… 아, 젠장.

가십의 세 번째 동기는 비록 사생활 침해의 소지가 다분하긴 하지만 온전히 정보 전달을 위한 경우이다. 예컨대 친구 하나가 이혼을 생각하고 있다, 또는 사업이 실패 직전이다, 또는 우울증이 심해 전기 충격 요법을 받고 있다 등의 가십은 악감정에서가 아니라 가십을 주고받는 인물들이 그런 상황에 대해 알아야 한다는 판단에서 나온 것이다.

가십의 네 번째 동기는 친구를 비롯한 다른 사람들을 분석해 보고 싶은 단순한 욕구에서 나온다. 여기 두 친구 모두가 좋아하는 다른 친구에 대해 이야기를 나눈다. 그녀가 얼마나 좋은 사람인지에 대해서는 두 사람 모두 동의한다. 하지만, 그 나이에 부모에게서 독립하지 못한 것처럼 보이는 모습은 좀 이상하지 않은가? 그리고 세 번이나 결혼했는데도 왜 아이가 없을까? 불행한 어린 시절을 보낸 사람들은 자식들이 자신과 같은 고통을 겪을까 봐 자녀를 원치 않는 경우가 많다던데, 그게 그녀에게 아이가 없는 이유일까? 아니면 어떤 심리학적 이유로 아이를 갖지 못하는 것일까? 만약 그렇다면 무슨 이유지?…… 여기서 우리는 좋은 친구에 관한 순수한 분석이라는 동기가 어떻게 흘러가는지 알 수 있다. 바로 이 장의 서두에서 인용한 탈무드의 구절이 암시하는 그대로이다.

가십을 퍼뜨리는 동기는 헤아릴 수 없이 많다. 스스로에게 왜 가십을 만들어 내는지 왜 그것을 전달하는지를 자문해 보는 것은 어떨까. 가십을 이야기함으로써 당신은 무엇을 얻었는가(또는 얻었다고 생각하는가)? 가십을 퍼뜨리는 대부분의 사람들과 마찬가지로 나 자신도 스스로에게 이 같은 질문을 하기 시작했다. 때로는 흥미로운 답이, 때로는 비참하게 품위를 떨어뜨리는 답이 나오기는 했지만, 가십을 멈추게 할 정도는 아니었다.

Diary 1960년대 말, 차별 철폐에 의한 인종 통합(그것은 미국 북부의 대도시에서조차 단지 하나의 염원에 불과하다고 여겨졌다)이 아직 하나의 이슈에 불과했던 당시, 나는 내가 '깜둥이'(당시에 사용되던 표현 그대로이다)에게 집을 팔려고 내놓았다는 가십이 백인

동네에 떠돌아다닌다는 이야기를 지역 목사의 부인에게 들었다. 나의 이웃들은 노동자 계급이었고, 나는 당시 인종 통합에 관한 마을 회의 개최를 도왔던 유대인이었기 때문인지 좌익으로 간주되었다. 그곳에서는 루머와 가십이 동시에 돌아다녔고 모두 그럴듯했다. 하지만 그 이야기는 전혀 근거가 없었다. 나는 누구에게든 빨리 팔리기만을 바랐던 것이다.

이것은 지역 사회의 통념을 강화하는 데는 역효과를 불러일으킨 가십의 본보기이다. 그 가십을 듣고 난 뒤 흑인 구매자가 나타나지 않을까 기대했기 때문이다. 그러나 집을 보러 오는 흑인이 아무도 없었으므로 여간 실망스러운 것이 아니었다.

그(존 F. 케네디)가 가십을 즐겼으므로
나는 세간에 돌아다니는 이야기를 전해 줄 수 있었다.
그가 나를 좋아했던 건 바로 그 때문이었음을 알아야 한다.
— 벤 브래들리(1921~, 미국의 언론인)

4

무죄가 되기 전까지, 유죄

소설가이자 비평가였던 헨리 제임스는 여러 편의 섬세한 소설을 통해 이상형을 확립했다. 이해하지 못할 일이 하나도 없는 사람, 바로 그런 사람이 되는 것이다. 그의 작품에서 가십은 강력한 요소이며, 가십을 분석해 동기를 알아내고 결론을 내리는 과정은 소설에서 중요한 역할을 한다. 그러나 헨리 제임스의 소설을 읽어본 적이 없거나, 혹은 그의 이름을 들어본 적이 없더라도 대다수의 사람들은 이해 못할 것이 없는 사람이 되기 위해 최선을 다해 살아가고 있다. 그들은 자신들이 모르는 의미 있거나 음란하거나 부당한 어떤 일들이 그들의 세계 또는 그 세계의 너머에서는 일어나지 않으리라고 기대하며 가십에 몰두한다.

어떤 일에서도 벗어나 있으며 깜깜무소식이고 오리무중이 되는 것, 이것은 성자를 제외한 어느 누구도, 어쩌면 성자도 바라지 않는 일이다. 대부분의 사람들은 자신이 중대사에 관여하는 그룹에 속해 있기를, 내막이나 알찬 정보를 잘 아는 편에 속하기를 바란다. 그리고 바로 여기에서 가십은 때로 의심스럽지만 가끔은 필요한 수단이 된다. 가십은 조심스럽게 무게를 가늠해 보고 세심하게 그 뿌리를 생각해 보면, 불완전하고 때로는 이해하기 힘든 연결점 없는 여러 상황들을 서로 이어 주고 빈칸을 채워 주는 역할을 할 수도 있다.

공직 생활을 예로 들면, 나는 1965년 대법관이었던 아서 골드버 그가 린든 존슨 대통령의 설득으로 국제연합 주재 미국 대사가 되 기 위해 대법관직을 사직했다는 소식을 듣고 깜짝 놀랐다. 당시 상 식적인 사람이라면 누구나 어째서 골드버그가 종신직인 데다가 사 직하더라도 급여와 동일한 연금이 나오며 역사적으로도 중요한 역 할을 할 수 있는, 미국에서 가장 주목받는 직책을 그만두고 지속 적인 업무 비슷한 것도 불가능한 부차적인 직책을 맡았는지 의아 해 했다. 그때 나는 골드버그가 기꺼이 대법관을 그만둔 이유가 오 로지 린든 베인스 존슨의 고압적인 설득 때문일 것이라고 생각했 다. 그것이 가장 훌륭한 대답이었다.

그런데 얼마 전 한 여성 언론인과 이야기를 나누다가 아서 골드 버그의 이름이 튀어나왔다. 나는 왜 골드버그가 대법관직을 포기 하고 국제연합 대사가 되었는지 이해할 수 없었다고 말했다. 그녀 는 "그 일을 조금 안다"고 대답하고는 골드버그와 절친한 친구였 던 시카고의 영향력 있는 변호사가 자신에게 했다는 말을 전해 주 었다. 존슨 대통령은 친구인 에이브 포타스에게 골드버그의 대법 관 자리를 넘겨주기 원했고, 골드버그를 사임케 할 수 있었던 건 그가 노동 운동을 하던 당시의 비밀을 대통령이 알고 있었기 때문 이라는 것이다. 존슨이 아는 골드버그의 비밀이 무엇이었는지는 그녀도 몰랐기 때문에 그녀의 가십도 애매하고 불완전했다. 하지만 그 가십 덕분에 앞으로 나는 린든 존슨이 그렇게 간단히 골드버그를 대법관 자리에서 물러나게 할 수 있었던 이유에 대해 훨씬 그럴듯한 설명을 할 수 있게 되었다.

사람들 가운데는 늘 엄청난 가십의 대상이 되는 사람이 있다. 케네디 부부, 영국의 다이애나 비, 마이클 잭슨, 마릴린 먼로, 클린턴 부부 등이다. 마릴린 먼로가 사망한 직후, 그리고 그녀의 죽음에 대한 온갖 소문들이 퍼지기 직전, 나는 당시 우호적인 관계를 유지하고 있던 소설가 솔 벨로에게 먼로의 두 번째 남편 조 디마지오 _{뉴욕 양키스의 전설적인 야구 선수}가 그녀의 장례를 도맡아 처리하는 것이 매우 훌륭해 보인다고 말했다. 그러자 벨로가 대꾸했다.

"그래. 하지만 두 사람이 부부였을 때 디마지오가 그녀를 규칙적으로 때렸대. 아서 밀러(그녀의 세 번째 남편이자 극작가이다)가 내게 한 말이야."

이것은 사실일까? 그럴듯한 이야기임은 분명하다. 조 디마지오는 건장한 사내이고 마릴린 먼로는 신경쇠약에다 자기 생각만 했기 때문에 함께 살기 어려운 여자임에 틀림없었을 것이다. 아마 그녀는 디마지오가 자신을 때렸다는 사실을 아서 밀러에게 말했을 것이며, 그는 솔 벨로에게, 벨로는 또 내게, 그리고 이제 나는 여러분에게 그 사실을 이야기하고 있다. 이것이 가십일까? 아니면 지극히 불쾌한 일을 알리는 것에 지나지 않을까? 이 둘은 아무 차이도 없는 걸까?

〈배너티 페어〉는 최근 아서 밀러와 그의 세 번째 부인이자 스웨덴의 사진가인 잉게 모라트와의 사이에 아들이 있었다는 소식을 보도했다. 밀러는 다운증후군 증세를 보이는 갓 태어난 아기를 좋지 않은 양육 기관에 맡기고 두 번 다시 보지 않으려 했다고 한다. 이후 그 아들의 존재는 밀러가 사망한 뒤 자녀들 사이에 유산이 배분될 때 비로소 드러났다. 당시 그 아들의 나이는 41세였다. 그에게는 미안한 일이지만, 이 가십은 대단한 위선을 이야기하고 있다. 나는 이처럼 감추어진 본모습을 알려주는 가십을 좋아한다. 뒤로는 대부분의 사람들이 도덕적으로 비난할 만한 짓을 저질러 놓고 앞에서는 전 국민에게 기꺼이 그리고 늘상 도덕적 교훈을 늘어놓던 아서 밀러는 "우리가 눈을 감는 모든 것, 우리가 달아나는 모든 것, 우리가 부인하거나 모욕하거나 경멸하는 모든 것은 결국 우리를 패배시키는 데 기여한다. 비열하며 고통스럽고 사악한 것처럼 보이는 것도 열린 마음으로 마주하면 아름다운 것, 즐거운 것, 강한 것의 원천이 될 수 있다"고 설교조로 이야기하곤 했다. 우리에게 이렇게 충고를 늘어놓던 아서 본인이 자신의 아들에 대해서는 그 충고를 명심하지 않았다는 사실이 참으로 애석하지 않을 수 없다. 조지 오웰은 "모든 성자는 무죄가 입증되기 전까지는 유죄"라고 말했다. 엉터리 성자 아서 밀러는 그 시험을 통과할 수 없었다.

나는 아서 밀러에 대한 이 이야기를 일고여덟쯤 되는 사람들에게 말해 왔다. 틀린 말을 전하지는 않았지만(〈배너티 페어〉만 해도 그 사실들을 완벽하게 취재하지 않았다면 명예 훼손 소송의 우려가 있는 그런 기사를 싣지 않았을 것이다) 이것도 가십을 전달한 것이라고 봐야 할까? 나는 이 특정 가십을 통해 유명인들이나 세력이 막강한 사람들의 뻔뻔스러운 위선이 들추어지고 그로 인해 선량한 보통 사람들이 통쾌함을 느낄 수 있다고 생각한다. 그리고 가십에 관한 웹사이트 gawker.com의 설립자 닉 덴턴이 즐겨 말하다시피 "위선은 현대의 유일한 죄악이다."

내가 퍼뜨린 또 다른 가십 중에 약간의 죄의식을 가지고 있는 것이 있는데, 지금은 고인이 된 상원 의원 대니얼 패트릭 모이니핸의 음주 습관과 관계된 것이다. 여기서 가십은 농담의 형태를 띤다. 모이니핸 의원이 한참 거나하게 술을 마시고 있을 때 사람들이 그를 찾으면, 보좌관 가운데 하나가 가까스로 웃음을 참으며 "의원님께서는 전화를 받으실 수 없습니다. 본회의에 참석 중이십니다"라고 말한다는 것이다. 이야기가 재미있다고 생각했던 나는 이 이야기를 여러 사람들에게 들려주었다. 그런데 내가 죄의식을 갖는 까닭은 모이니핸이야말로 지난 반세기 동안 미국 상원의원 중에서 가장 뛰어난 지성인이었다는 믿음이 있기 때문이며 또한 그는 내가 유일하게 점심 식사를 함께하고 싶었던 사람이기 때문이다.

나는 모이니핸을 만나 점심 식사를 한 적이 없다. 그러나 그는 내가 잠깐 편집을 맡았던 잡지에 몇 편의 글을 기고했으며, 간혹 전화로 정치 이외의 문제에 대해 의견을 나누기도 했다. 내가 그 잡지사를 그만두었을 때 그는 나를 위해 상원 의사당에 국기를 게

양한 뒤 내게 그것을 보내 주기도 했다. (지금 그 국기는 내 아들의 소유가 되었다.) 하지만 나는 여전히 그의 음주 습관에 관한 이야기를 하고 다닌다. 왜냐하면 이미 말했다시피 그것이 재미있기 때문이며, 그 이야기를 듣는 사람들이 내게 호응해 주리라고 기대하기 때문이다. 바로 이런 것이 때때로 가십의 애처로운 동기이며 애처로운 보상이기도 하다.

가십을 이야기하는 또 하나의 동기는 우월함의 과시이다. 누군가 다른 사람의 알코올 중독에 관해 말한다는 건 그 자신에게는 그런 문제가 없음을 내포하고 있는 게 아닐까? 아서 밀러에 대한 일화에서 내가 그랬던 것처럼 어느 작가가 글은 이렇게 쓰면서 실제로는 저렇게 산다는 둥 그의 위선을 지적한다면, 내 자신의 삶에는 그런 위선이 없다고 자신하는 것 아닐까? 내가 다른 사람의 애처로운 허영에 대해 이야기하는 것은 나는 상식적인 사람이고 냉정을 유지할 수 있으며 허영이 전혀 없음을 주장하는 것과 같지 않을까? 달리 말하면 많은 가십의 이면에는 함축적이지만 간혹 그 가십을 말하는 사람의 우월성이 발견된다는 것이다. 가십을 통해 아는 것 많고 도덕적으로도 훌륭한 사람이 되는 셈이니 나쁠 게 전혀 없는 일이다.

Diary　　어느 날 나름의 실력을 인정받는 아직 젊은 시인에게서 한 통의 전화가 걸려 왔다. 그는 자신이 곧 예술기금 이사장직을 제안받을 것 같다고 말했다. 그래서 예술기금의 전국 평의원인 내게 자신이 그 직책을 맡는 것에 대해 어떻게 생각하는지 묻기 위해 전화했다고 했다. 그는 먼저 그 직책을 맡기보다는 문예 활동에 전념하는 편이 더 낫다는 것도 잘 알고 있다고 말했다. 하지만 오래전부터 "공직에 대한 제퍼슨 같은 사명감"이 있었기 때문에 고민이 된다고 덧붙였다.

"공직에 대한 제퍼슨 같은 사명감"이라는 말을 듣는 순간 나는 그가 자신에 대해 솔직하지 못한 사람이라고 느꼈고, 그에게 그 직책을 맡지 말라고 강력하게 권고했다.

"알다시피 이사장직을 맡으면 기사가 운전해 주는 승용차가 제공되지요. 당신은 그 직책에서 물러난 뒤에도 그 기사와 차를 아주 그리워할 거고, 그러면 당신의 삶은 결코 다시는 행복하게 느껴지지 않을 거요."

그러고 얼마 후, 그는 예술기금의 이사장이 되었다.

세기의 스파이,
베르사유의 문화인류학자
17세기판 가십 칼럼을 쓰다

우리는 루이 14세의 베르사유 궁정에서 일어난 일들, 특히 1691년과 1723년 사이(프랑스 왕정이 권력의 절정을 찍고 쇠퇴하면서 점차 프랑스 혁명으로 접어드는 시기)에 일어난 엄청나게 많은 일들을 알고 있다. 우리가 알고 있는 이야기들의 대부분은 다소 과장된 자부심을 갖고 있던 루이 드 루브루아라는 사람, 우리에게 알려진 이름으로는 생시몽 공작 바로 그에게서 나온 것이다. 그는 권력으로부터 약간 비낀 유리한 지점에서 부지런히 기록했다. 그리고 그 기록을 바탕으로 매우 광범위하고 아주 흥미로우며 가십으로 가득 찬 회고록을 썼다.

루이 14세가 자신과 신하들을 위해 건립한 장대한 궁전 안에는 시종과 시녀들을 비롯해 약 1500명이 거주했으며, 그들은 다양한 크기의 250개 방에 분산되었다. 그들 방 대부분은 크기가 작고 공기가 제대로 통하지 않았으나 그렇다고 그들이 덜 소중하게 여겨진 것은 아니었다. 궁전 안의 모든 것은 타고난 신분에 따라 세심하게 배치되었지만, 국왕은 조정의 관리가 될 중간 귀족층이나 자신의 애인들에게도 권력을 부여해 그 서열을 자주 파괴했다.

궁정에서는 지위 고하를 막론하고 모든 사람이 국왕의 총애를 원했고 측근이 되고자 애썼다. 루이 14세 주위에는 늘 약간의 권력을 지닌 많은 사람들이 행성이나 위성처럼 떠돌고 있었으므로 그가 태양왕이라 불린 것은 매우 적절한 표현이었다. 곳곳에서 파벌이 형성되고 야심을 가진 자들의 경생이 치열했다. 베르사유에서 횡행하는 음모, 술수는 호흡처럼 자연스러운 일이었다.

생시몽 공작은 솔직하게, 종종 앙심을 품고, 그가 아니었더라면 알려지지 않았을 여러 가지 사실들을 《회고록》에 기록했다. 사적인 문제를 다루면서도 날카로운 판단을 내렸고, 저급한 동기를 흥미롭게 다루는 일도 게을리하지 않았다. 《회고록》에서는 틀린 내용일지라도 결코 지루하지 않으며, 화가 날 만한 이야기라도 매우 흥미롭다.

생시몽은 150센티미터가 조금 넘는 단신으로 굽이 높은 붉은색 신발을 신고 끽끽거리는 목소리로 말하며 베르사유를 돌아다녔다. 《회고록》에는 "마음에 들지 않는다"는 표현이 자주 등장하는데, 거기에서 그의 고집스러운 면을 엿볼 수 있다. 그는 혈통의 순수성과 연륜을 중요시했고 전통의 파괴를 혐오했다. 특히 루이 14세가 죽은 뒤 섭정 기간 동안 무너지기 시작한 권위적이고 정교한 예법의 침해를 참지 못했다.

예컨대 생시몽은 예배에서 국왕 부처보다 지위가 낮은 사람들을 위해 하느님을 찬양하는 노래가 불리는 것에 대해 "이제 아무것도 신성하지 않다"고 불평했다. 그리고 판사들의 모임에 지나지 않는

대의 기구의 구성원들이 그가 속해 있는 귀족들 앞에서 모자를 벗을 수 있도록 허용된 것에 대해서도 놀라지 않을 수 없었다. 어떤 식으로든 그의 지위를 무색하게 하거나 짓밟으려고 드는 사람들은 평생 동안 그의 적이 되었다. (생시몽 가문은 루이 13세가 1635년 그의 아버지를 귀족으로 책봉하면서 귀족 가문이 되었다. 1715년 루이 14세가 죽었을 때 생시몽은 연공서열에서 열세 번째 공작이었다.) 출생과 계급은 그에게 태양이며 생명을 부지할 수 있는 자양분이었다. 그는 잘못이 하나라도 있으면 꼼꼼하게 따지고 특권을 현학적으로 강조하며 공작으로서의 지위를 지나치게 내세웠기 때문에 어딜 가더라도 사람들의 눈살을 찌푸리게 만들었다.

생시몽이 《회고록》에서 일관되게 가차 없는 불평을 드러낸 것은 그의 친구이자 루이 14세 사후에 섭정이 된 오를레앙 공작의 좋지 않은 사생활에 대해서였다. 생시몽은 고급 매춘부들과 나이 많은 난봉꾼들을 거느리고 다니던 오를레앙 공작의 행실을 바로잡으려고 애썼으며 그런 가운데서도 오를레앙 공작의 잘못을 기록하는 일만은 절대 잊지 않았다. 베르사유에서 공작에 대한 가십을 퍼뜨리는 사람은 생시몽만이 아니었다. 생시몽은 오를레앙과 그의 친구들이 식사를 하는 자리는 그야말로 대단한 가십의 향연이었다고 말하며 다음과 같이 기록했다.

"사람도 내용도 가리지 않고, 모든 사람 모든 일이 입에 올랐다. 궁정과 파리에서 일어난 과거와 현재의 모든 연애가 당사자들의 감정과는 상관없이 검토되는가 하면, 옛날의 스캔들이 들추어지고 이전의 농담이나 어이없었던 일도 되살아났으므로 신성한 사물이나 사람은 남아나지 않았다. 오를레앙 공작은 이 모든 일에 적극적으로 가담했지만, 정직하게 말하자면 그 이야기에 진심으로 관심을 쏟는 일은 드물었다."

생시몽 공작은 소란스럽고 무차별적이며 동기가 없는 가십을 개탄했다. 그리고 자신의 가십은 교묘하고 목표가 뚜렷하며 그가 다짐하듯 동기가 순수하기 때문에 결코 정도를 벗어나지 않는다고 주장했다. 그보다 더 편견이 많은 사람도 없었으리라.

《회고록》은 역사가들에게 매우 유용한 사료를 제공하지만, 생시몽은 역사가라기보다는 훌륭한 작가이다. 스탕달, 발자크, 프루스트 등 위대한 프랑스의 소설가들이 그를 존경했으며, 심지어 프루스트는 생시몽의 《회고록》에서 소재를 얻어 소설을 쓰기도 했다. 스탕달은 시금치 먹는 일과 《회고록》 읽는 일을 제일 좋아한다고 말했다. 생시몽은 독창적인 문장가로, 독설이 심하고 특히 성격 분석이나 가십에 귀를 기울여 얻은 소재의 분석에 능했다. ('선전'이니 '애국자'니 하는 말을 만든 것도 그가 분명하다.)

생시몽 공작은 1691년 열여섯 살에 베르사유에 입성했고, 1694년부터 《회고록》의 자료가 될 만한 것들을 기록하기 시작했다. 그리고 사후에 출판할 심산으로 은퇴한 뒤 그 기록들을 정리하였다. (《회고록》은 1788년 보잘것없는 형태로 처음 출판되었다.) 그 스스로 훌륭한 예술 작품을 창조하고 있다는 사실을 인식하고 있었는지는 알 수 없다. 하지만 그는 분명 3,000페이지가 넘는(표준 판형의 책으로 40권 이상) 분량의 글을 쓰면서, 많은 적들에 대한 자신의 공격과 자기 정당화에 동조하는 후세 사람들이 읽어 주기를 원했을 것이다.

생시몽은 《회고록》에서 자신이 직접 보고 듣거나 믿을 만한 목격자라고 생각하는 사람에게서 들은 것이 아니면 결코 기록하지 않았노라고 밝혔다. 어느 면에서나 《회고록》의 내용을 객관적이라고 보는 사람은 없겠지만, 그렇다고 해서 그 책의 내용이 믿을 수 없다는 뜻은 아니다. 생시몽에게는 처지(어쩌면 선입견을 좋게 말하는 표현인지도 모른다)라는 게 있었으며, 그것은 복잡했다. 확립된 위계질서와 계급 그리고 전통에 대한 취향, 종교와 독실한 신앙에 대한 존경심, 야심 많은 예수회 성직자들에 대한 혐오, 사교적·정치적 활동보다 교구 내에서 업무를 처리하고 명상을 중요시 여기는 주교들에 대한 선호, 간통 특히 기혼자들이 저지르는 간통에 대한 혐오, 허약한 성격과 잘못된 양육의 결과라고 주장하는 동성애에 대한 증오(루이 14세의 동생이 동성애자였다), 어리석음에 대한 조바심, 탐욕에 대한 반감, 자신의 한계를 인정하면서 성취감을 느끼며 사는 사람들에 대한 존경, 베르사유의 풍부한 가십에서 알게 된 남녀들의 우스꽝스럽고 비정상적인 짓거리들, 특히 연애에 대한 가차 없는 비판 등이 그것이다.

"나는 하나도 빠뜨리지 않겠노라고 결심했다." 그가 《회고록》의 앞머리에 적은 대로, 과연 빠뜨린 것은 그리 많지 않았다. 궁정에서의 수많은 일들이 어떻게 일어나는지에 대한 그의 호기심은 사그라들지 않았으며, 동기에 대한 탐구는 가차 없었다. 때때로 그는 베르사유의 말리노프스키영국의 문화 인류학자라도 되는 듯 그곳에 사는 원주민의 이상한 습관을 연구하기도 했다. 때로는 그 역시 다른 사람과 마찬가지로 태양왕의 궁중에서 벌어지는 광란의 일상에 휩쓸리기도 했다. 루이 14세의 손자 불로뉴 공작의 결혼식에 참석하기 위해 부인과 함께 무려 2만 리브르를 의상비로 지출했던 것이다.

《회고록》에서 비판받거나 가십의 대상이 되지 않은 인물은 생시몽 공작 부인이 유일할 것이다. 그녀는 친절한 마음씨, 꾸준한 성실성, 관대한 감정의 소유자로 칭송되고 있으며 그가 마음을 털어놓을 수 있는 유일한 친구이기도 했다. 가끔 그녀의 총명함을 칭송하며 "후덕하고 현명한 아내는 얼마나 값진 보물인가!"라고 적기도 했다. 울컥 화를 내면서 베르사유와 그 수많은 음모들에서 벗어나려 하는 남편을 만류하거나, 남편이 결심한 일이지만 그녀로서 허용할 수 없는 무분별한 행동을 진정시키기 위해 그녀가 나서는 경우도 자주 있었다. 그들은 슬하에 세 명의 자녀를 두었다. 궁정 사람들이 등 뒤에서 '닥스훈트'라고 불렀던 멍청하고 실망스러운 두 아들과, 꼽추에 언쟁을 좋아하고 아내의 재산에만 관심 있던 사내와 불행한 결혼을 한 딸이 그들이었다.

생시몽 공작은 가십의 역사가였다. 《회고록》에서는 말과 행동의 가십이 끊임없이 등장한다. 그는 "궁정에서는 결국 모든 것이 알려진다"고 적었는데 베르사유에서 모든 지식은 특히 경쟁자들을 대할 때 쓸모가 있었다. 궁정 어디에나 사람들의 눈과 귀가 있었다. 궁정에 있는 많은 사람들은 가십을 즐기는 세련된 취향을 발전시켰다. 국무대신의 딸이었던 드클레랑보 부인은 도박과 함께 "은밀한 가십을 매우 좋아했으며 그 밖에는 아무것에도 개의치 않았다." 잠재적으로는 궁중 의사, 성직자, 시종 등 국왕과 가까운 모든 사람들이 실제 가십의 전달자였다.

베르사유에서 가장 열렬하게 가십을 받아들인 사람은 아마도 루이 14세였을 것이다. 생시몽은 국왕이 "벌어지고 있는 모든 일을 알고 싶어 했으며, 그가 엄청나게 꼬치꼬치 캐묻는다고 알려져 있지만 사실 그 이상으로 가십에 엄청난 흥미를 가지고 있다"고 적었다. 가십은 루이 14세가 자신의 주위에서 일어나는 모든 음모를 이해했던 유일한 방법이었다. 국왕은 자신이 환영하기도 했던 끊임없는 아첨을 배제하기 위해 신하들의 지위를 올리거나 내리는 데 단 하나의 지렛대로 가십을 이용했다. 한편으로는 모든 사람이 국왕에 대한 가십을 주고받았다. 생시몽 덕분에 우리는 루이 14세에 대한 많은 이야기를 알 수 있는데, 오후에는 정부와 밤에는 왕비와 동침했다는 이야기 등이 그것이다.

생시몽이 직접 털어놓은 수많은 가십 가운데 국왕에게까지 전해진 내용이 얼마나 되는지는 알 수 없다. 생시몽이 왕과 독대한 것은 단 두 번뿐이었다. 생시몽 공작 부인에게 호감을 가졌던 루이 14세가 가끔씩 마를리에 있는 시골 별궁으로 그들 부부를 초대하곤 했지만 국왕은 생시몽 공작을 까다롭고 자신의 직위에 지나치게 집착하며 자기 수준이 맞지 않는 사람에게는 너무나 비판적인,

즉 국왕 자신과는 전혀 맞지 않는 논쟁적인 사람이라고 생각했다.

언젠가 셰브뢰즈 공작이 생시몽에게 물었다. "오늘은 누구 때문에 화를 내나?" 우리의 '작은 공작 생시몽'에게는 늘 이유와 경쟁자와 적이 가득했다. 그는 국왕의 정부였다가 나중에 계비가 된 맹트농 부인을 '나이 많은 암캐'로 부르며 '국왕의 가장 큰 장애물'이라고 숙덕댔다. 그녀와 멘 공작을 '늙은 매춘부와 사생아'라고 부르기도 했다. 국왕의 고해 신부였던 르텔리에를 미워했고, 방돔 공작은 음모가나 비열한 아첨꾼에 지나지 않는다고 생각했다. 그는 왕정을 숭배했지만 국왕에 대해서는 완전한 존경심을 느끼지 못했다. 왜냐하면 국왕은 "지성이 높고 지식이 풍부한 사람을 뼛속 깊이 미워하거나 의심했으며, 그것이 범죄와 같은 수준"이었기 때문이다. 그리고 "적들은 내가 너무 영리하고 아는 것이 많다고 이야기하면서 지성이 뛰어난 사람을 두려워하는 국왕의 성향을 이용해 내게서 국왕의 총애가 멀어지게 만들었다"고 적었다.

'작은 공작'은 오늘날 흔히 말하는 편집증에 사로잡히지는 않았다. 그러나 자기주장이 강했고 그것을 억누르지 못했으므로 곧 그에게 베르사유는 뱀들이 득실거리는 구덩이로 바뀌었으며 모든 뱀이 그에게 불리한 가십이라는 독을 퍼뜨렸다. 또한 그는 참견을 잘하는 사람에 속했다. 만약 그에게 왜 그렇게 참견을 하느냐고 묻는다면 그는 공익을 위해서라고 대답했을 것이다. 그는 프랑스라는 국가가 대내외적으로 어떤 모습이어야 하는지에 대한 뚜렷한 생각을 가지고 있었으며 주위 사람들을 자신의 사고방식에 맞추기 위해 최선의 노력을 다하는 사람이었다.

생시몽은 자신이 명예를 잃지 않고는 빠져나갈 수 없는 싸움과 무시해 버릴 수 없는 음모 가운데 있다고 느꼈다. 그는 "궁정에서의 지속적인 모욕을 참고 견디거나 내가 경멸하는 비굴한 자세에 적응할" 수 없었다. 그리고 자신의 정열적인 성격 때문에 "똑똑하며 경험이 많고 원한에 가득 찬 참견꾼이라는 명성"을 얻게 된 것도 잘 알고 있었다.

생전에 출판하지 않기로 한 지난날의 기록을 다듬으면서 인생의 마지막 수십 년을 보낼 수 있으려면 이상한 것까지는 아니더라도 특이한 기질이 있어야 한다. 왜 그렇게 하려는 것일까? 먼저 후손을 위해 올바른 기록을 남겨야 한다는 사명감이 하나의 이유가 될 수 있다. 또 하나는 생시몽처럼 보복을 위해 자신이 생각하는 진실을 남기고자 하는 것이다. 그의 《회고록》을 읽는 일은 흥미로운 가십 칼럼을 읽는 것과 같다. 가십의 대상이 된 사람들이 오래전에 죽었음에도 불구하고 가십이 주는 즐거움이 반감되지 않는 것은 생시몽의 산문이 지니는 힘에 기인한다.

생시몽은 "약삭빠름과 신중함이 프랑스의 전형적인 미덕은 아니다"라고 적었다. 그는 죽은 사람들에 대해 나쁘게 말하지 말라는 훈계를 염두에 두지 않은 것이 분명하다. 그는 죽은 사람에 대해 규칙적으로, 무자비할 만큼 나쁘게 말하고 있다. 《회고록》은 연대순으로 구성되어 있는데, "궁정에서 일하던 사람이 죽었다"는 말로 문단이 시작될 때마다 우리는 재기 발랄하고 솔직하며 통찰력 있는 성격 분석이 뒤따를 것임을 알고 있다.

궁정에서 일하던 남녀가 죽을 때마다 생시몽은 그들의 영전 앞에 말굽 모양의 화환과 함께 절묘한 비평을 보냈다. 빌루아 공작 부인에 대해서는 "정직하고 진실하며 솔직하고 성실하고 은밀했다. 재치가 없었음에도 불구하고 궁정에서 적의 침입을 효과적으로 막는 보루를 쌓았으며, 남편과 시아버지를 모두 지배했다"고 썼다. 그다음에는 "좌절된 희망의 무게에 짓눌려 늙어간" 캉브레의 대주교 페넬롱, "맹트농 부인의 양심을 좌지우지했던 우둔한 감독관" 라셰타르디^{프랑스의 외교관}가 있다. 그리고 "유명한 우화들을 썼지만 대화할 때는 따분하기 그지없었던" 라퐁텐도 게을리하지 말자.

생시몽의 가장 훌륭한 가십, 폭로성이 짙은 가십은 그의 적들에 대한 것이다. 그는 프랑스의 통치자 루이 14세와 맹트농 부인의 관계에서처럼 에스파냐의 지배자 펠리페 5세를 좌지우지했던 위르쟁 부인의 대단한 야심에 대해 가차 없이 비판하고 있다. 또 프랑스의 귀족 노아유 공작에 대해 생각해 보라. "그는 부정의 배수구이며 신의가 없고 배신을 밥 먹듯하며 모든 사람을 이용한다. 평민의 미덕을 경멸하고 자신의 이익만 생각할 뿐 아니라 개선의 여지가 없는 난봉꾼에다 완벽한 위선자이다. (중략) 거짓말과 중상모략의 달인이며, 진퇴양난의 상황이 되면 뱀처럼 몸을 비틀며 독을 내뿜고 똬리를 틀어 교묘하게 사람을 유인한 뒤 짓눌러 버린다."

다음은 국왕의 대신이었던 퐁샤르트랭 백작의 아들에 대한 생시몽의 언급이다.

그는 평균 키에 얼굴은 기다란데, 뺨은 축 늘어졌으며 두꺼운 입술은 괴물 같다. 천연두 때문에 한쪽 눈이 없어져 보는 이들의 혐오감을 자아낸다. 없어진 눈 대신 만들어 넣은 유리 눈은 처음 흘끗 볼 때는 놀라게 되지만 의외로 무섭지는 않다. 명예심은 있지만 그릇된 것이었으며, 배우고자 하는 분야에서 많은 교육을 받았고, 근면한 것처럼 보이려고 애썼다. 아무도 말릴 수 없는 그의 괴팍스러움은 그가 한 모든 일에 스며들었다. (중략) 친절한 일을 하고 나면 그 일을 얼마나 자랑했는지 마치 비난처럼 들릴 정도였다. (중략) 요컨대 그는 비열하고 신의가 없었으며 그런 자신을 자랑스러워했다.

이 같은 생시몽의 비평은 조금도 강도를 누그러뜨리지 않고 빽빽하게 두 문단 동안 계속된다. 《회고록》에는 이와 같은 수많은 인물 묘사가 여기저기 흩어져 있다.

그러나 생시몽은 혹평만 일삼는 사람은 아니었다. 자신의 높은 수준에 어울리는 사람에게는 칭찬을 아끼지 않았다. 퐁샤르트랭 부인에 대해서는 그녀가 "나이를 가늠하고 지위를 구분하는 매우 정중한 태도를 지녔고 모든 사람을 편안하게 해주었다"면서 그녀의 여러 가지 선행을 열거했다. 그리고 에스트레 원수의 미망인이 죽었을 때는 다음과 같이 썼다.

사람들은 그녀를 두려워하면서도 그녀와 함께 시간을 보내기를 바랐다. 그녀가 악의에 차 있다고 하지만, 사실 그렇다고 해도 그것은 모든 문제에 대해 자유롭고 솔직하게 자신의 마음을 털어놓았기 때문이다. 가끔이지만 위트를 즐겼고 늘 활기가 넘쳤지만 어리석은 사람들에게는 결코 관대하지 않았다. 사람들의 면전에서 바닥으로 내동댕이쳐진다고 느껴질 만큼 잔인한 진실을 거침없이 쏟아내는 그녀는 위험해 보이기도 하지만 언쟁이나 스캔들 자체를 좋아하지는 않았다. 그녀는 사람들이 자신을 무서운 사람, 주의를 기울여야 할 사람으로 인식하기 바랐으며, 가족과 함께 행복하게 살면서 자신의 바람을 이루었다.

생시몽은 스스로에 대해 "나는 자제심 때문에 주목받은 적이 없었다"고 말했는데, 어찌 보면 에스트레 원수의 부인을 여자 생시몽이라고 볼 수도 있겠다.

생시몽은 독실한 기독교도였지만 용서의 미덕을 발휘한 사람은 아니었다. 그는 친구인 오를레앙 공작의 큰 약점 가운데 하나가 적을 용서하는 것이며, 이것이 미덕을 악덕으로 바꾼다고 느꼈다. 그리고 "하느님께서는 우리가 용서하기를 원하실 뿐 자존심을 내팽개치라고 하시지는 않았다"고 말했다. 그는 남을 미워하는 데 탁월한 사람답게 적이었던 정치가 아베 뒤부아에 대해 "그 사람은 모든 악덕이 최상이 되기 위해 서로 경쟁하듯 끊임없이 다툰다"고 적었다.

하지만 그럼에도 불구하고 생시몽 공작은 좋은 사람이었다. 그는 자신의 정치관을 내세우는 법이 결코 없었다. 단지 공정하고 명예로운 군주에 의해 집행되는 현명하고 정당한 행정을 바랐을 뿐이다. 하지만 그의 바람은 실망으로 끝났다. 그는 왕세자였던 부르고뉴 공작에게 영향력을 행사할 수 있었지만 왕세자가 일찍 죽음으로써 물거품이 되었다. 이후 섭정이 된 오를레앙 공작이 추밀원을 통한 행정이라는 생시몽 공작의 계획을 시도했지만 추밀원 의원들은 각자의 의견을 내세우기 바빴고, 이전과는 생각이 다른 섭정의 도움을 받지 못한 의원들 또한 섭정의 생각에 동의하지 않았으므로 그 계획은 실패로 돌아갔다. 생시몽 공작은 오를레앙 공작에게 설교를 늘어놓고 때로는 호통을 쳤다. 그리고 점차 사람들은 역사가 에마뉘엘 라뒤리의 말대로 생시몽을 "따분한 사람"으로 여기기 시작했다.

"내 영향력은 오를레앙 공작이 죽은 뒤 소멸되었다."《회고록》은 1723년에서 끝이 난다. 에스파냐 궁정 사절로 잠깐 일한 것을 제외하면 (그곳에 있는 동안 두었던 개인 보좌관에게 드는 비용 때문에 그는 거의 파산 지경에 이르렀다) 생시몽은 더 이상 사물의 중심, 혹은 그 가까이에도 머물지 못했다. 그는 "무용지물이 된 것을 느끼며 차츰 은퇴를 고려하게 되었다." 책의 끝 무렵에서는 "아무런 직책을 맡지 않은 채 거의 완전한 은퇴 상태에서 살아가고 있다"고 전한다. 물론 파리의 호텔이나 고급 저택, 그리고 시골에 있는 소유지의 성채에서 보내는 멋진 생활이었지만 그것은 자의에 의한 은퇴가 아니었다. 루이 15세의 개인교수였다가 나중에 젊은 국왕의 대신이 된 플뢰리^{프랑스의 성직자로 훗날 추기경에 이르렀다}에게서 베르사유가 더 이상 자신을 원하지 않는다는 말을 들었던 것이다. '작은 공작' 에게는 《회고록》을 쓰는 일 외에 아무것도 남아 있지 않았다.

모든 회고록은 어느 정도 가십의 성격을 포함한다. 탐구심이 깊고 비판적이며 통찰력 있는, 즉 생시몽처럼 많은 적을 가신 사람이 가십을 자기 정당화의 수단이나 적에 대항하는 무기로 사용하지 않으리라고 생각하기는 쉽지 않다. 생시몽은 "알고 있으면 매혹적이고 유용한 경우가 많으며 때로는 아주 유리할 수도 있는 음모들을 발견하고 해결하며 그 진행 상황을 종합적으로 점검하는 자신의 정열"에 대해 적었다. 모든 면에서 자신에게 반대하는 사람들과 싸운다고 느낀 생시몽은 항상 적의 약점을 찾았으며 이는 그의 말대로 "눈과 귀로 모든 사람을 살피는" 이유가 되었다. 19세기의 위대한 비평가 생트뵈브는 생시몽을 "그가 살았던 세기의 스파이"라고 불렀는데, 사실 스파이가 하는 일이 가십을 주고받는 것 아니겠는가? 스파이라고 해서 늘 정부로부터 월급을 받아야 하는 것은 아니다. 일급 가십은 자신을 위해 스파이 활동을 할 때 나오는 것이다.

생시몽은 "나 자신이 살았던 시대의 역사를 적는 것이야말로 처음부터 유일한 목적이었다"고 주장한다. 그리고 "종합적인 상황을 설명할 필요가 있는 경우를 제외하고는 《회고록》에서 어떤 스캔들도 발견하지 못할 것"이라고 했지만, 이 말은 사실이 아니다. 수백 가지 사례 중에 하나, 벤티볼리오라는 로마 교황의 사절에 관한 이야기를 하자면, 생시몽은 그가 "어느 오페라 가수와 살면서 '헌법'과 '전설'이라는 별명으로 통하는 두 딸을 얻은 일을 아무렇지 않게 생각했다"고 적고 있다.

결국 《회고록》을 그처럼 매력적으로 만드는 것은 생시몽의 정치적·종교적 견해나 상황에 대한 종합적인 설명보다 개인의 신상에 관한 세부 묘사이다. 그의 책을 읽는 데서 느끼는 즐거움은 바로 러시아의 황제 표트르 대제가 파리와 베르사유를 방문했을 때 "차르와 그의 수행원들이 애써 놀라움을 감추는 모습은 그들에게 어울리지 않았음"을 우리가 아는 까닭이다. 또는 "우리 아버지를 위해 일했던 공증인의 아들로 상스러운 시를 썼다는 죄로 바스티유에 보내졌던 그 방종한 아들, 개과천선한 뒤 그 본명을 감추고 볼테르라는 이름으로 한 재산을 모았던" 아루에라는 사내에 대한 이야기는 어떤가. 또는 돈을 바라보면서 자신의 금고 속에 갇혀 죽은 구두쇠 페코유에 대한 이야기나, 엘뵈프 공작이 휘두르는 양고기 다리에 걸려 넘어지는 바람에 "보복도 못 하고 아주 불쾌한 얼굴에 영원히 지울 수 없는 상처가 남게 된" 튀리 후작에 대한 이야기도 마찬가지다.

생시몽은 《회고록》이 "믿을 만하며 직접 들은" 내용이라고 주장했는데 그것은 사실이다. 하지만 공명정대하다고는 이야기하지 않았다. 그가 말했다시피 "우리는 고결하고 참된 사람들에게 매혹되며, 궁정에 몰려드는 악한들에게 자극을 받고, 또 해를 가하는 사람들에게 분노를 느끼기" 때문이다. 그가 자신의 《회고록》에 대해

"지금까지 이처럼 광범위한 주제를 다루면서 이보다 더 완벽하고 상세하며 교훈적이면서도 호기심을 자아내는 이야기들을 결합시킨 예는 없다"고 한 것은 올바른 지적이었다. 작은 공작보다 더 명쾌한 사람이나 더 높은 권력자에 의해 가십이 이야기된 적은 없었다. 그리고 그는 그것을 문학으로 바꾸어 놓았다.

남자들은 어린 아이들이다.
사악한 짓을 제외하고는
그들이 무슨 짓을 저지르더라도 용서해야 한다.
— 조제프 주베르(18세기 프랑스의 모럴리스트·수필가)

5
가십에 흥미 없는 사람
= 결함 있는 사람

투르게네프의 소설 《처녀지Virgin Soil》의 등장인물 발렌티나 미할로브나는 오빠에게 '재미있는 일'이 있다면서 편지를 쓴다. 그것은 바로 그녀의 조카딸이자 오빠가 사랑하는 마리아나에게 오빠의 친구 네즈다노프가 연정을 품고 있으며 마리아나도 네즈다노프를 사랑하고 있다는 소식이다. 투르게네프는 발렌티나 미할로브나에 대해 다음과 같은 설명을 덧붙인다. "그녀는 가십을 되풀이하는 것이 아니라 그 모두를 자신의 눈으로 보고 자신의 귀로 들었다. 그녀의 오빠 마르켈로바의 얼굴은 밤처럼 어두워졌다." 발렌티나 미할로브나가 오빠에게 보내는 편지에 적은 내용은 진실이며, 그녀가 적은 내용을 직접 목격한 것도 사실이다. 그렇다고 해서 그 진실이 본인은 가십에 열중하는 것이 아니라는 발렌티나 미할로브나의 주장을 정당화해 줄 수 있을까?

명예훼손죄와 관련된 가십들이 진실이라고 밝혀진다면 피고는 무죄가 될까? 가십의 요건을 두루 갖추었더라도 그것이 진실이라면 가십이 아니라 위엄 있는 정보가 되는 것일까? 만약 그렇다면 일이 훨씬 덜 복잡해지겠지만 현실은 그렇지 않다. 단지 사실이라고 해서 가십을 주고받은 사람의 책임이 면해지는 것은 아니며, 그것이 가십이 아니라는 의미도 아니다. 가십에서는 의도가 매우 중요하다. 때로는 그 의도가 모든 것을 설명해 주기도 한다.

투르게네프 소설의 예에서 발렌티나 미할로브나는 조카딸 마리아나를 싫어하며 아들의 가성교사인 네즈다노프를 은밀히 유혹하고자 하지만 성공하지 못한 상태이다. 엄격히 말해 그녀는 진실을 이야기하고 있지만 정상적으로 입수된 정보를 단순히 전한다기보다 그 진실을 알게 됐음에 더 큰 즐거움을 느끼는 것이 분명하다. 자신의 오빠에게 이 소식을 전함으로써 그의 눈 속에서 친구 네즈다노프와 사랑하는 여자를 지워 버리는 것으로 두 사람에게 보복을 하는 셈이다. 미할로브나는 분명하게 의식하면서 기쁜 마음으로 가십이라는 화살을 던지고 있다. 악감정과 쾌감이 혼합된 그 무엇이 이 가십의 배경에 자리 잡고 있다. 정말이지 악의에 가득 찬 가십이다.

2007년에 출간된 티나 브라운의 책 《다이애나 일대기^{The Diana Chronicles}》에는 다이애나 비와 찰스 왕세자의 결혼이 파경에 이른 배경에 대한 로맨스 소설가 바버라 카틀랜드의 언급이 등장한다. 카틀랜드는 "물론 어디서부터 일이 틀어졌는지 알고 있다. 왕세자비는 오럴 섹스를 하려 하지 않았다"고 말한다. 경탄의 대상이었던 영국인의 과묵함이 사라진 것은 분명하다. 영국에서는 펠라티오 또는 그것의 결핍이 공개적으로 그것도 상류 계급에서 거론되고 있다. 하지만 여기서 중요한 것은 바버라 카틀랜드의 말이 진실이냐는 점이다.

　무엇 때문에 그녀는 이런 저속한 이야기를 발설하게 되었을까? 티나 브라운에 따르면 카틀랜드와 그녀의 딸 레인이 다이애나와 찰스의 결혼식에 어울리지 않을 정도로 지나치게 화려했기 때문에 그 장엄한 행사에 초대받지 못한 데 대한 앙심을 품었을 것이라는 설명이다. 그런데 동기는 그렇다 치고, 카틀랜드는 어떻게 그 사실을 알게 되었을까? 왕세자비가 그녀에게 털어놓은 것일까? 가능성은 적지만 왕세자가 직접 왕세자비에 대해 카틀랜드에게 불평이라도 한 것일까? 한두 사람의 입으로 전해진 이야기를 카틀랜드가 브라운에게 옮긴 것일까? (《다이애나 일대기》의 출전에 관한 주석은 아무런 도움이 되지 않는다.) 아니면 700편 이상의 로맨스 소설을 쓴 바버라 카틀랜드가 풍부한 성적 상상력을 바탕으로 지어낸 이야기일까? 그 답이 무엇이든 가십 연구자로서 우리는 젊은 세자빈의 소녀다운 까다로움과 나이 많은 남편의 짐승 같은 짓을 암시하는 그 가십의 미학적 완벽성에 경탄하지 않을 수 없다.

　이 가십은 유럽에서 가장 잘 알려진 두 인물, 영국의 왕세자와 왕세자비가 등장함으로써 가십의 모든 요소를 갖추게 되었다. 그리고 가십으로서 이보다 더 저속할 수는 없다. 그래서 더 그럴듯하다는 생각이 드는 것일까? 이 이야기를 들은 한 교양 있는 여성은 그 가십이 의심스럽다고 말했다. 그러면서 "다이애나는 매우 현대적인 여성이었다"는 말을 덧붙였다. 그러나 확실성을 인정하지 않는 것이 가십이다. 그것은 입증될 수도 반증될 수도 없다. 그리고 바로 그 불확실성 때문에 가십은 더욱 풍부해진다.

우리가 살아가는 시대의 극단적인 솔직성(아니, 과묵성의 절대적인 결여일까?)이 그 정도이므로 사람들은 자신이 사랑한다고 주장하는 사람에 관해 종종 자유롭게 가십을 주고받는다. 영화배우 앤지 디킨슨은 2008년 〈배너티 페어〉 1월호에 커다란 비밀을 털어놓았다. 자신은 프랭크 시나트라와 10년 동안 정사를 가졌지만 서로에게 반하지 않았고 깊은 열정도 느끼지 않았다는 것이다. 그들은 서로를 기분 전환용으로 생각했던 것이 분명하다. 디킨슨은 "뭔가를 가져야 하는 것과 뭔가를 원하는 것 사이에는 차이가 있다"고 말한다.

앤지 디킨슨은 존 F. 케네디를 원했던 것일까? 케네디의 친구이자 해군 장관이었던 폴 페이는 《그와 함께 하는 즐거움The Pleasure of His Company》이라는 책을 통해 케네디와 디킨슨의 관계에 대해 밝혔고 디킨슨은 앞서 소개한 〈배너티 페어〉의 기사에서 페이에 대한 불편한 감정을 전했다. 케네디와의 가십에 대한 혐오감 때문에 그녀는 자서전을 집필하기만 한다면 수십만 달러를 지불하겠다는 출판사의 제의를 거절했다. 하지만 자서전은 "자세한 사정을 밝히면서" 100페이지 이상 완성된 상태였다. 달리 말하면 앤지 디킨슨은 대통령과 관계를 가지기는 했지만 이에 대해 적어도 자세히는 말하지 않겠다고 이야기하는 것 같다. 아니면 고작 수백만 달러 앞에 입을 열 수는 없단 뜻일까? "나는 그것을 털어놓고 싶지 않다. 사람들은 내가 그런 일은 없었다고 말한대도 내 말을 믿지 않을 것이다. (중략) 이제 우리는 케네디 가문 사람들에 대해 성숙한 자세를 보여야 한다. 국가적으로 우리가 잃은 것이 더욱 중요하다"고 그녀는 인터뷰에서 말했다. 이렇게 해서 가십은 애국심과 어깨를 나란히 한다.

모든 가십에 동기가 필요한 것은 아니다. 앞서도 말했듯 어떤 가십은 단지 친구들을 재미있게 해주고 싶은 마음에 알려지기도 한다. 사람들은 자신의 친구들이 재미있어 하리라고 기대하며 유쾌한 농담을 던지듯 아주 멋진 가십을 꺼내놓는다. 가십과 농담은 '그것에 대해 들은 적이 있느냐'는 질문으로 시작한다는 공통점이 있다. (W. H. 오든은 "이것에 대해 들은 적 있느냐?"는 질문이 일반적으로 심리학이나 헤드헌터의 모토가 되어야 할 것이라고 말했다.) 가십이나 농담 모두 우리가 사는 세상이 생각보다 예측하기 어렵다는 사실을 암시한다.

가십은 주로 따분함에서 시작되는 것처럼 보일지 모르지만 또한 진지한 동기에서 시작될 수도 있다. "따분함에서 시작된 호기심과 훨씬 고귀한 종류의 호기심 사이에 선을 긋기란 쉬운 일이 아님을 인정해야 한다"고 철학자 제이콥 클라인은 말한다. 이 말을 들은 나는 철학자 파스칼의 일상에 관한 훌륭한 전기를 읽은 뒤 미국의 학자 모리스 비숍이 불평한 말이 떠올랐다. "가십은 우리에게 너무 적은 것밖에 이야기해 주지 않는다."

가십을 엄격하게 정의하자면 '누구의 관심사도 아닌 정보를 전달하는 것'일지도 모른다. 하지만 이 넓은 범주에 무엇이 들어가고 또 들어가지 않는지를 누가 말하겠는가? 가십에 전혀 관심이 없는 남자나 여자는 자제력은 훌륭할지 모르나 호기심이 결여되어 있고 인간성의 다양함에 흥미를 느끼지 못하며 풍부한 인생에 대해 알지 못하는 사람이다. 중도적인 입장에서 보면, 결함 있는 사람이라고 할 수 있지 않을까?

Diary　　 내 친구인 미술 비평가 힐턴 크레이머가 1965년부터 1982년까지 〈뉴욕 타임스^{New York Times}〉의 수석 미술 비평가로 지냈을 당시 그는 그 신문의 내로라하는 여러 편집자와 기자들의 백치 같은 행동에 관한 훌륭한 가십성 이야기들을 분수처럼 쏟아 냈다.

그 이야기 가운데 하나가 월남전 도중 하노이에서 런던 지국으로 돌아온 어느 유명한 칼럼니스트에 관한 것이었다. 당시 잉글랜드에서 개최되는 미술 행사 취재차 런던 지국에 머물고 있던 힐턴은 미국 북동부에 심각한 폭풍우가 몰아치고 코네티컷에 홍수가 예상된다는 예보를 듣고 안절부절못했다. (그곳의 웨스트포트에 그의 집이 있었고 아내 혼자 집을 지키고 있었다.) 그를 근심스럽게 지켜보던 칼럼니스트에게 힐턴은 코네티컷에 홍수가 날까 봐 걱정이라고 설명했다. 이 말을 들은 칼럼니스트는 "나는 하노이에서 돌아오는 길이오. 그곳에서 보았던 것을 생각하면 코네티컷의 홍수는 아주 사소한 일이라고 생각되는군요"라고 말했고 힐턴은 그 칼럼니스트를 융통성 없고 거만한 놈이라고 생각했지만 아무런 대꾸도 하지 않았다.

사흘 뒤 힐턴이 다시 그와 마주쳤을 때 이번에는 그 칼럼니스트의 표정이 좋지 않았고 힐턴이 묻자 그는 자신과 가족이 사는 버지니아에 홍수가 일어날지 모른다는 예보를 들었다고 답했다. 입을 샐쭉거리던 힐턴은 참지 못하고 입을 열었다. "아, 어쩌면 하노이로 돌아가시는 편이 좋을지 모르겠군요. 거기 가면 그런 사소한 일쯤은 쉽게 잊을 수 있을 테니까요."

말하자면 가십은 나비와 같다.
쫓아갈수록 더 멀리 날아가 버린다.
그러나 잠자코 앉아 있으면 우리 어깨 위에 내려앉을 것이다.
— 필리핀 속담

6

거의 언제나 만족스러운
가십의 대상들

이디시 어^{Yiddish, 유대인들이 쓰는 언어}로 '야흐네^{Yachneh}'는 거칠고 목소리가 큰 여인이라는 뜻이며 약간 덜 역겨운 '옌타^{Yenta}'는 말이 많은 수다쟁이라는 뜻이다. 야흐네가 옌타에게 가십을 이야기하고 옌타가 그것을 퍼뜨리면 어떻게 될까? 아니면 반대로 옌타가 야흐네에게 말하는 건? 가십은 어떻게 생겨나며 어떻게 그 생명을 유지할까?

흔히 훌륭한 농담에는 세 사람이 필요하다고 말한다. 농담을 말하는 사람, 그것을 음미하는 사람, 그리고 무슨 뜻인지 모르는 사람이다. 가십에도 세 사람이 필요하다. 가십을 시작하는 사람, 그것을 듣고 (아마도) 전하는 사람, 그리고 그 가십의 대상이거나 희생자인 사람이다. 그리고 여기에 가십이 생겨난 배경과 가십을 주고받는 사람들 사이의 기본적인 이해, 세상의 엄청난 정보 가운데 무엇이 흥미를 자아내는지에 대한 동의까지 더해지면 완벽하다.

'gossip'은 자녀의 대부나 대모, 즉 종교를 통해 만들어지는 친척이라는 뜻의 'god sib', 곧 '하느님의 형제들'을 선임하는 것에서 유래한다. 중요한 것은 대부나 대모의 자리는 친밀함과 친근함을 내포하고 있으며, 한 가정을 이루고 있는 남녀로서 자신의 형제들이 있는 가정에 대해 잘 알고 있어야 한다는 점이다. 조지 워싱턴 장군과 관련된 또 다른 어원은 미국 독립 전쟁 당시 워싱턴이 첩자들을 시켜 술집에 있는 적군들에게 'go sip', 즉 술을 홀짝이게 하여 그들의 작전 계획을 염탐하도록 한 것과 관련된다. 혹은 커피를 마시면서 잡담하는 깃을 가리기는 말일 수도 있다.

우리는 아무하고나 가십을 주고받지 않는다. 이야기하게 될 정보의 중요성이나 재미를 상대방(또는 복수의 사람들)과 대략적으로나마 공유해야 하고, 관심, 기질, 취향 등에서도 비슷한 부분이 있어야 한다. 우리는 별 세 개짜리 프랑스 음식점에 대한 추문을 지피루브Jiffy Lube, 미국의 자동차 엔진오일 교환 및 정비 체인점의 직원에게 이야기하지 않으며, 지피루브의 직원은 교외에 거주하는 미식가에게 일류 로펌에서 연봉 160만 달러를 받는 남편이 업무를 처리하는 틈에 그 아내와 자신이 지난 4개월 동안 바람을 피운 사실을 털어놓지 않을 것이다.

또한 가십을 전달하는 사람은 듣는 사람이 받아들일 준비가 되어 있는지 확인해야 한다. 자신의 단골 안과 의사에게 만족하는 사람이라면, 그 의사가 백내장 수술에 다섯 번이나 실패했다는 다른 환자의 이야기는 귀담아 듣지 않을 것이다. 또한 직장 동료를 아끼는 사람이라면 그녀가 어린 자녀에게 무관심하다거나 개인 파산 신청을 했다는 소식을 듣더라도 기쁘지 않을 것이다.

가십을 만들어 내는 사람은 아무리 그 가십이 대단한 것이더라도 그 정보를 얻기 위해 열심히 노력한 것처럼 보여서는 절대 안

된다. 비록 가십의 독점성(다른 사람은 아무도 모른다)이나 내재적인 중요성(네 운명에 커다란 영향을 미칠 수 있다)을 강조하고 싶어 미치겠더라도, 지금 털어놓는 그 정보를 얻기 위해 진지하게 노력한 듯한 모습을 보여서는 안 된다. 만약 가십을 얻기 위해 진지하게 노력했다는 사실이 밝혀지면 그는 아주 비참하고 실없이 참견 잘하는 사람으로 낙인찍힐 것이다. 외부 사람이 볼 때 참견과 가십은 그 방식이 얼마나 고상하고 태연한가의 차이에 불과하며, 참견에는 이 두 가지가 거의 없다.

가십을 받아들이는 사람은 조금은 미묘하게 자신의 입장을 밝혀야 한다. 오후 3시에 성인 영화관에서 레인코트 차림으로 나오는 사내와 비슷해 보이지 않게끔, 음란하거나 상대를 비방하거나 불명예스러운 것들에 관심이 없는 척 행동해야 한다. 그리고 가십을 받아들이는 데 다소 무관심한 듯하지만 동시에 고마워하는 것처럼 보여야 하는 의무도 있다. 가십을 들을 때는 어디까지 진실인지를 생각하고 그것에 대해 반응하는 법을 알아야 한다. 때때로 그는 가십에서 부족한 부분을 보충하고 애매한 부분은 분명히 하며 모순을 해결하기 위해 가십을 이야기하는 사람에게 더 많은 정보를 요구할지도 모른다. 이렇게 가십을 이야기하는 사람과 이를 듣는 사람의 복잡 미묘한 어울림은 일종의 춤과 같다.

여기에는 가끔 보상이 따르기도 한다. 재미있는 가십 두 가지를 들었다면 나도 최소한 하나는 이야기해야 하지 않겠는가? 독일의 시인이자 풍자가 빌헬름 부슈는 "가십이란 다른 사람이 저지른 죄의 고백"이라는 경구를 남겼는데, 실제로 그런 경우가 많다. 그러나 다른 사람으로부터 가십을 받아들이는 일 또한 복잡하면서 친밀한 관계에 들어서는 것과 같다. 가십을 주고받는다는 것은 우리 모두가 세상을 살아가는 보통 남녀이며 똑같은 도덕적 영역에서 활동하고 똑같은 것을 재미있어 하며 이겨내기 어려운 일이 있다면 이를 인정한다는 의미이다.

비록 대부분의 가십이 도덕적으로 오염되긴 했지만 그렇다고 해서 모든 가십이 도덕적 분개를 일으키는 것은 아니다. 듣는 입장에서 내가 좋아하는 가십은 인간 행태를 보여 주는 희극, 즉 높은 콧대를 유지하려고 애쓰는 사람들을 다루는 희극이다. 그리고 내게 가장 훌륭한 가십은 우리보다 더 도덕적인 감각(보통은 감각 이상의 것)을 자랑하는 이들의 이중성에 대한 나의 견해를 확인시켜 주는 가십이다. 내가 가장 좋아하는 가십은 이것이다. 몇 해 전 자신과 정치적 입장이 다른 모든 사람을 도덕적으로 경멸했던 한 지식인이 마약을 구매하기 위해 자신이 일하던 잡지사로 출판사들이 보내는 증정용 책을 훔쳐 판 것이 발각되었다는 내용의 가십이다. 그 뒤에 이 가십은 전국에 배포되는 잡지에 그대로 게재되었다.

좋은 가십은 인간의 유형을 분류하는 데 많은 영향을 끼친다. 때문에 나도 단지 나쁘게 행동하는 사람이 아니라 어떤 전형이 되는 사람을 보여 주는 가십이 최고의 가십이라는 모호한 표현을 하는 것이다. 앞서 하노이에서 갓 돌아온 〈뉴욕 타임스〉의 칼럼니스트에 관한 이야기 속 인물은 마치 자신이 갖지 못한 미덕을 지니고 있는 것처럼 내세운 위선자이다. 그리고 초반에 소개한, 딕 체니가 누군지 몰랐던 화가는 자족적인 예술가의 전형을 보여 준다. 다른 유형들은 나이 많은 호색가, 사이비 문화인, 출세주의자, 은밀한(또는 그다지 은밀하지 않은) 술꾼, 늙어 가는 히피, 건망증 있는 부자, 행복한 속물 등이다. 이들 유형은 중세 교훈극의 등장인물들과 비슷하다. 그리고 그들에 관한 가십은 거의 언제나 만족스럽다.

독자들이 원하는 것은
'이야기의 배경에 있는 이야기'이다.
그들이 원하는 것은 바로 가십이다.
훔쳐보는 자의 스릴.
(……)
그들에게 사랑에 빠진 셰익스피어,
모든 것을 이야기하는 토마스 만을 제공하라.
— 아모스 오즈(이스라엘 소설가 · 언론인)

7

알고자 하는 마음은
알고 싶다

모든 사람의 인생은 세 가지 차원으로 나누어 볼 수 있다. 먼저 중간쯤 거리에서 그를 아는 사람들(이웃사람, 직장 동료, 거래하는 상인들)에게 그의 인생이 어떻게 보이느냐, 두 번째는 가까운 사람들(가족, 절친한 친구들)에게 그가 어떻게 보이느냐, 그리고 마지막으로 그 자신에게 어떻게 보이느냐이다. 이 세 가지 모습에 따라 그 사람의 인생을 말할 수 있을지도 모른다. 우리는 이 세 가지 차원 모두에서 성공한 모습으로 보이기를 원하며, 적어도 그 가까이에 갈 수 있기를 바란다.

"우리가 세상에 보여 주는 우리 자신의 모습은 진실과 비슷하지 않다. 만약 서로에 관한 진실을 안다면 우리는 결코 누구도 진지하게 받아들일 수 없을 것이다. 들통이 나도 괜찮은 사람은 아무도 없다. 발각되지 않도록 노력하는 것, 그것이 바로 인생이다." 영국의 작가 윌리엄 도널드슨은 자신의 다이어리에 이렇게 적었다. 그리고 물론, 가십은 그것을 찾아내려고 애쓴다.

누군가는 자신의 모습은 발각되지 않기를 바라면서 다른 사람에 관해서는 가능한 많이 찾아내려고 애쓰기도 한다. 미국의 대표 저질 신문 〈내셔널 인콰이어러〉는 한때 인기 있었던 텔레비전 광고를 통해 "알고자 하는 마음은 알고 싶다"고 외쳤다. 그 말의 출처에도 불구하고 그 감정은 참된 것이다. 알아내고자 하는 마음은 사람들이 실제로 어떤 모습인지 알고 싶어 한다. 때로 그들은 사람들이 규칙적으로 다루는 것이 무엇인지, 역사적인 인물들이 어떤 사람인지도 알고 싶어 한다. 버지니아 울프가 반유대주의자였는지, 레프 톨스토이가 비열한 남편이었는지 말이다. 일, 회담, 시가와 위스키에 탐욕적으로 매달렸던 큼직한 체구의 윈스턴 처칠이 한 여성과 행복하게 살았던 것처럼 보이다니 대관절 어찌 된 노릇일까? 이것이 사소한 질문인가? 나는 그렇게 생각하지 않는다. 이런 정보는 그 사람을 이야기해 주는 것이며, 세상 사람들이 중요하다고 여기는 것 그 자체로 의미 있다.

가십은 비열할 수 있으며 (그럴 수 있음은 분명하다) 동시에 사소하다고 비난 받는다. 영국의 소설가 이언 매큐언은 소설을 "급이 높은 가십"이라고 부른다. 소설은 인간성의 웅대함, 환상, 기쁨, 슬픔, 그리고 심지어 사람들이 자기 자신에게도 고백하지 않은 비밀을 파악한 그대로 보여 주려 시도하기 때문이다. 가십도 가장 높은 수준에 이르면 그와 비슷한 것을 추구한다.

우리는 가십을 그저 즐기기만 하는 것이 아니라 좋아하기까지 하는 훌륭한 사람들을 평가 절하해서는 안 된다. 〈에든버러 리뷰 Edinburgh Review〉의 창간 발기인 가운데 한 사람이었던 성직자 시드니 스미스를 생각해 보자. 성인이 된 뒤로 상당한 세월을 시골 교구에 갇혀 보내야 했던 스미스는 당시 가장 현명했던 몇몇 여성들과 서신을 교환했는데, 그중 한 사람에게 "흥분을 일으킬 만한 루머로 내 외로움을 달래 달라"고 쓰기도 했다. 또 다른 여성에게는 "세상이 어떻게 돌아가는지 알고 싶어 안달이 났다"고도 했으며 "그 스캔들에 대해 알고 싶다"고 적기도 했다. 레이디 메리 베닛에게 쓴 편지에서는 "제발, 여왕에 관한 반역적인 소식을 전해 주시고 (중략) 아무것도 모르는 이 역겨운 상태에 저를 내버려 두지 마십시오. 제가 심술궂을 정도로 잘 알게 해주십시오"라고 적었다. 그는 가십의 영역에서 정보를 얻으려면 마찬가지로 정보를 주는 것이 중요하다는 사실을 알고 있었다. 그래서 그는 그레이 경에게 이렇게 썼다. "제가 런던에 가면 그곳 소식을 레이디 그레이에게 알려 드리겠습니다. 저는 레이디 그레이가 가십을 멀리하기에는 너무나 현명한 여성이라 확신합니다. 저도 가십을 좋아하고 그것에 일가견이 있습니다."

그러면 여기서 성직자 스미스가 〈에든버러 리뷰〉에서 일하던 J. A. 머리에게 그 특유의 경쾌한 느낌으로 전하는 가십을 살펴보자. "내가 알기로는 자네도 캐롤라인 램영국의 귀족이자 소설가 양이 바이런 경영국의 시인에 대한 사랑에 눈이 멀어 무도회에서 자신의 몸을 칼로 찌른 이야기가 궁금할 거야. 시인이 된다는 것은 얼마나 매혹적인가. 나는 여러 해 동안 런던에서 설교를 하고 상당한 인기를 모았지만 그렇다고 나 때문에 자해를 하는 귀부인은 하나도 없었네." 만약 우리가 옥석을 가려내듯 가십을 가려낸다면 이 가십은 완벽한 덩

어리라고 할 수 있을 것이다. 맙소사, 바이런 경이라니, 가십을 주고받을 만한 이름 아닌가!

시드니 스미스가 잘 알고 있었다시피, 가십을 나누는 데 가장 잘 어울리는 태도는 유머가 가미될 수 있는 허심탄회한 자세이다. 가십을 주고받을 때 사람들은 서로 사실을 이야기하고 있다고 가정한다. 사실을 숨기거나, 숨기는 듯하거나, 상대방을 괴롭혀 정보를 얻어내는 듯 보이면 이는 용납되지 않을 것이다. 결국 가십의 즐거움은 구식 어휘를 사용해 말하는 태도의 장난스러움에 있다. 우리는 내부의 비밀을 누설하고 고자질하며 남부끄러운 일을 털어놓는 등 생각지도 못할 온갖 짓을 하고 있다. 그런 짓을 할 때는 사실을 숨길 여유가 없다. "그리고 말이야, 하나가 더 있는데……." 이 표현이야말로 가십을 좋아하는 사람들이 가장 반기는 것이다.

가십이 정말로 사소해지는 것은 그것이 너무 점잖지 못할 때이다. 그리고 원인은 대개 내용이 아니라 그 대상에 있다. 내가 노스웨스턴에서 학생들을 가르치고 있을 때 내게 전화를 걸어 전혀 관심 없는 동료들의 어리석은 행태를 이야기하는 사람이 하나 있었다. 그의 전화를 받기 싫었던 나는 "X에 관한 가십은 점잖지 못해. 특히 아침 8시 반에 이야기하기엔 말일세"라고 말하기 일쑤였다. 이 마지막 문장을 적으면서 어떤 생각이 떠올랐는데, 다른 사람에 관해 우리가 할 수 있는 가장 비열한 말 가운데 하나는 '가십을 주고받을 만한 가치도 없을 만큼 본질적으로 너무 무미건조한 사람'이 아닐까.

나는 당대 미국에서 가장 예민하며 통찰력 있는 문예 비평가였던 라이어넬 트릴링에 관한 논문집을 편집하던 어느 젊은 비평가와 함께 점심 식사를 하고 있었다. 나는 그에게 책과 관련해 트릴링의 부인이자 역시 비평가인 다이애나와 만난 적이 있느냐고 물었다. 그는 몇 번 만났다고 대답했고 내가 "알겠지만 그 여자는 제정신이 아니야"라고 말하자 놀라는 표정을 지었다.

1975년 남편이 사망한 뒤 8년이 지나고 다이애나 트릴링은 《여행의 시작The Beginning of the Journey》이라는 회고록을 썼다. 거기서 그녀는 남편이 제대로 된 학위도 없고 외국어도 전혀 못했기 때문에 교수로서 자격이 없다고 털어놓았다. 트릴링은 소설가가 되기를 원했고 《여행의 중간The Middle of the Journey》과 같은 장편과 단편 소설 몇 편을 발표했지만 무슨 이유에서인지 소설가로서의 모험은 시도하지 않았다. 한 가지 삶을 영위하면서 다른 삶을 동경하는 이 갈등이 바로 라이어넬 트릴링이 우울증을 겪은 이유라고 추측된다.

그 뒤 1999년, 트릴링의 아들 제임스는 아버지가 주의력 결핍 장애를 앓았다고 주장하는 글을 발표했다. 제임스 자신도 주의력 결핍 장애를 앓고 있었다. 그는 자신에게서 발견되는 정신 이상의 주된 증상들, 즉 쉽게 산만해지고 분노하며, 시작한 일을 끝맺지 못하고, 명쾌한 결정을 내리지 못하는 등의 증상들을 아버지도 모두 겪었다고 주장했다.

하지만 맞은편에 앉아 있던 비평가에게 말했다시피 나는 라이어넬 트릴링의 근본적인 문제점은 우울증이나 주의력 결핍 장애가 아니라 그의 결혼 생활이 아니었을까 생각한다. 다이애나와 라이어널 모두 정신 분석에 열중했으며, 신경과민 환자였던 다이애나는 높은 곳을 무서워하고 군중을 두려워하며 쉽게 모욕감을 느끼고 자신이 받은 상처보다 더 민감하게 반응하는 사람이었다. 그녀는 어린 시절 아들 제임스가 엘리베이터를 두려워하자 정신 분석가인 에릭 에릭슨에게 편지를 보내, 아들이 정말 두려워하는 것은 엘리베이터 자체가 아니라 엘리베이터가 상징하는 여성의 질 속 같은 어둡고 깜깜한 압박감이라고 적기도 했다.

또 내가 〈아메리칸 스칼라American Scholar〉의 편집자였을 때 그 잡지의 편집위원이었던 그녀는 마치 무대 위에서 디바가 노발대발 연기하는 것처럼 합리적인 면이라고는 전혀 찾아 볼 수 없었다. 한 친구가 1957년 무렵부터 그녀가 더 이상 책을 읽지 않는다는 말을 해주었는데, 내가 그녀를 알게 된 1970년대 중반부터 나 역시 그 말을 반박할 이유가 없었다. 그렇다고 그녀가 문화계 전반의 거의 모든 분야에 대해 권위적으로 이야기하기를 멈춘 것은 아니었다. 언젠가 그녀는 잡지에 게재된 남편의 기사에 대해 장광설을 늘어놓음으로써 편집위원회의 회합을 엉망으로 만들기도 했다. "정신병자였소, 완벽한 정신병자였다니까." 그리고 나는 그 젊은 비평가에게 이렇게 덧붙였다. "그러니까 내 말은 어쩌면 트릴링이 그에게 커다란 명성을 가져다준 자신의 일에 신념을 갖지 않았던 게 문제가 아니었을까 하는 거요. 그는 매일 밤을 정신병자 같은 아내와 아들이 있는 집으로 돌아가야 했지. 그래요, 트릴링은 어울리지 않는 여자와 결혼한 뒤 매일 그녀와 함께 지냈기 때문에 우울증에 걸렸소. 그가 우울증에 걸린 것도, 술을 마신 것도, 부인에게 분노를 터뜨린 것도 놀라운 일이 아니지요. 그는 다이애나와의 결혼이라는 엄청난 실수를 저질렀고, 그 때문에 파멸한 거요."

이렇게 장광설을 늘어놓는 동안 나는 이것이 세간에 잘못 알려진 사실을 바로잡는 것인지, 아니면 고인이 된 사람에 대한 가십을 이야기하는 것인지를 자문해 보았다. 그것은 경멸스럽고 불확실한 이야기이므로 대부분의 사람들은 후자라고 생각할 것이다. 그렇다면 이는 가십의 대상이 되는 데 죽음도 예외가 아니라는 사실을 알려줄 뿐이다.

아! 여러분!
우리 남녀 주인공들의 슬픔이 여러분의 기쁨이다.
그들의 미덕이나 분별심 혹은 그에 따른 보상이 아니라,
그들의 슬픔이나 죄악 그리고 부조리한 행위가 바로 여러분의 기쁨인 것이다.
— 앤서니 트롤럽 〈바체스터 탑^{Barchester Towers}〉

8

남편이 죽기를
기다린 여자

인식론은 정당화된 신념과 단순한 의견을 구분하는 방법을 탐구하
는 학문이다. 가십은 논란의 여지없이 지식의 한 형태이고, 가십에
관한 주된 의문은 늘 '대관절 그것이 지식의 형태로서 얼마나 믿
음직한가' 하는 것이다.

이미 알고 있는 사실이나 구체적인 증거가 있을 경우, 사람들은
그것으로부터 대상의 행태나 사건의 의미에 대한 다소간 흥미로운
가정을 계속해 나갈 수 있다. 부인이 남편을 두고 집을 나가 버리
는 것 등이 바로 그 같은 가십의 예이다. 구체적인 또 다른 사실은
그녀가 다른 여자와 함께 들어오는 것이다. 바로 여기에서 가십 고
유의 추론이 시작된다. 그녀가 집을 나간 것은 남편의 부당한 대
우 때문이었는가, 아니면 남편 아닌 다른 사람을 사랑하기 때문이
었나? 다른 여자와 돌아온 것은 어떤 의미인가? 그녀가 자신의 아
파트를 구해 새로운 삶을 시작할 수 있을 때까지 친구와 지내기
위함인가, 아니면 그 친구가 친구 이상의 관계, 즉 동성애 상대인
것인가?

위의 이야기는 몇 년 전 내가 들은 이야기로, 비록 자주 만나지

는 못하지만 내가 상당히 좋아했던 다른 도시에 사는 한 여자 친구에 관한 이야기이다. 그 친구에 관한 구체적인 증거는 그녀의 남편이 야비했다는 것, 당시 중년의 나이로 성장한 두 자녀가 있던 그녀는 자신이 혼자 살아갈 방도를 찾을 수 있을 때까지 친구의 아파트에서 함께 머물렀다는 것이다. 나는 만약 내가 아내와 별거를 하게 되어 집을 나오게 된다면 당연히 한동안은 혼자 사는 친구를 찾아가 신세를 질 게 틀림없다고 결론 내렸다. 그리고 이 일에 관한 다른 이야기는 모두 가십일 거라고 생각했지만 결과적으로 내 생각은 틀렸다. 그 친구는 20년이 넘게 결혼 생활을 한 뒤 자신이 동성애자임을 깨달았고 그 뒤로 동성애자로서 행복하게 살고 있다. 이 이야기에 교훈이 있다면 가십에는 훨씬 과감한 추론이 요구된다는 것, 모든 일은 겉으로 보이는 게 다가 아니라는 것, 그리고 상식적인 설명이 늘 옳지는 않다는 것 등이다.

추론은 개인 감정(덜 완곡한 용어를 쓴다면 개인적인 편견)에 영향 받게 마련이다. 최근에 나는 문예 비평가 앨프리드 케이진의 부인들 중 세 번째 부인이었던 작가 앤 버스타인의 회고록을 읽었다. 그들의 결혼 생활 30년은 격렬했다는 표현만으론 부족하다. 버스타인은 케이진이 사망한 지 5년째 되던 해인 2003년에 회고록《내가 시장에서 보았던 것What I Saw at the Fair》을 출판했는데, 이 책은 그들 부부의 결혼 생활 중 있었던 온갖 사건을 연대순으로 묘사한 것이었다. 앤 버스타인은 전 남편에 대한 깊은 실망과 증오로 인해 책을 쓰게 되었으며 책으로 인해 그 실망과 동기가 정당화되었음은 의문의 여지가 없을 것이다. 그녀는 막강한 영향력을 지닌 문예 비평가와 결혼한 소설가였으며, 남편은 그녀의 글을 제대로 평가한 적이 전혀 없었고 관심도 드러내지 않았다. 아내보다 열두 살 연상이었던 그는 경험이 많았고 더 많은 성과를 거두었으며 훨씬 더 유명했다. 그리고 아내의 야심에 대해 잔인할 만큼 배려하지 않았다. 그러나 나름대로 불쾌한 이 모든 이야기는 남편이 아주 정기적으로, 때로는 바닥에 쓰러질 정도로 자신을 때렸다는 버스타인의 주장에 비하면 아무것도 아니다. "우리는 사랑을 나누고 있었다. 나는 행복했다. 그런데 갑자기 앨프리드는 내가 제대로 할 줄 모른다면서 불같이 화를 냈다. 어떤 때는 말싸움하다가 내 목욕 가운의 소매를 벗기는가 하면 (중략) 머리카락을 잡아당기는 바람에 다음날 머리를 빗으면 머리카락이 한 움큼씩 빠졌다. 그런 일이 있고 난 뒤에 앨프리드는 항상 울면서 나 말고는 어떤 여자도 때린 적이 없다고 말했다."

이것이 만약 사실이라면 앨프리드 케이진은 짐승 같은 사람일 뿐 아니라 병적인 사람이 된다. 그리고 이것은 역겨우면서 아주 풍부한 가십거리이다. "만약 사실이라면"이라고 했지만, 그 진실성을 의심할 이유가 있을까? 하나 있다면 앤 버스타인의 원한일지도 모른다. 그녀는 문학적으로 별다른 성과를 거두지 못했고, 출판된 소설들도 제대로 된 평가를 거의 받지 못했다. 앨프리드 케이진은 그녀의 남편으로서 도움을 줄 수도 있었지만 전혀 그렇게 하지 않았다. 물론 그녀는 여성해방론자인 자신이 작가로서 실패한 이유에 대해 여류 작가들에게 반감을 느끼는 체제 때문이라고도 생각했다.

우리는 앤 버스타인에게서 법정에서 흔히 볼 수 있는, 적개심을 품은 증인의 모습을 발견한다. 또한 독자는 내게서 너무 잘 속는 배심원의 모습을 발견할 것이다. 나는 앨프리드 케이진의 세 번째 부인이 남편의 짐승 같은 짓에 대해 이야기한 것을 읽기 전부터 그를 소름끼치는 사람으로 생각했다. 그렇게 생각한 이유는 그가 자신의 우월함을 자신만만하게 과시하는 사람이었기 때문이다. 그는 무엇에 관해 쓰든 언제나 자신이 다루는 대상이나 독자보다 훨씬 우월한 입장에 있는 듯 보였다. 그는 자신이 유대인 대학살의 진정한 의미를 이해하는 유일한 사람, 미국 급진 사상의 중요성을 아는 유일한 사람, 핵전쟁에 대해 진정으로 두려움을 느끼는 유일한 사람, 모든 사람이 돈에 눈이 어두울 때 순수성을 지키는 유일한 사람인 것처럼 굴었다. 왼쪽에는 빨갱이들이 있고 오른쪽에는 러시아 황제파가 있는 한가운데 홀로 서 있는 선량한 인물이 바로 앨프리드 케이진이었다. 따라서 자칭 그 훌륭한 인물이 부인에게 폭력을 가하고 나서 울음을 터뜨렸다는 사실은 더욱 즐겁고 흥미롭지 않을 수 없다.

앤 버스타인이 이렇게 열광적으로 남편을 헐뜯기 위해 그가 죽을 때까지 기다린 이유는 무엇일까? 아마 그가 살아 있었더라면 이어질 직접적인 보복이 두려웠을 것이다. (소설가 필립 로스의 두 번째 부인이었던 배우 클레어 블룸이 로스가 얼마나 비열한 남편이며 그녀의 자식에게 얼마나 비열한 의붓아버지였는지에 대한 글을 쓰자, 그는 《나는 공산주의자와 결혼했다^{I Married a Commuist}》라는 사실적인 소설을 통해 그녀를 잔인하게 묘사하는 것으로 대응했다.) 어쩌면 앤 버스타인은 더 많은 폭력이나 소송이 두려웠는지도 모른다. 어쨌든 그녀는 고인이 된 전 남편과 자신을 알고 있는 세상의 일부에게 아주 사악한 가십거리를 제공해 주었고, 나는 지금 그것을 퍼뜨리고 있는 중이다.

심리 요법의 발흥(승리라고 말하는 사람도 있다)도 섹스와 금전 그리고 도덕적 위선과 더불어 현대 생활에 또 하나의 가십거리를 제공해 주었다. 가십은 아마추어 치료사로서 다른 사람의 심리적 불안이나 약점을 분석한다. 두 사람이 한 여자를 두고 "그 여자는 너무 불안정해"라고 무심코 말한다. 혹은 "분명 그는 편집증이 있어" 또는 "그 모자 관계는 처음부터 잘못됐지"라거나, "그 여자는 색정증 환자 같아"라고 말한다. 이런 이야기는 모두 전문적인 치료사라고 할지라도 짐작에 불과하며, 가십이라고 해도 상처를 입힐 의도가 있는 '짐작'일 가능성이 높다.

만약 대부분의 가십이 짐작이라면 거의 모든 가십에는 해석이 필요하다. 우리는 소설을 검토하듯 가십을 살펴야 한다. 가십이 미묘할수록 그 해석도 미묘할 필요가 있다. 어떤 가십은 노골적이고 그 의도가 명백하기 때문에 문학 비평에 대한 훈련을 받지 않더라도 그 의미를 파악할 수 있지만 또 어떤 가십은 프루스트의 소설처럼 미묘해 세련된 해석이 요구되기도 한다.

인간의 기본적인 행위 이외의 거의 모든 행동에는 해석이 필요하다. 여기서 위대한 오스트리아의 외교가 메테르니히가 러시아 대사는 사망했기 때문에 베로나 회의^{나폴레옹의 몰락 이후 열렸던 빈 회의의 일환으로 1822년에 있었던 국제회의}에 참석하지 못한다는 소식을 듣고 "그가 왜 죽었지?" 하고 물었다는 이야기를 생각해 보자. 모든 짐작이 메테르니히의 짐작처럼 교활할 필요는 없지만, 어떤 사건이나 임의로 획득된 여러 정보는 가십과 결합된 짐작을 요구한다. "어쩌면 가십에 참여하려는 충동은 불가능한 일을 알고자 하는 것에서 유래할지도 모른다. 우리가 다른 사람들에 대해 계속 이야기를 하는 것은 그들을 이해할 수 없기 때문이다." 여류 작가 패트리샤 메이어 스팩스는 가십과 문학의 관련성을 탐구한 자신의 저서 《가십^{Gossip}》에서 이렇게 적고 있다.

짐작은 가십과 떼려야 뗄 수 없는 관계이다. 어느 기혼 남성이 어리고 매력적인 여성과 은밀하게 대화 나누는 모습을 보게 된다면, 우리는 그녀가 누구인지 그들의 관계가 무엇인지 짐작해 볼 것이다. 이웃에 사는 40대 남자가 변변한 직장도 없어 보이는데 여행도 자주 다니고 명품 옷을 즐겨 입는가 하면 음악회나 전시회 등 다양한 문화생활을 즐긴다고 하자. 그는 무슨 돈으로 그렇게 사는 것일까? 유산을 물려받았을까? 은행에 거액의 예금이 있는 것일까? 아니면 불법적인 수입원? 또, 30대 초반의 어느 여성이 동년배의 여러 남자들과 교제하면서 그들과 상당 기간 동거를 했음에도 자신은 아이를 원하지만 남편이 없기 때문에 그럴 수 없다고 말한다. 그녀에게 아직까지 남편이 없는 이유는 무엇일까? 이처럼 모든 가십은 짐작이라는 미명 아래 이루어진다.

나이 어린 여성과 기혼 남성의 관계는 사실 삼촌과 조카 사이이고, 하는 일 없이 호화롭게 사는 젊은 남성은 사실 능력 있는 주식 중개인이며, 몇몇 남성과 동거하는 30대 여성도 중년에 접어들어 바람을 피우는 많은 남성과 비교한다면 그다지 문제될 것이 없다. 다시 말하면 우리의 가십성 의심은 모두 완전히 틀릴 수도 있으며, 우리의 추잡한 마음은 잠들지 않겠지만 때로는 그래야 할 필요가 있다는 것이다. 하지만 그 같은 짐작을 불러일으키는 것이 추잡한 마음일까, 아니면 단순한 호기심일까? 인습에서 벗어나거나 종잡을 수 없는 행동과 마주칠 때마다 우리는 그에 대한 설명을 찾으려 한다. 하지만 때로는 그 설명을 얻을 수 없기 때문에, 우리는 그 미지의 사실들을 짐작해 볼 수밖에 달리 도리가 없다.

소설가 E. M. 포스터가 "인간의 재능 가운데 가장 저급한 것 중 하나"라고 말한 호기심은 종종 명예를 무너뜨리며, 대부분의 경우 가십의 형태로 나타난다. 가십은 가십대로 호기심이라는 야수를 만족시키기 위해 기꺼이 비밀을 드러내고 비방을 퍼뜨리며 사생활을 침해한다. 어떤 경우에도 호기심은 '겉모습과 실상은 매우 다르다'는 가정 아래 작동하며, 과감한 추측의 도움을 받기도 하는 가십은 겉모습과 실제 내용 사이의 불일치를 채우려 한다. 그것은 때로는 정확하게, 때로는 실수를 저지르면서도 매혹적으로 다가오며 가끔은 비열한 모습으로 막대한 피해를 가져오기도 한다. 하지만 가십의 의도가 무엇이든, 가십의 미묘함 혹은 미묘함의 결여가 무엇이든, 가십의 결과가 무엇이든, 그리고 가십이 질시와 복수, 훔쳐보는 취미나 친구들을 즐겁게 해주려는 욕구 그 어느 것으로부터 나왔든 그것은 결코 끝나지 않을 것이다.

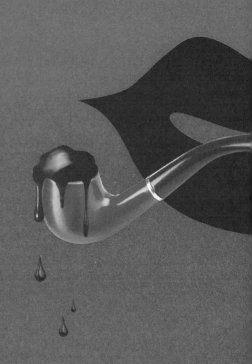

#2
공적인 가십

당신네 잡지에서 나에 관한 비방 기사를 계속 게재한다면
나는 그 잡지의 정기 구독을 취소할 수밖에 없습니다.
— 〈컨피덴셜Confidential〉 잡지에 보낸 코미디언 그루초 마르크스의 서한

9

비밀은
언제나 패배한다

시민 집회장이나 공개 토론장, 또는 베르사유의 통풍이 잘 되는 방이나 (훨씬 뒤의 일이지만) 소도시의 뒷마당 울타리 너머로 한가한 시간에 이루어지는 개인들 사이의 활동이었던 가십은, 인쇄기의 출현과 식자층의 발흥, 확산에 따른 신문·잡지 보급의 확대와 더불어 공식적으로 세상에 그 모습을 드러내었다.

대부분의 신문과 잡지들이 가십을 게재하려 들었다. 인쇄물이 언론의 형태로 점점 더 많이 여러 나라의 대중에게 전달될 수 있게 되자, 가십은 입에서 입으로 전해지는 개인적인 문제가 아니라 점차 공공연한 일이 되어 갔다. 곧 가십 자체가 전문화되었고, 그것을 수집하고 전파하는 일을 직업으로 삼는 사람도 등장했다. 그러자 기이하게도 가십은 비인격적인 것이 되었다.

가십 기사를 쓰는 사람들에게 가장 훌륭한 가십을 제공하는 이들은 옆집에 사는 이웃이 아닌, 왕족, 부자, 정치가, 성공한 예술가, 연봉이 높은 운동선수, 그리고 우리 시대의 유명한 영화배우 등이다. 하지만 신문에 게재되는 가십이 각 가정의 민주적인 아침 식단이 되기 위해서는 먼저 사생활을 중요하게 생각하는 사람들의 상당한 저항을 극복해야 했다. 왜냐하면 언론에서 다루는 가십은 언제 어디서든 늘 사생활을 침해하는 것이기 때문이다.

가십은 18세기와 19세기 소설에서 중심적인 역할을 담당했다. 그러나 가십이 전문적인 역할을 담당하면서 소설의 중심에 위치한 최초의 작품은 1888년에 출간된 《리버버레이터The Reverberator》이다. 헨리 제임스의 이 시시한 소설은 유럽에 사는 미국인들이 복잡하게 구축된 그들의 오래된 문화를 나누면서 유럽인들과 함께 살아간다는 내용으로 작품 속에서 미국인들은 씩씩하지만 세련되지 못한 모습으로 등장한다. 주인공은 언제나 그렇듯 부유한 보스턴의 도슨 가족이며, 아버지와 두 딸이 프랑스를 장기간 방문 중이다. 소설 앞부분에서 도슨 일가는 싹싹한 미국인이자 〈리버버레이터〉라는 미국 신문의 사교계 담당 기자인 조지 플랙의 안내를 받으면서 파리를 돌아본다.

플랙은 자신의 일에 부끄러움을 느끼기는커녕 아주 훌륭하고 멋진 일을 하고 있다고 생각한다. 그리고 은근히 호감을 느끼고 있는 프랜시 도슨 양에게 "〈리버버레이터〉는 이미 큰 신문이지만 나는 더 큰 신문으로 만들 생각이에요. 이 세상에서 가장 유명한 사교계 신문으로 말입니다. 거기에 미래가 있으니까요. 무엇이든 먼저 보는 사람이 큰돈을 버는 법이지요. 그 분야는 아직 제대로 시작되지 못한 계몽적인 사업이에요"라고 말한다. 플랙은 자신이 기꺼이 그렇게 할 수 있음을 과시한다. 그리고 사생활은 죽었다며 "앞으로 언론의 빛이 미치지 못할 곳은 없을 거예요. 이제부터 나는 아직까지 만들어지지 않은 가장 커다란 등불을 만들어 온 세상을 밝힐 거거든요. 그럼 비밀을 간직하려는 사람이 누구인지 알게 되겠지요"라고 말한다.

플랙은 도슨가의 두 아가씨들이 1830년부터 1848년까지 프랑스의 국왕이었던 루이 필리프 시대부터 프랑스에서 살았고, 그 바람에 프랑스 문화에 완전히 동화된 미국인 가족 프로버트 일가와 관계를 맺게 됐다는 사실을 알게 된다. 그는 프로버트 일가의 이야기를 취재해 〈리버버레이터〉에 싣고자 했고 개스턴 프로버트와 약혼한 프랜시 도슨은 미국인다운 순수함으로 플랙이 원하는 프로버트 일가에 대한 모든 것을 기꺼이 이야기해 준다. 그 가문의 사람들에게 도벽이 있다는 사실도 빠뜨리지 않는다.

프랜시는 플랙이 원하는 "발원지에서 곧바로 나온, 직접적인 진짜 정보"를 있는 그대로 제공한다. 그리고 플랙은 직업이 요구하는 대로 〈리버버레이터〉의 수많은 미국인 독자들을 위해 계속적으로 기사를 쓴다. 결국 프로버트 일가가 원하지 않았던 그들에 대한 평판이 알려졌고 그들은 망연자실한다. 개스턴 프로버트의 누나 중 한 명인 드브레쿠르 부인은 "모든 게 끝이야. 우리에 대한 모든 것이 드러났고, 우리는 파리를 떠날 수밖에 없어"라고 말한다. 이 이야기는 서로 다른 규범에 맞춰 행동하는 두 종류의 사람들(사생활을 매우 소중히 여기는 유럽인과 사생활 노출의 문제점을 제대로 알지 못하는 미국인들)을 다루는 헨리 제임스의 낡은 이야기이다.

우리는 이 소설의 스토리보다는 이 소설에서 다루는 가십의 작동 원리에 관심을 가져볼 만하다. 프랜시 도슨과 개스턴 프로버트는 상당히 복잡한 전통 관례를 따르며 결혼한다. 프랜시의 자매인 딜리아는 조지 플랙의 행동에 대해 옹호라기보다는 설명하는 투로 이렇게 말한다. "그는 이런 이야기를 미국 사람들이 좋아하고, 신문을 발행한다면 사람들이 좋아하는 것을 제공해야 한다고 생각해요. 사람들이 자신의 편에 있기를 원한다면 자신도 그들 편에 있어야 한다는 거지요." 미국과 영국에서 언론의 역사가 증명하듯 이 모든 것이 사실이다. 존엄성이 존중되어야 하는 비밀과 신문이 요구하는 비밀의 공개 사이에서 비밀은 거의 언제나 패배하게 마련이다. 언론이 요구하는 비밀의 공개(때로는 대중의 알 권리로 정당화되며, 미국에서는 언론의 자유를 보장하는 수정 제1조로 명시되기도 한다) 그리고 개인의 존엄성을 지키기 위한 비밀 보장, 이 둘 사이의 대립 문제는 오늘날까지도 여전히 중요한 과제이며 금세 해결될 것 같지 않다.

그리 오래되지 않은 2008년 여름, 영국의 한 법정은 비밀 보장을 옹호하는 판결을 내리게 될 한 선정적인 사건을 심리했다. 그 사건의 주인공은 제2차 세계 대전 당시 영국 파시스트 정당의 지도자였던 오즈월드 모슬리의 아들인 68세의 노인 맥스 모슬리였다. 자동차 경주 포뮬러 원을 성공적으로 홍보함으로써 거부가 된 그는 매춘부 다섯 명과 함께 성적인 환상을 실연하다가 체포되었다. 당시 나치 유니폼을 입은 여자들이 찍힌 사진이 발견되었으며,

모슬리는 머리카락에 이가 있는지 살피는 시늉을 하고 독일어로 숫자를 세면서 매춘부의 궁둥이를 때렸다고 한다.

모두가 생각하는 멋진 시간을 보내는 방법과는 거리가 있을지 모르지만, 이런 류의 성적인 괴팍스러움은 영국의 선정적인 언론에서 즐겨 다루는 소재이다. 비평가 로버트 고틀리브는 "음란한 성적 가십에 대한 영국인의 욕구를 과소평가하지 마라"고 말한 바 있다. 하지만 맥스 모슬리의 사건은 선정적인 언론이 우연히 그의 스포츠 관련 활동과 마주친 게 아니었다. 사실 그 사건은 〈뉴스 오브 더 월드News of the World〉라는 타블로이드 신문에서 조작한 것이었다. 그 신문은 매춘부 한 명을 고용해 각설탕만 한 크기의 카메라를 그녀의 브래지어 속에 감추고 그녀에게 기사를 제공하는 대가로 5만 달러를 제안했다. 그리고 'F1 회장과 나치처럼 보낸 하룻밤'이라는 제목을 달아 제1면에 그 기사를 게재했다.

맥스 모슬리가 〈뉴스 오브 더 월드〉를 상대로 제기한 소송은 우리의 반감이 똑같이 나뉘는 여러 가지 논란 가운데 하나이다. 재판 결과는 모슬리의 승소였다. 판사는 모슬리의 성적 취향은 얄궂지만 그렇다고 그것이 범죄는 아니며, 따라서 그 사실을 대중에게 노출시키는 것은 모슬리의 사생활에 대한 권리를 침해하는 것으로 간주된다고 판단한 것이다. 이 사건은 영국에서 사생활에 관한 법률의 더욱 엄중한 집행을 요구하는 선례를 만들 것으로 생각된다. 물론 그렇게 될지 아닐지는 두고 볼 일이다.

가십의 영역에서는 두고 볼 일이 아주 많다. 하지만 '두고 보는'

일이 한 사람의 경력을 파멸시킬 수도 있다. 2008년 8월 7일 〈뉴욕 타임스〉 제1면에 '성희롱 혐의로 고소 당한 의사'라는 제목과 함께 '학생들을 위해 많은 활동을 했던 의사는 혐의를 부인'이라는 부제가 달린 기사가 실렸다. 장문의 기사에는 의사와 고소인 가운데 한 사람의 머리 뒷부분이 찍힌 컬러 사진이 게재되어 있었고 그 의사에 대한 혐의가 지저분할 정도로 상세하게 기술되어 있었다. 피고는 학교생활에 잘 적응하지 못하는 성취 능력이 부족한 학생들을 전문적으로 돕는 소아과 의사로, 전공 분야에 대한 책을 여러 권 썼고, 로즈 장학생에다 하버드 의대 졸업, 〈뉴욕 타임스〉가 선정한 베스트셀러의 저자이자 자신의 분야에서 높은 평가를 받는 완벽한 이력의 소유자였다. 그는 자신에 대한 혐의를 모두 부인했다.

그렇다고 〈뉴욕 타임스〉가 그의 혐의를 아주 세부적으로 열거하는 것까지 막을 수는 없었다. 그는 5세부터 13세 사이의 소년들을 검사하면서 알몸인 그들의 성기를 만졌는가 하면 몽정의 분비물을 요구하기도 했다는 것이다. "의사 X(나는 이렇게 부르기로 한다)가 우리 아들의 페니스를 그의 뺨에 대거나 아주 가까이에서 아들의 고환을 검사했다"고 원고 중 한 명의 어머니는 단언했다. 과거 그의 환자였고 현재 성인이 된 다섯 명이 그에게 소송을 제기했다. 그리고 그 소송을 담당한 변호사는 성직자들의 성희롱에 대해 보스턴 대교구를 상대로 소송을 제기한 경력이 있는 막강한 변호사였다.

우리는 공정한 입장에서 이 이야기의 양쪽 측면을 소개하려 했던 〈뉴욕 타임스〉 기자의 노력을 느낄 수 있다. 기자는 소송 당한 의사의 동료 대다수가 언급한 그의 훌륭한 인품과 그가 하는 일의 중요성 등을 인용했던 것이다. 하지만 그런 이야기를 굳이 기사에서 다룰 필요가 있었을까? 조금 더 기다렸다가 재판의 결과를 보도하면 되는 일이 아니었을까? 소설가 조지 산타야나는 그의 작품 《마지막 청교도The Last Puritan》에서 범죄를 저질렀다는 이유로 기소되었다가 나중에 무죄 판결을 받은 등장인물의 입을 통해 "무죄 판결을 받는 것은 아무 의미도 없다. 기소되는 순간 이미 모든 것은 달라진다"고 말한다. 판결도 나지 않은 이야기를 기사화하여 실은 단 하나의 이유는 아마도 다른 매체에게 특종을 빼앗길지 모른다는 두려움 때문이었을 것이다. 사실 그것은 정말로 가십에 불과했으며, 내용과 그 잠재적 결과를 감안하면 매우 불쾌한 가십이었다. 그리고 최종적으로 한 인간의 파멸을 초래하는 것이기도 했다. 그 의사가 법정에서 무죄를 선고받는다 하더라도 그의 명성은 그 기사 때문에 이미 무너져 버렸다. 그는 음란한 기사의 주인공, 그것도 〈뉴욕 타임스〉에 보도되었던 사람으로 기억될 것임에 틀림없다.

이 슬픈 이야기에 신랄함을 더하는 것은 〈뉴욕 타임스〉가 가십의 측면에서 그 기사보다 훨씬 더 파괴적이고 자극적인 기사를 의도적으로 게재하지 않으려 했다는 사실이다. 그것은 2004년 미국 대통령 선거에서 존 케리의 러닝메이트였으며, 2008년 대통령 후보였던 존 에드워즈의 혼외정사에 관한 기사였다. 〈뉴욕 타임스〉가 그 기사를 외면했던 이유는 아마도 몇 달 전에 당시 대통령이 되기 위해 선거 운동을 하고 있던 존 매케인이 선거 운동원과 관계를 맺고 있다는 기사를 게재했다가 곤욕을 치렀기 때문이었을 것이다. 〈뉴욕 타임스〉가 에드워즈의 기사를 게재하지 않기로 했던 명백한 이유는 어쩌면 신문사의 진보적인 성향 때문이 아니라 그 기사의 출처가 '품격을 떨어뜨리는' 〈내셔널 인콰이어러〉였기 때문인지도 모른다. 〈내셔널 인콰이어러〉에서는 오래전부터 존 에드워즈의 뒤를 캤고 아내가 암 투병을 하는 동안 그가 바람을 피웠으며 그 사이에서 아이까지 얻었다고 비난했는데, 나중에 그 보도는 사실로 판명되었다.

결국 품격 없는 〈내셔널 인콰이어러〉가 옳았고, 진지하며 권위에 둘러싸인 〈뉴욕 타임스〉가 틀린 셈이었다. 〈뉴욕 타임스〉의 편집국 간부는 저속한 타블로이드 신문이 먼저 발굴한 기사를 취급함으로써 〈뉴욕 타임스〉가 저급하게 여겨지지 않을까 두려워한 것이 잘못이었다고 결론내렸다. 〈뉴욕 타임스〉의 편집부 국장이었던 리처드 버크는 존 에드워즈 사건과 같이 반응이 뜨거운 가십성 기사를 다루게 될 때 〈뉴욕 타임스〉가 느끼는 딜레마에 대해 이렇게 말했다. "우리는 그런 가십에 관심 없는 척 완전히 물러서 있거나 혹은 너무 좋아하는 척 열광한다. 우리도 다른 신문들과 마찬가지로 아무런 기준이 없다."

하지만 더욱 큰 문제가 있다. 위선적인 정치가들을 다룰 때는 기준이 없음에 우려를 표하면서도 왜 전도유망한 의사의 장래를 망칠 수도 있는 일에는 망설이지 않을까. 우리 시대에 가십의 파급

력은 생활의 구석구석에까지 미치지 않는 곳이 없으므로, 훌륭한 말솜씨로 여자를 건드리는 정치가의 희롱보다 언론의 기준은 더 믿을 수 없는 것이 되었다.

가십은 더 이상 게으른 사람들이나 사악한 사람들의 심심풀이가 아니다.
이제 가십은 뻔뻔하게 그리고 근면하게 추구해야 하는 거래이다.
— 루이스 브랜다이스(미국의 판사·법학자)와 새뮤얼 워런(미국의 법률가), "사생활에 대한 권리"

10

가십난을
희망하다

"때때로 더러운 곳에 뉴스가 있다." 이 말은 앞 장 끝부분에서 다룬 존 에드워즈의 간통 기사를 〈뉴욕 타임스〉가 다루지 못한 데 대한 편집국 간부의 겸손한 표현이다. 여기서 내가 '겸손하다'라고 한 것은, 신문을 읽거나 텔레비전을 보는 사람이라면 누구나 알겠지만 모든 매체를 막론하고 언론 그 자체가 점점 더 더러워지고 있기 때문이다. 이 글을 쓰고 있는 오늘 〈뉴욕 타임스〉의 예술 섹션에는 영화배우 리처드 드레이퍼스가 1984년에 빌려 준 87만 달러를 갚지 않았다는 이유로 아버지와 삼촌을 고소한 내용의 기사가 실렸다. 진지한 신문에서 대관절 그것이 왜 뉴스이며 예술과 무슨 관련이 있다는 것일까? 그것은 드레이퍼스와 그의 가족, 그리고 법정의 문제이지 〈뉴욕 타임스〉와는 전혀 무관한 것 아닌가? 그러나 리처드 드레이퍼스가 영화배우로서 약간 유명해진 만큼 분명 무관하지만은 않았을 것이다. 드레이퍼스는 한 블록 아래 교외에서, 혹은 도시의 고층 아파트 한 층 아래에서 살고 있는 사람들보다는 훨씬 유명하다.

유명 인사가 치르는 대가라 하기에 약간 모호한 것 가운데 하나는 낯선 사람들이 그들이 관여할 문제가 전혀 아닌데도 유명인들의 사생활에 대해 이러쿵 저러쿵 관심을 나타낸다는 점이다. 어떻게 해서 이렇게 되었느냐, 그것은 길고 복잡한 이야기이다. 영국과 미국에 국한해서 가십의 전문화가 확산된 경로에 대해 아주 짧게 이야기해 보자. 그것은 앞에서도 말한 대로 17세기 말과 18세기 초 인쇄업의 발흥으로부터 시작된다. 글자를 읽을 수 있는 사람들이 늘어나면서 뉴스에 대한 갈증이 생겼으며, 새로운 독자들이 가장 굶주린 뉴스가 바로 그들보다 나은 사람들의 나쁜 행태에 대한 것이었다.

'그러브 스트리트Grub Street'는 영국에서 삼류 언론인들을 가리키는 말로 그들은 재빨리 그 요구에 부응했다. 1681년 런던의 한 신문은 한 여자와 그녀의 하인, 그리고 그녀 소유의 커다란 개 매스티프 사이의 삼각관계를 보도했다. 1695년부터 면허법이 폐지되고 검열이 종결됨으로써 야비한 소문을 공급할 신문들의 출현은 더욱 가속화되었다. 《로빈슨 크루소Robinson Crusoe》와 《몰 플랜더스Moll Flanders》의 저자이기도 한 대니얼 디포는 이 영역에서 활동하던 작가였으며 자신의 글이 명예 훼손으로 소송을 당하는 바람에 대중의 웃음거리가 되기도 했고, 1703년에는 사흘 동안 뉴게이트 감옥에 수감되기도 했다. 런던의 커피하우스에서 많이 읽혔던, 리처드 스틸과 조지프 애디슨이 함께 간행한 〈스펙테이터Spectator〉(참된 문학을 주장하면서 오늘날까지도 살아남아 있는 신문)도 바로 이 시기, 18세기의 두 번째 10년대에 등장했으며 역시 가십을 다루었다.

디포를 포함한 새로운 가십 전문가 대부분은 그들의 희생자들을 묘사하면서 이름을 언급하지 않음으로써 그들을 모호하게 처리했다. 그리고 이들 새로운 언론의 대다수는 정당에 따라 입장을 달리해, 휘그당의 간행물에서는 토리당의 잘못을 들추었고 토리당의 간행물에서는 휘그당의 잘못을 들추었다. 이어 협박 목적으로 가십을 만들고 그 인물이 대가를 지불하지 않으면 그에게 불리한 정보를 공개하겠다고 위협하는 자들도 나타났다. (역사가 로버트 단턴은 《성수 속의 악마 또는 루이 14세부터 나폴레옹에 이르기까지 나타난 중상 비방의 기법The Devil in the Holy Water, or The Art of Slander from Louis XIV to Napoleon》(2010)이라는 책에서 프랑스에도 그와 유사한 활동이 있었음을 보여 주었다.) 보복도 활발했다. 당시의 가십 전문가는 주먹질도 잘해야 했고, 결투에서도 승리를 거두어야 했다.

하층 계급까지 글을 해독할 수 있게 되면서 지금과 마찬가지로 당시 가십의 대상은 부자와 가문이 좋은 사람들의 비열한 행동이었으며, 그 대상의 신분도 점차 왕족으로부터 귀족, 소박한 시골 신사, 작가, 배우 등으로 낮아졌다. 이런 가십을 읽는 사람들에게 중요한 것은 그들보다 나은 상황에 있는 사람들의 행실이 오히려 더 나쁘다는 것, 어쩌면 더 많은 돈을 가지고 더 많은 여가를 누리는데도 나쁘게 행동하였으니 더 나쁘다는 점을 보여 주는 것이었다.

가십의 새로운 독자층인 여성들은 정치와 범죄에 대한 뉴스보다는 일상적이고 사적인 소소한 이야기를 좋아했고, 소위 점잖은 세상과 그곳에 사는 사람들에 대해 특별한 흥미를 느꼈다. 회합이나 오락장, 오페라 등에서 누가 누구와 어울리는지에 관심을 가졌으며 당연한 노릇이지만 야비한 사실이 드러나면 더욱 환영 받았다.

《새뮤얼 존슨의 생애The Life of Samuel Johnson》의 저자 제임스 보즈웰은 한동안 가십 칼럼니스트로 활약하면서 1777년부터 1783년까지 〈런던 매거진London Magazine〉에 '건강 염려증 환자'라는 필명으로 70편 정도의 칼럼을 썼다. 로저 윌크스는 《스캔들: 가십의 야비한 역사Scandal: A Scurrilous History of Gossip》라는 훌륭한 저서에서 공개적으로 집행되는 교수형부터 수프를 흘리는 스코틀랜드 지주들의 버릇에 이르기까지 보즈웰이 다루었던 다양한 주제를 소개했다. 술과 매음을 즐겼던 보즈웰에게 구미가 당기지 않는 인간사란 없었다. 그는 우리 시대의 가십 칼럼니스트들처럼 토막 기사를 통해 독자들에게 가십을 전했다.

그 후 수필가 찰스 램도 언론에 가십을 기고했다. 찰스 디킨스는 그가 발행·편집하던 신문 〈데일리 뉴스Daily News〉에 레이디 블레싱턴을 고용했고, 최초로 여성이 가십을 제공하게 되었다. 토리 당 계열의 언론 때문에 가십의 희생자가 되었던 윌리엄 해즐릿영국의 비평가·수필가은 가십에 강력하게 반대했고, 영국의 소설가인 앤서니 트롤럽 또한 그랬다. 부자들의 식탁에서 얻어 들은 사적인 가십으로부터 소설의 좋은 소재를 얻었던 헨리 제임스 역시 공개적으로 유포되는 가십에 대해서는 혐오스러워했다.

로저 윌크스는 19세기와 함께 시작된 "개인화된 언론의 시대"에 주목한다. 1814년 증기 기관을 이용한 인쇄기가 출현하면서 더 많은 신문을 찍어 내는 일이 가능해지자 가십 역시 더욱 널리 유포되었다. 독자들은 내막을 알고자 했으며, 그것은 사건의 배경에 있는 사람들의 이야기를 의미했다. 그리고 사람들의 이야기란 바로 세부적인 사생활이었다. 흥분을 불러일으키는 일도 정보를 전하는 일만큼 중요한 언론의 사명이 되었고, 그 무엇보다 훌륭한 정보는 바로 흥분을 불러일으키는 정보였다.

선정적인 영국 언론의 가십 기사에 성급한 임신이나 무절제한 음주, 악성 부채 등과 더불어 여성들의 동성애에 관한 이야기가 암시되었다. 인간적인 관심을 불러일으키는 기사가 신문들을 가득 채우기 시작했는데, 부유하고 유명한 인사들의 사생활보다 더 인간적인 것은 없었다. 모든 개인적인 가십에서 판단은 맹목적이다. 가십에 대한 글을 쓰는 사람들은 궁극적으로 가십의 대상을 판단하는 사람이 된다. 1930년대에 들어와 비평가인 시릴 코널리가 자신을 "1주일에 25파운드를 받고 예수 역할을 하는 가십 필자"라고 말했지만, 그런 필자는 그보다 1세기 앞서 출현한 셈이었다.

미국 최초의 가십 칼럼니스트는 벤저민 프랭클린이다. 그는 자신이 발행하는 신문에 '참견쟁이'라는 이름으로 필라델피아 등지에서 온갖 사람들의 약점을 캐내 기고했다. 그리고 "대부분의 사람들은 자신이 비난의 대상이 아닐 때, 남을 비난하는 데서 기쁨을 느낀다. 그러므로 내가 개인적인 악덕을 폭로해서 기분 나쁜 사람이 있더라도, 조만간 그들의 친구나 이웃이 똑같은 경우를 당하는 것을 보고 만족감을 느끼리라고 단언한다"고 말했다. 하지만 그의 가십 칼럼은 돈 흐지부지되어 버렸고 허풍 가득한 그의 약속은 지켜지지 못했다.

미국은 공적인 가십의 영역에서 명예 훼손에 관한 법률이 관대했기 때문에 영국보다 이점이 많았다. 미국에서는 명예 훼손에 해당되더라도 자신이 퍼뜨린 가십의 내용이 사실이라고 판단되면 얼마든지 소송에서 변론을 제기할 수 있었다. 그리고 이것은 명예 훼손을 당했다고 느끼는 사람이 인쇄물 또는 라디오나 텔레비전을 통해 자신에 대한 이야기가 옳지 않음을 입증하면 소송에서 승소할 뿐 아니라 피고에게 적절한 형사적 처벌을 가할 수 있음을 의미했다. 영국의 경우 명예 훼손을 당했다고 느끼는 원고는 가십의 사실 여부를 입증할 필요가 없으며 그 가십으로 인해 자신의 일과 명예, 가정생활이 손상되었음을 입증하면 충분했다. 따라서 영국에서는 누군가의 사생활에 대해 진실을 이야기하더라도 여전히 명예 훼손죄로 처벌될 수 있었다.

리빙스턴 박사^{영국의 선교사·탐험가 데이비드 리빙스턴을 가리킴}를 찾아내도록 탐험가 헨리 스탠리를 아프리카로 보냈던 바로 그 사람, 〈뉴욕 헤럴드^{New York Herald}〉의 제임스 고든 베닛^{영국 태생의 신문 경영인}처럼 독자들이 원하는 것이라면 무엇이든 가리지 않는 신문 발행인들은 이 같은 점을 이용해 유명 인사들의 인터뷰와 그들의 가정생활에 대한 기사를 마구 쏟아냈다. 하지만 19세기 말부터 20세기 초 부유한 가정에서 자라난 미국인들은 이런 일들과 무관했다. 존 록펠러^{미국의 석유 재벌 창업자}는 홍보 전문가인 아이비 리를 고용해 언론에서 자신의 이름이 거론되지 못하게끔 막아 버렸다.

가장 훌륭한 이야기는 사람들이 공개하기를 원치 않는 이야기임이 명백해졌다. (여기서 우리는 가십이란 누군가가 알려지기를 원하지 않는 이야기라는 앞서 내린 가십의 정의로 되돌아간다.) 가장 혹독하게 가십의 대상이 되는 것은 약점이 많은 사람들, 즉 숨기려는 것이 많은 사람들이었다. 미국에는 끊임없이 등장하는 재벌들이 있었으며, 그들의 자녀들은 대체로 엉뚱한 결혼, 무절제한 음주, 어리석은 행동 등으로 눈길을 끌었다. 진지한 신문조차도 성공하기 위해서는 독자에게 정보를 전달하는 일뿐만 아니라 그들을 즐겁게 해주지 않으면 안 된다는 사실을 이해했다. 그리고 부자와 가문이 좋은 사람, 유명 인사들에 대한 가십보다 더 재미있는 것은 그리 많지 않았다.

가십을 쓰는 필자들 가운데는 자신이 도덕적 교훈을 제공하고 있다고 생각하는 사람들도 없지 않았다. 게티즈버그 전투에도 참여했던 남북전쟁의 용사 윌리엄 댈턴 맨 대령은 19세기 말 뉴욕으로 건너와 〈타운 토픽스Town Topics〉라는 간행물을 발행했다. 그는 "나라를 위해" 가십을 인쇄한다고 주장하면서 가십의 대상이 된 사람들에 대해 "편협하고 불건전한 요소들이기 때문에 거의 끊임없이 비웃음의 대상이 될 만하다"고 덧붙였다. 그 후 영국의 가십 칼럼니스트였던 나이절 뎀프스터는 정치가들과 가십에 대해 언급하면서 그들 모두 "거짓말쟁이에 사기꾼, 바보"이기 때문에 폭로되는 것이 마땅하다고 주장했는데, 이는 반박하기 어려운 주장이다.

부富 자체에 대한 호기심도 가십 칼럼에서 규칙적으로 다루어지게 되었다. 신문 발행인인 윌리엄 랜돌프 허스트의 〈뉴욕 아메리칸New York American〉에 촐리 니커보커라는 이름으로 칼럼을 썼던 언론인 모리 폴이 바로 이 분야의 전문가였다. 그는 주로 뉴욕에 살면서 맨해튼에 있는 멋진 클럽과 레스토랑에서 사교생활을 향유하는 부유하고 유명한 사람들을 묘사하면서 '카페 사회café society'라는 말을 만들었다. 부유하고 유명한 사람들의 이혼율 증가 또한 가십 작가들의 칼럼을 풍부하게 해주는 역할을 했다.

영국에서는 한때 가십의 대상이 되었을지도 모를 사람들 가운데 다수가 가십 전달자가 되었다. 리즈데일 경영국의 귀족으로 제2대 리즈데일 남작이었던 데이비드 프리맨 밋퍼드를 가리킴의 딸 낸시 밋퍼드영국의 여류 소설가는 영국의 신문들에 가십을 공급했다. 그 뒤 윈스턴 처칠의 아들 랜돌프도 그렇게 했다. 이튼과 옥스퍼드를 다녔던 패트릭 밸포어영국의 귀족으로 제3대 킨로스 남작을 가리킴는 소위 '똑똑한 젊은 것들'이라는 가십성 글을 썼는데 그 내용은 에벌린 워의 초기 소설에도 등장한다. 미국에서는 재클린 케네디의 디자이너였던 올레그 카시니의 동생이자 가십 칼럼니스트 이고르 카시니가 촐리 니커보커의 칼럼을 맡았고, 케네디와의 연고를 통해 수많은 내막을 파악한 뒤 그것을 독자들에게 전했다. 그는 '제트 세트jet set, 제트기로 각지를 돌아다니는 상류 계급을 뜻함'라는 말을 만들어 냈으며, 그것은 카페 사회라는 말을 대체했다.

한편 이상한 변화도 감지되었다. 영국과 미국을 막론하고 제트 세트에 속하는 사람들이 가십의 대상이 되기를 갈망하기 시작했던 것이다. 그들은 가십 칼럼에 이름이 나와야 자신의 중요성이나 적어도 자신이 관심의 대상이 되고 있음을 확인할 수 있었다. 그래서 그들은 가십 칼럼니스트들과 가까이 지내기 시작했고 그리하여 칼럼니스트들도 유명 인사가 되어 만찬이나 파티에 초대 받았으며, 다음날 칼럼에는 그 자리에 있었던 모든 사람이 적절하게 언급되도록 주의를 기울였다.

20세기 영국의 가십 칼럼 중 가장 인기 있었던 것 가운데 하나는 윌리엄 히키라는 필명으로 발표된 것이다. 여러 사람이 히키라는 필명으로 칼럼을 썼는데 그중에서도 가장 읽을 만한 것은 톰 드라이버그가 쓴 칼럼이었다. 드라이버그는 공공연히 심지어 호전적으로 동성애자임을 드러냈고, 극좌파였으며, 소련의 첩자였다. 어쩌면 이중간첩이었을지도 모른다. 그가 쓰레기 취급했던 사람들, 소위 똑똑하다고 하는 사람들은 그의 공산주의적 견해로 보면 흥미로운 대상이었으며, 또한 독자들에게 계급적 증오심을 자극할 만한 멋진 먹잇감이었다. (지금까지 자본주의가 만들어 낸 돼지 같은 사람들을 보라.) 그가 지켰던 유일한 규칙은 그의 칼럼이 게재되는 〈이브닝 스탠더드Evening Standard〉와 〈선데이 익스프레스Sunday Express〉의 사주였던 비버브룩 경캐나다 출신의 영국 실업가·정치가였던 비버브룩 남작 윌리엄 맥스웰 에이트킨을 가리킴이 정한 규칙이었다. 그 규칙은 "성교는 모두 사적"이므로 칼럼에서 섹스를 언급해서는 안 된다는 것이었다. 그 규칙은 드라이버그가 공중 화장실에서 남자들에게 치근거리다 입건된 경우가 한두 번이 아니었으므로 어떤 의미에서는 잘된 일이기도 했다.

〈데일리 메일^{Daily Mail}〉을 창간하고 소유했던 노스클리프 경^{영국의 신} ^{문·출판 사업가였던 초대 노스클리프 자작}은 당대의 뉴스는 본질적으로 가십의 성격을 띤다고 규정하면서, 뉴스는 "사람들이 주방, 응접실, 거실, 그리고 정원의 담 너머로 이야기하는 것, 즉 다른 사람들에 관한 것"이라고 정의 내렸다. 가십의 영역에서 영국은 왕가와 그들의 괴상한 짓 때문에 미국보다 유리한 점이 많았다. 장수를 누리던 빅토리아 여왕이 죽기만을 기다리면서 수십 년 동안 여러 애인을 거느리다 나중에 에드워드 7세^{1841~1910}로 즉위한 왕세자부터 시작해 영국의 여러 왕세자들은 엉뚱한 짓을 하기로 작정한 것처럼 보였다. 그의 손자로 왕위에 오른 에드워드 8세^{1894~1972}는 아무리 좋게 보아도 아주 따분한 사람이었는데, 육체적으로나 정신적으로 그다지 매력이 없는 '미국의 이혼녀' 월리스 심프슨과 결혼하기 위해 왕위를 포기함으로써 20세기 가장 뜨거운 가십의 대상이 되었다. 최근에 가십 필자들은 아주 오랫동안 왕세자 자리를 지키고 있는 찰스 왕자를 즐겨 다루고 있다. 그는 불행한 일을 맡기로 작정한 것처럼 보인다. 아내 다이애나(그녀도 자신에게 유리한 가십을 가십 필자들이 폭로하게 하는 데 명수였다)와의 이혼은 타블로이드 신문이 불타나게 판매되는 데 일조했다. 찰스와 다이애나의 두 아들 윌리엄과 해리가 가십 칼럼니스트를 기쁘게 할 스캔들을 만들지는 두고 볼 일이다.

1930년대 후반에 이르자 미국의 영화배우들이 가십의 대상이 되기 시작했다. 할리우드의 가십은 루엘라 파슨스^{미국 최초의 영화 칼럼니스트}와 헤다 호퍼^{미국의 여배우 · 가십 칼럼니스트}가 나누어 맡았고, 그 뒤로 가십 칼럼니스트 지미 피들러와 셰일러 그레이엄(스콧 피츠제럴드의 절친한 친구였다)이 팀을 이루었다. 파슨스와 호퍼는 실제로 영화사로부터 급료를 받았으며, 흥미를 유발시킬 뿐 배우의 가치를 손상시키는 일은 거의 없는 가십을 퍼뜨렸다. 이 둘은 영화계 외에도 월터 윈첼처럼 세간의 일들까지 다루려고 했지만 그것까지는 성공하지 못했다. 하지만 전성기 때 그들의 힘은 대단한 것이었다. 영화배우 데이비드 니븐은 그의 자서전에서 "오직 할리우드만이 그 두 사람을 낳을 수 있었으며, 신문의 큰 기사에만 매달리고 스스로를 과대 포장하며 근심과 신분에 대한 불안으로 가득 찬 할리우드만이 그렇게 오래 그 둘의 지배를 허용할 수 있었다"고 적었다.

1950년대의 대표적인 가십 잡지는 누드 잡지를 만들던 로버트 해리슨이라는 사람이 만든 〈컨피덴셜〉이었다. 〈컨피덴셜〉은 할리우드 남녀 배우의 행실을 전문적으로 다루었으므로 그 내용이 야비할수록 인기가 높았다. 그 잡지는 가수이자 배우인 프랭크 시나트라의 대단했다는 성욕, 영화배우 로버트 미첨의 대마초 흡연과 괴벽들, 배우 데시 아르나스의 바람기, 가수 새미 데이비스 2세의 금발 여성에 대한 취향, 배우 록 허드슨 등 여자를 무척 좋아할 것 같은 낭만적인 남자 배우들의 은밀한 동성애 등에 관한 기사를 실었다. 〈컨피덴셜〉의 기사들 중 일부는 사실이었으며, 일부는 사실일 수도 있지만 입증이 불가능한 것이었다. 모두가 경멸하면서도 모두가 읽어야겠다고 생각했던 이 잡지 기사의 사실과 오류를 조사한 사람은 아무도 없었다. 그 잡지는 결국 몇몇 소모적인 법정 시비 끝에 폐간되고 말았다.

1960년대가 되자 언론에 보도되는 가십의 성격이 달라졌다. 1963년 영국에서 일어난 '프러퓨모Profumo 사건'을 시작으로 모든 언론들은 신속하게 저속해졌다. 프로퓨모 사건은 영국 보수당의 정부 각료인 존 프러퓨모가 매춘부 및 소련 간첩과 관계를 맺고 국가 안보를 위협한 사건으로, 가십 전문가들의 입장에서 볼 때 그 스캔들에는 귀족의 시골 저택, 관능적인 매음부들, 국제적인 음모, 영국인만이 할 수 있는 변태적인 섹스 등 모든 것이 갖추어져 있었다. 프러퓨모 사건은 해럴드 맥밀런영국의 정치가 정부를 붕괴시켰고 언론에 보도되는 가십에 대한 관심도를 높였다. 하지만 이미 오래전부터 엄청난 발행 부수를 자랑하는 영국과 미국 신문들은 가십 칼럼니스트가 없으면 신문으로서의 기능이 불가능하다는 것을 느끼고 있었다.

미국에서는 〈내셔널 인콰이어러〉가 스캔들을 퍼뜨리는 기수가 되었고, 오늘날까지 그렇게 운영되고 있다. 그 신문은 기사가 될 만한 가십거리와 사진에 대해 그 자리에서 상당한 대가를 지불함으로써 은밀한 정사, 동성애 현장, AIDS 감염 등에 대한 무자비한 기사를 내놓을 수 있었다. 그리하여 그들은 엘비스 프레슬리의 죽음이나 O. J. 심슨의 아내와 그녀의 남자친구가 살해된 사건 등과 같은 미국의 슬픈 사건들을 대대적으로 다루었다.

타임^{Time}사의 주간지인 〈피플^{People}〉은 우호적인 면모의 가십 잡지를 표방했다. 애초의 계획은 대중적인 인물들의 사생활을 소개하는 것이었지만, 폭로보다는 명사들의 정겨운 사생활을 보도함으로써 친근감을 강조했다. 그러나 곧 〈스타^{Star}〉, 〈어스^{Us}〉, 〈라이프 앤드 스타일$^{Life\ \&\ Style}$〉, 〈인 터치$^{In\ Touch}$〉, 〈오케이$^{OK!}$〉, 〈롤링스톤 $^{Rolling\ Stone}$〉, 〈배너티 페어$^{Vanity\ Fair}$〉 등이 그 분야에 가담하면서 〈피플〉을 위협했다. 이제 〈피플〉도 가능하면 어디든지 찾아가 명사들의 먼지를 털어내려고 한다.

하지만 더욱 큰 문제, 단도직입적이고 아무런 사과도 표명하지 않는 공개적인 가십이, 어떻게 한때 존경 받던 정통 언론까지 감염시켰느냐 하는 것이다. 〈워싱턴 포스트$^{Washington\ Post}$〉와 〈뉴욕 타임스〉를 포함해 점점 더 많은 신문들이 의도적으로 가십에 불과한 기사들을 내놓고 있다. 진지한 듯 보이는 〈60분$^{60\ Minutes}$〉이라는 텔레비전 프로그램 역시 명사들의 인터뷰와 정치 및 기업에 관한 폭로를 다루면서 점차 가십에 대한 관심을 나타내고 있다. 텔레비전 뉴스는 소개될 내용에 관해 눈에 띄는 머리기사를 달고 미리 사진 한 장을 보여 주는데 이러한 방식 때문에 타블로이드 신문과 상당히 비슷해 보인다. 이제 연예계나 정계, 심지어 재계에서도 가십은 점차 전면으로 기어 나오고 있다. 한때 언론의 익살처럼 여겨졌던 가십이 이제 링 한가운데를 차지하고 있는 것이다.

우리는 사생활이 없는 시대에 살고 있다.
사회주의 국가에서는 경찰이 사생활을 억압하고,
민주주의 국가에서는 저널리스트들이 사생활을 위협한다.
그러다 보니 사람들은 점차 사생활을 즐기지 못하게 된다.
비밀스럽지 않으면 가능한 것이 없다.
사랑도, 우정도…….
— 밀란 쿤데라

11
정치인,
무임승차 혜택을 누리다

유명 인사가 없었다면 공적인 가십은 존재하지 않았을 것이다. 하지만 유명 인사가 없었던 시대는 없고, 따라서 공적인 가십이 없었던 때도 없다고 할 수 있다.

서양 세계에서 공적인 가십의 최초 주인공은 여러 가지 면에서 많은 매력을 지닌 알키비아데스(기원전 450년경~404년)를 꼽을 수 있을 것이다. 아테네의 정치가이자 군인이었던 알키비아데스는 페르시아로 도망치기 전 펠로폰네소스 전쟁 기간 동안 적어도 두 번은 아테네와 스파르타 양쪽을 왔다 갔다 했다. 그는 조국 아테네에 타격을 입히게 될 시라쿠사 원정을 발의했지만, 자신이 전쟁을 지휘하지는 않았다. 신성을 모독한 혐의로 소환되었기 때문이다. 알키비아데스는 잘생긴 얼굴과 멋진 몸매로 남녀 모두의 시선을 한 몸에 받았다. 플라톤의 대화편 중 〈향연The Symposium〉의 배경이 된 그날 밤, 알키비아데스의 요구에도 불구하고 소크라테스는 그와 동침하지 않았다고 한다. 알키비아데스에게는 흥미진진한 루머와 가십이 끊이지 않았다.

그 다음으로 위대한 주인공은 알렉산드로스 대왕일 것이다. 알렉산드로스에 관한 최고의 가십은 그가 신이라는 것이다. 33세에 죽은 마케도니아의 젊은 왕, 알렉산드로스는 사람들을 실망시킬 만한 일은 하지 않았다. 그도 자신을 신이라고 믿었을 것이다. 그는 아킬레우스만큼이나 사람들 입에 자주 오르내렸지만 욱하는 성질은 없었고, 오디세우스의 호기심을 지니고 있었지만 전리품에 눈이 어둡지 않았으며, 당시 '세계'라고 알려진 곳을 정복하여 지배했다. 서던캘리포니아대학교 영문과 교수인 리오 브로디는 명예의 역사에 대해 기술하면서 "알렉산드로스는 최초의 유명 인사라 불릴 만하다"고 썼다. 알렉산드로스는 명예만이 아니라 문화계의 유명 인사, 스타가 되어 갔다. 이 말은 개인의 명성이 널리 퍼졌음을 뜻한다. 그는 예술가들과 함께 다녔는데, 예술가들은 동전에 그의 얼굴을 새기고, 전사의 모습을 한 그의 조각상을 세웠다. 그는 새로 정복한 많은 도시에 알렉산드리아나 알렉산드로폴리스라는 이름을 붙였지만 율리우스 카이사르나 아우구스투스처럼 달에다 자기의 이름을 붙이지는 않았다.

황제가 다스리던 로마 제정 시대에 가십이 얼마나 큰 역할을 했는지는 정확히 알려져 있지 않다. 하지만 카이사르부터 율리우스 도미티아누스에 이르기까지 열두 황제의 전기를 쓴 수에토니우스(69년경~130년)가 남긴 기록을 통해 당시 가십이 얼마나 흥미진진하고 풍부했는지 충분히 짐작할 수 있다. 무소불위의 권력을 지니고 있던 황제들의 괴상망측하고 무절제하며 음탕한 행동들을 수에토니우스는 열정적으로 기록했다. 그는 로마의 제2대 황제 티베리우스에 대해 이렇게 썼다. "카프리 섬에 틀어박혀 지내던 티베리우스는 직접 매음굴을 만들어 방탕한 생활을 하며 은밀한 즐거움을 만끽했다. 로마 각지에서 아름다운 소년소녀들을 데리고 와 '매춘 토큰 매춘에 사용된 로마 시대 동전으로 한쪽 면에는 각종 체위가 새겨져 있고, 반대쪽에는 그 체위를 하려면 지불해야 하는 액수가 표시되어 있다'에 나와 있는 비정상적인 체위를 익히게 했고, 자신의 앞에서 세 명씩 짝지어 성교를 하게 하는 등 죄악이라 할 만한 티베리우스의 음란한 행위는 너무 혐오스러워서 입에 담을 수 없고 믿어지지 않을 정도다. 그가 헤엄을 치는 동안 '피라미'라 불린 어린 소년들이 그의 다리 사이로 들어가 핥고 깨무는 훈련을 받는 장면을 상상해 보라."

수에토니우스는 네로에 대해서도 언급했다. "소년과 유부녀를 유혹하여 관계를 갖는 것에 만족하지 못한 네로는 베스타 여신을 섬기는 신녀인 루브리아를 겁탈했다. (중략) 네로는 스포루스라는 소년을 거세시켜 소녀로 만든 뒤 지참금과 신부의 면사포 등 모든 준비를 갖춰 성대한 결혼식을 올렸다. 그리고 많은 사람들이 기다리는 왕궁으로 그를 데려가 아내로 대했다. 주위에서는 차라리 네로의 아버지 도미티우스가 소년을 아내로 맞았더라면 이 세상에 네로 같은 폭군은 없었을 거라며 수군거렸다."

티베리우스와 네로, 그 밖의 폭군 황제들에 대한 이런 이야기들은 모두 사실일까, 아니면 수에토니우스가 가십을 전한 것일까? 그게 가십이라면 고품격 가십이 확실하다. 수에토니우스는 로마 제국 지배자들의 실체를 생생하게 전할 수만 있다면 이런 이야기

역시 기술하는 게 옳다고 생각했다. 하지만 역사와 가십의 경계가 모호해짐으로써 사람들은 어떤 것이 진실인지 알 수 없게 되었다. 오스카 와일드는 저널리즘이 가십을 만든다고 말했는데, 증거 자료가 없다면 역사에 대해서도 그렇다고 할 수 있다. 종종 가십과 역사는 뒤섞어서 구분할 수 없게 된다.

황제와 왕, 그리고 그들의 아내와 가족은 오랫동안 우리가 가십이라고 여기는 것들의 주인공이 되어 왔다. 그러나 18세기와 19세기 초에 접어들면서 가십의 주인공은 자유분방하게 행동하는 명문가 출신의 인물들로 대체되었다. 대표적으로 영국의 시인 바이런을 들 수 있다. 물론 그는 천재적인 재능을 지닌 시인이었지만, 시와 전혀 상관없는 분야에서 유명 인사가 되었다. 제6대 바이런 남작인 조지 고든 바이런은 재능과 용기, 부, 욕망을 모두 지닌 남자였다. 그리스 독립군(바이런은 말년에 오스만투르크제국으로부터 독립하려는 그리스 독립군을 돕기 위해 전쟁에 참여했다)의 머리쓰개를 쓴 초상화를 보면 바이런은 잘생긴 영화배우 에롤 플린처럼 보인다. 바이런의 오른쪽 발은 안쪽으로 굽은 기형이었지만, 당시에는 절뚝거리며 걷는 모습까지 멋있어 보일 정도로 인기가 있었다.

다른 최고의 가십들과 마찬가지로 바이런의 가십도 그 무엇이든 사실처럼 들렸다. 그의 수많은 연인 가운데 한 명이었던 레이디 캐롤라인 고든은 그에 대해 이런 유명한 말을 남겼다. "그는 미쳤고 사악했으며 가까이 하기에는 위험한 존재였다." 바이런은 양성애자였고, 이복누이와의 근친상간으로 사생아를 낳았으며, 소년 성

가대원과 항문 성교를 했다고 알려져 있다. 그는 영국뿐 아니라 이탈리아, 스페인, 그리스 등 어디에서나 분란을 일으켰는데, 이는 매력적인 여인들이 그에게 쉽게 넘어가는 데서 비롯된 부작용이었다. 바이런과 관련된 것은 모두 멋있는데, 이는 상당 부분이 자서전적인 내용이라고 간주되어 온 그의 빼어난 시 때문이기도 하다. 그의 전기를 쓴 작가 프레더릭 라파엘은 이렇게 기술했다. "그는 단순한 시인이 아니라 스타였다. 그는 최초의 근대적인 유명 인사이자 예술가, 퍼포먼스 연기자이자 홍보 전문가였다."

화려한 경력을 마감하듯, 바이런은 요절했다. 그리스 함대에 장비를 갖춰 주기 위해 그리스로 건너가 자기 재산을 정리하며 동분서주하던 그는 두 차례 간질 발작을 일으켰던 것 같다. 그리고 일주일 뒤 감기에 걸렸고, 의사의 치료를 받았지만 곧 혼수상태에 빠져 1824년 4월 19일, 서른여섯이라는 젊은 나이에 숨을 거뒀다. 바이런의 심장은 그리스 서부의 메솔롱기온에 묻혔고, 유해는 영국으로 보내졌다. 생전에 문란한 사생활로 스캔들에 휩싸였던 그에게 웨스트민스터 대성당 시인의 묘역은 허락되지 않았다. 바이런의 장례 행렬에는 수많은 인파가 뒤따랐는데, 개중에 일부 노동자들은 감정을 억누르지 못해 거의 폭동을 일으킬 지경이었다고 전해진다. 이런 걸 보면 유명 인사나 추종 세력의 탄생은 가십과 떼려야 뗄 수 없는 관계임이 분명하다. 바이런이 죽은 지 거의 두 세기가 지난 오늘날에도 바이런에 대한 글을 읽다 보면 여전히 선정적인 가십을 접하고 있다는 느낌이 든다.

바이런은 진짜 귀족이었고, 영국인들은 위엄 있는 귀족 계급을 가십의 대상으로 삼을 수 있는 행운을 누리고 있다. 무분별한 공작, 술주정뱅이 백작, 하룻밤 섹스 상대를 찾아다니는 기사들……. 뿐만 아니다. 왕위 계승권 1순위이지만 실제로 왕이 될 것 같지는 않은 찰스 황태자는 결혼과 이혼, 그리고 다시 재혼을 통해 영국의 귀족 계급이 지금도 흥미진진한 가십의 마르지 않는 샘이 되고 있다는 사실을 입증해 주었다.

미국인들에게는 언제라도 사람들의 이목을 집중시킬 가십거리가 되어 줄 퇴폐적인 귀족 같은 소재가 없다. 그래서 얼핏 보기에 덜 화려한 미국인들은 독자적인 방법을 구사해야 했다. 초기 공화국 시절 정치인들은 거의 유일하게 전국적으로 유명한 인사였고, 그러다 보니 정치인을 소재로 한 가십이 등장하게 되었다. 물론 정치인의 가십은 지금도 여전하지만 말이다.

정치인들이 가십의 대상이 되는 이유는 그들이 자신의 권력을 남용하여 부정 축재를 일삼고, 무절제한 섹스, 폭음, 터무니없는 위선을 저지르기 때문이다. 정치인에 대한 가십은 유명 인사에 대한 가십과 마찬가지로 기가 막히게 운이 좋거나 특혜를 받은 지위를 이용하여 도를 넘은 행동을 한 인물에 대한 것들이 많다. 정치인에 대한 가십을 읽는 이유는 범인이 검거되듯 강력한 권력자가 몰락하는 걸 지켜보는 즐거움에 있다. 하지만 많은 권력을 지닌 사람이 그 권력을 이용하여 우리는 꿈도 꾸지 못할 삶을 살고 있다는 기사를 읽고 듣는 것도 또 다른 즐거움이라 하겠다.

정치인에 대한 스캔들이 끊긴 적은 없었다. 역사상 가장 위대한 대통령 가운데 한 사람으로 꼽히는 토머스 제퍼슨과 흑인 노예 샐리 헤밍스의 은밀한 관계는 아직까지 호사가들의 입에 오르내린다. 제퍼슨 생전에 좋은 가십거리였던 이들의 관계는 지금도 그 빛을 잃지 않고 있다. 제퍼슨과 헤밍스의 관계를 소재로 한 책이 계속 해서 출간되고, 그 책의 작가 중에는 상을 받은 이도 있다. 이 것뿐만 아니다. 미국의 제7대 대통령인 앤드류 잭슨은 결혼한 지 2년이 지나서야 자신의 아내에게 전남편이 있으며 그와 이혼 소송도 끝나지 않은 상태임을 알게 되었다. 미국의 제15대 대통령으로 독신이었던 제임스 뷰캐넌에게는 게이라는 소문이, 16대 대통령인 링컨에게는 흑인의 피가 섞였다는 소문이, 32대 대통령인 프랭클린 루스벨트에게는 유대 혈통이라는 소문이 따라다녔다. 22대, 24대 대통령을 지낸 그로버 클리블랜드는 사생아를 낳았으며, 나중에 그의 딸인 루스(그녀의 이름에서 베이비 루스라는 사탕 이름이 유래했다)가 저능아라는 소문이 은밀히 퍼졌다. 26대 대통령인 테디 루스벨트에게는 술고래, 28대 대통령인 우드로 윌슨에게는 바람둥이라는 가십도 따랐다. 제29대 대통령인 워런 하딩은 오하이오 주 메리언에서 복잡한 여자관계로 떠들썩했고, 제34대 대통령인 아이젠하워는 프랭클린 루스벨트와 마찬가지로 백악관 재임 시절에 실제로 연애를 했다고 한다. 민주당 대통령 후보로 나섰던 아들라이 스티븐슨은 게이이면서 여자 꽁무니를 열심히 따라다니는 이성애자로 소문이 자자했다.

대부분의 이런 가십들은 언론에서 거의 보도되지 않는 헛소문이지만 입에서 입으로 소문이 퍼지면서 사실로 여겨진다. 흔히 주류 언론이라는 곳들은 정치인의 사생활에 대해 풍자하거나 증거 자료가 없는 가십을 다루기에는 격조가 높은 모양이다. (적어도 자신들은 그렇게 생각하는 것 같다.) 1926년부터 1932년까지 뉴욕 시장을 지낸 지미 워커는 성적으로 매우 왕성한 사람으로 자신의 복잡한 여성 편력을 굳이 감추려 하지 않았다. 그의 파트너 가운데 가장 널리 알려진 여성은 영국의 쇼걸 베티 콤프턴으로, 나중에 둘은 결혼했지만 지미 워커를 감싸던 뉴욕의 언론은 워커가 이 문제에 대한 자신의 정직하지 못한 태도에 대해 언급하고 싶어 하지 않자 그대로 묻어 버리고 전혀 보도하지 않았다.

존 F. 케네디도 그와 그의 참모진이 공들여 관계를 쌓은 언론에 무임승차 혜택을 받은 정치인이다. 케네디 그룹의 일원이 되고 싶은 많은 언론인들은 젊은 대통령의 모든 것을 눈감아 주었다. 여기에는 백악관 2층에서 벌어진 숱한 정사情事뿐 아니라 그가 시가를 피우거나 골프를 친 것(시가나 골프를 즐기는 케네디의 사진을 찍으면 안 된다는 보도 지침이 있었다)까지 포함된다. 존 F. 케네디와 동생 로버트 케네디, 마릴린 먼로의 얽히고설킨 추악한 관계는 양측 모두 사망할 때까지 전혀 보도되지 않았다.

가십을 퍼뜨리고 불쾌한 소문을 들춰내는 것은 주로 문제의 인물을 싫어하는 사람들이다. 프랭클린 루스벨트는 그의 정적들에 의해 유대인이며 동성애자라는 소문이 퍼졌다. 지위가 낮은 공직자에 대한 가십은 사람들 사이에 널리 퍼지기만 해도 그를 자리에서 끌어내릴 수 있다. 국무부 차관이었던 섬너 웰스가 그런 경우다. 그가 동성애자라는 소문이 걷잡을 수 없이 퍼지자 루스벨트는 그의 사의를 받아들일 수밖에 없었다. 후에 웰스는 진짜 게이였다는 사실이 밝혀졌다.

탐사 보도 언론의 출현과 더불어 정치인의 사생활이 언론에 폭로되는 일이 본격화되었다. 탐사 보도의 정점을 찍은 워터게이트 사건 이후 모든 폭로는 정당한 것이 되었다. 유력한 민주당 대통령 후보였던 상원의원 게리 하트는 요트에서 모델을 무릎 위에 앉혀 놓은 사진이 언론에 보도되자 일찌감치 도중하차해야 했다. 미국 연방수사국FBI 국장 존 에드거 후버에게는 여장을 즐기는 복장 도착증이 있다는 소문이 있었지만 다행스럽게도 그는 이 사실이 언론에 알려져 다른 인간적인 결점이 들추어지고 악평이 쏟아지기 직전인 1972년에 죽었다. 후버가 여성 옷을 즐겨 입었다는 이야기는 지금도 흥미로운 가십의 소재로 애용되고 있다.

곧 선출직 공직자들이 비듬처럼 우수수 떨어져 나가기 시작했다. 바람둥이, 술고래, 탈세자, 크고 작은 도둑이라고 언론에 보도되면 그들은 곧 평가 절하되었다. 그들의 아내도 집요한 언론에 의해 가십의 희생자가 될 수 있고, 실제로 그렇게 되었다. 오늘날 공직자라면 누구나 받아야 하는 것으로 여겨지는 철저한 검증, 즉 공개적인 망신이 따르는 일종의 여론 재판으로 인해 많은 유능한 인재들이 공직을 기피하게 되었다. 그들은 가십과 루머에 대해 과도

한 검증 절차를 거치고 싶어 하지 않는다. 가십의 간접적인 영향력과 강력한 효과는 바로 그런 것이다.

"정치 문제에 대한 논조는 보다 사적이고 악랄해졌다." 〈뉴욕 타임스〉의 칼럼니스트로 유명한 게일 콜린스가 그의 저서 《전갈의 혀: 미국 정치에서의 놀라운 가십의 역사Scorpion Tongues: The Irresistible History of Gossip in American Politics》(필자는 이 책에서 이번 장의 일부 소재를 구했다)에서 한 말이다. 라디오 방송 토크쇼와 인터넷의 출현으로 이런 경향은 더욱 심화되었다. 대통령이나 공직자에 대한 존중은 눈을 씻고 봐도 없다. 빌 클린턴에 대한 탄핵만 봐도 이 말의 충분한 증거가 되고도 남을 것이다. 힐러리 클린턴도 마찬가지다. 힐러리는 레즈비언인 동시에 빈센트 포스터클린턴의 보좌관이었던 그는 권총을 입에 물고 방아쇠를 당겨 자살했다와 애인 관계였다는 소문이 있었다. 레즈비언이라는 소문, 혹은 이성애자로서 간통을 범했다는 가십이 퍼지면 아무리 반박해도 소용이 없다.

"가십 칼럼에 이름이 오르내리는 인물들은 본인이 원했기 때문에 그렇게 된 것이다." 로저 윌키스는 이렇게 말했지만, 정말 그럴까? 오늘날 유명세의 부작용 가운데 하나는 본인이 원치 않아도 가십의 대상이 된다는 것이다. 2009년 미국 테니스 오픈에서 멜라니 오딘이라는 열일곱 살 소녀는 시드 배정자들을 꺾으며 준준결승까지 올라갔고, 많은 사람들이 그녀를 우승 후보로 여기게 되었다. 그리고 그녀의 인기도 급상승했다. 하지만 안타깝게도 그녀의 엄마가 코치와 외도를 했고, 그 사실이 저급한 타블로이드판에 대대적으로 보도되면서 멜라니의 가족은 모두 슬픔에 빠졌다. 그리고 코트에서 거둔 그녀의 빛나는 승리는 퇴색되고 말았다.

다른 사람의 삶을 들여다볼 수 있다는 것이 유명 인사의 가십을 즐기는 주된 매력이다. 유명 인사에 대한 가십은 특별한 개인적 감정이 없기 때문에 잘 아는 사람의 가십에 비해 덜 악의적이다. 배우의 얼굴을 가까이 볼 수 있는 영화관과 자기 집 안방에서 스타들을 볼 수 있는 텔레비전 덕분에 사람들은 유명 인사를 가족처럼 여기게 되었다. 아니, 가족처럼은 아니어도 같은 아파트 6층에 사는 조용한 남자보다는 잘 아는 사이처럼 느끼게 되었다. 저명한 영화 평론가 리처드 시켈은 《친밀한 이방인: 미국 유명 인사의 문화 Intimate Strangers: The Culture of Celebrity in America》라는 책에서 이런 현상에 대해 언급했다.

텔레비전이 가정에 보급된 1950년대까지 미국에서 전국적인 지명도를 얻은 유명 인사의 수는 매우 제한적이었다. 그중 60퍼센트 정도는 영화배우였고, 나머지 30퍼센트가 운동선수, 25퍼센트가 정치인이었다. (다 합하면 100퍼센트가 넘음.)

당시 전국적인 유명 인사를 가장 많이 배출한 할리우드에서는 가십을 엄격하게 통제했지만 일부 스캔들은 너무나도 엄청나서 가십이 퍼지는 것을 막을 수 없었다. 1921년 성공에 눈이 먼 여자의 거짓 증언으로 억울하게 성폭행 및 살인 혐의를 뒤집어쓴 로스코 아버클'뚱보 아버클'이라고 불렸던 무성 영화 시대의 천재적인 희극 배우이 대표적인 예라 할 수 있다. 1930년대와 1940년대에 할리우드에서 가장 잘 나가는 가십 칼럼니스트였던 헤다 호퍼와 루엘라 파슨스는 메이저 영화사에서 일하며 가벼운 연예계 소식을 흘려주었다. 이를테면 스타의 약혼과 임신, 어느 스타가 특별한 영화 출연을 위해 다른 영화사로 옮겼다는 소식 등이었다. 술주정에서 간통, 동성애, 이혼 같은 이야기는 거론되지 않았다. 잘생긴 영화배우 랜돌프 스콧의 동성애, 매력적인 목소리와 외모의 소유자인 존 배리모어의 술주정, 화려한 여성 편력을 자랑하는 에롤 플린의 방탕한 성생활 같은 이야기들은 당시에는 새어나오지 않았다. 하지만 오늘날에는 쓰레기통을 뒤지는 생쥐처럼 부지런히 돌아다니는 가십 칼럼니스트들 덕분에 이런 이야기들까지 들을 수 있게 되었다.

할리우드 초기의 영화배우들은 우리와 크게 다를 바가 없지만 조금 더 재능있고 조금 더 외모가 빼어나다는 점에서 어쨌든 행운이 따랐던 것 같다. 그들의 평범한 이야기는 널리 알려진 반면 말도 안 되는 이상한 짓거리들에 대한 이야기는 새어나오지 않았다. 그래서 우리는 작은 시골 마을 출신(로널드 레이건)이거나, 가게에서 우연히 만난(라나 터너) 스타 배우들의 훈훈한 이야기를 비롯하여 나중에 대스타가 된 배우들의 신화 같은 데뷔 초기의 이야기들을 들을 수 있다. 앤디 하디 시리즈^{1937년과 1947년 사이에 MGM사에서 제작된 15편의 시리즈 영화를 말함}에서 앤디 하디 역을 맡은 미키 루니는 작은 시골 마을에 사는 티 없이 맑은 풋풋한 소년의 모습을 보여 주었다. 하지만 실제로 그는 아주 어릴 때부터 여자만 보면 꽁무니를 졸졸 따라다녔고, 그중 몇 명을 유혹하는 데 성공했다고 스스로 말했다.

배우들은 일단 스타가 되면 튀는 행동을 자제함으로써 자신의 신화적 위치에 타격을 입혀서는 안 된다. 할리우드 역사에서 진정한 천재 가운데 한 명으로 꼽히는 찰리 채플린은 나이 어린 여성들을 좋아했고 나중에는 좌파 정치 활동을 함으로써 스타는 평범해야 한다는 이 철칙을 위반했다. 미국에 매카시즘의 광풍이 휘몰아칠 때 진 켈리의 아내 벳시 블레어는 미국 공산당에 동조했다는 이유로 하원의 반미활동조사위원회에 불려 나가야 했다. 이때 켈리가 선택할 수 있는 방법은 할리우드를 떠나 유럽에서 활동하는 것뿐이었다. 정치적이든 성적이든 모든 일탈 행위는 일절 금지되었다.

　최근 가십의 주인공은 주로 정치인들이 맡고 있는 것 같다. 오늘날 할리우드 스타나 록 뮤지션, 코미디언들은 과거의 스타들처럼 강렬한 흥미를 유발하지 못한다. 이는 미국 전역을 휩쓸 만한 통합된 문화가 더 이상 없기 때문이기도 하다. 1960년대는 영화배우나 대중 가수가 미국 전역에서 인기를 얻기 쉬웠다. 하지만 최근에는 상황이 바뀌었다. 로큰롤 가수는 록 음악을 듣는 사람에게만 관심의 대상이다. 록 가수인 브루스 스프링스틴에게는 700만 명 정도의 팬이 있다. 물론 이것도 대단하지만, 프랭크 시나트라는 모든 미국인이 그의 팬이었다고 해도 과언이 아니다. 연령별, 인종별, 지역별로 선호도가 갈리는 대중문화의 분화는 사람들의 관심을 분화시켰다. 모든 사람이 마돈나에게 관심을 갖지는 않지만, 마릴린 먼로에게 관심 없는 사람은 없었다. 윌 스미스의 영화가 엄청난 흥행 수입을 올리는 것과 별개로 모든 사람이 윌 스미스를 아는 것은 아니다. 하지만 에드워드 G. 로빈슨의 기나긴 전성기 시절에 그를 모르는 사람은 없었다. 이렇듯 출신이나 연령, 특정 관심사에 따라 스타의 인기가 세분화되는 과정에서 실질적으로 스타들의 인기는 하락하게 되었다.

다양한 드라마와 리얼리티 쇼, 정치 토크쇼를 방영하는 케이블 TV가 널리 보급되면서 스타의 인기 하락은 가속화되었다. 보수적인 가십 칼럼니스트의 최종 주자라 할 수 있는 리즈 스미스는 이렇게 지적했다. "더 이상 빅 스타는 존재하지 않는다. 말하자면 스타성이 질적으로 매우 떨어졌다. 농담이 아니라 나는 스타라고 하는 사람들을 거의 모른다. 〈뉴욕 포스트〉에 실린 가십 기사를 읽으면 혼란에 빠지는데, 나와 이야기를 나눈 사람들은 모두 내 말에 동조한다. 그들도 누가 스타인지 모른다."

평론가이자 편집자인 존 포도리츠는 이처럼 유명 인사의 층이 얇아진 원인 중 하나가 가십 잡지와 가십을 다룬 텔레비전 쇼가 증가했기 때문이라고 지적했다. 많은 사람이 유명해졌지만, 오래 기억되지 않는다. 이를테면 〈서바이벌 천생연분〉이라는 리얼리티 쇼의 실제 독신자, 〈댄싱 위드 더 스타〉의 전문 댄서, 오프라 윈프리 쇼에 출연해 자신의 책을 팔려고 떠벌리는 표절자와 자녀를 살해한 것으로 의심 받는 커플, 매춘 사실을 밝힌 주지사 등이 그들이다. 그들은 널리 유명해졌지만 지속 기간이 짧았다. 포도리츠도 언급했듯이 인쇄 매체든 방송 매체든 '끝없는 수요를 충족시키기 위해' 새로운 유명 인사의 이름을 계속해서 공급할 필요가 있다. 포도리츠는 이렇게 덧붙였다. "예전에 할리우드 영화사에서 써먹던 유명 인사를 만드는 방법으로는 더 이상 충분하지 않다." 과거의 할리우드식 홍보 방식으로는 현재 쏟아져 나오는 모든 잡지와 〈엔터테인먼트 투나잇〉이나 〈액세스 할리우드〉와 같은 텔레비전 쇼에 기사를 주기에 불충분하게 된 것이다. 이에 포도리츠는 "유명해지는 것과 악명을 떨치는 것은 실제로 별 차이가 없고, 미국의 많은 제도와 마찬가지로 스타의 반열에 오르는 일에도 권위가 사라졌다"고 결론 내렸다.

오늘날 광범위한 인기를 얻는 유일한 방법은 정기적으로 텔레비전이나 영화에 모습을 보이거나 국가적인 정치 행사에 나타나는 것이다. 또한 어떤 성과를 이뤘든 유튜브로 대표되는 컴퓨터 화면에 자주 모습을 드러내지 않는다면 명성을 얻을 수는 있어도 유명 인사에 끼지는 못할 것이다.

예전 할리우드 스타가 오늘날 스타에 비해 유리한 점은 자신이 출연한 영화를 홍보하거나 이미지 관리를 위해 텔레비전 토크쇼에 자주 얼굴을 드러내지 않아도 됐다는 것이다. 이는 또한 자신의 멍청한 모습을 들킬지도 모른다는 부담이 없었다는 뜻이다. 그 옛날 영화배우들이 똑똑했는지 멍청했는지 오늘날 누가 알 수 있겠는가? 그런 유명한 영화배우들을 비롯한 스타들이 매력적으로 보이는 이유는 우리가 그들에 대해 잘 알지 못하기 때문인지도 모른다.

동시대의 유명 인사와 관련된 가십에서 느끼는 즐거움의 상당 부분은 독일어로 '샤덴프로이데Schadenfreude', 즉 남의 불행을 곧 나의 행복이라고 느끼는 심술궂은 감정과 관련이 있다. 생각해 보라. 빼어난 외모와 훌륭한 연기력, 그리고 뛰어난 음악적 재능으로 엄청난 돈을 벌어들인 사람도 우리와 같은 문제로 고민하고, 게다가 그 고민거리들이 한 짐이나 된다면 어떻겠는가! 이를테면 대인기피증에 시달리는 자녀, 힘겨운 다이어트, 공개적으로 드러난 부부 사이의 불화, 파산 등등. 유명 인사를 동경하던 평범한 사람들은 이제 그 행운의 주인공도 우리보다 나을 게 없으며 때로는 가혹한 운명의 여신과 가십 판매업자들로 인해 그들이 자신들보다 못할 수도 있음을 알게 되었다. 그리고 이로 인해 사람 사는 게 다 거기서 거기라고 생각하게 되었다.

"유명해지려거든
이미 유명해진 인물에게
돌을 던져라"

'거친, 막된, 골치 아픈, 밀어붙이는'이라는 뜻의 이디시 어 '그로브grob'는 유명한 가십 칼럼니스트 월터 윈첼의 집안을 표현하는데 가장 적절한 단어이다. 월터 윈첼은 수십 년 동안 미국 언론인 가운데 가장 유명하고 영향력 있는 인물이었다.

윈첼 가문은 지금의 벨라루스와 폴란드 국경 근처에 위치한 비아위스토크 시 출신으로 원래 성은 베인스헬 또는 빈스헬이었다. 월터 윈첼의 할아버지인 차임은 1881년 미국에 정착했다. 차임 부부는 뉴욕의 로어이스트사이드에 자리 잡고 아홉 명의 자녀를 키웠다. 월터 윈첼의 아버지인 제이콥이 장남이었지만, 나중에 뉴욕 증권거래소에 취직한 차남 조지가 집안의 2대 수장으로 여겨졌다. 제이콥이 그 자리를 차지하지 못한 것은 그가 무모하고, 믿을 수 없는 인물이었으며, 도박판에서 돈을 털리는 등 품위를 지키고 싶어 하는 형제자매들에게 부끄러운 존재였기 때문이다. 그는 한마디로 '그로브'했다.

월터는 1897년 가난한 대가족의 골칫덩어리였던 제이콥의 맏아들로 태어났다. 그의 아버지는 경제적인 발판을 전혀 마련하지 못했고, 어머니는 남편에 대한 극심한 실망감을 거리낌 없이 드러냈다. 제이콥의 바람기는 상황을 더욱 악화시켰다. 극도의 정서적 불안감과 가난에 대한 두려움이 어린 월터의 삶을 무겁게 짓눌렀다.

월터 윈첼은 나중에 큰 성공을 거두었고 많은 돈을 벌었지만 일생 동안 자신을 약자로, 세상에서 가장 무시당하는 사람으로, 늘 돈에 쪼들리는 사람으로 생각하는 경향이 있었다. 그는 이미 어린 나이에 공짜로 얻을 수 있는 것은 아무것도 없으며, 이 세상은 승자와 패자로 나뉜다는 사실을 배웠다. 따라서 그는 승자의 대열에 합류하려면 크든 작든 모든 싸움에서 미친 듯이 싸워야 한다고 결론 내렸다. 윈첼에게 인생은 수단과 방법을 가리지 않고 싸워야 하는 전쟁이었다.

윈첼의 원대한 전략 중 첫 번째는 한시라도 빨리 자신을 짓누르는 집을 떠나는 것이었다. 그는 열세 살 때 학교를 그만두고 집을 나왔다. 프랭클린 루스벨트 시절 민주당 전국위원회의 실세였으며 윈첼의 오랜 친구(이런 친구를 두는 건 쉬운 일이 아니었다)였던 어니스트 쿠네오는 "어린 시절의 변변찮은 가정환경 때문에 그의 마음에는 10센티미터짜리 상처가 있고, 빈털터리가 될지도 모른다는 두려움에 가득 차 있었다"고 회상했다.

학교 공부나 정치, 문화에는 관심도 없고, 이어받을 만한 가업은 당연히 없었던 윈첼은, 뉴욕으로 이민 온 또래의 다른 유대인들과 마찬가지로 연예계에 뛰어들었다. 그는 노래 홍행사 song plugger, 낮에는 사람이 많이 모이는 백화점에서 사람들이 관심을 보일 때까지 노래를 부르고, 저녁에는 극장에서 그 노래를 홍보하는 사람가 되었고, 그 다음에는 잭 와이너, 조지 지젤과 함께 트리오를 이루어 보드빌Vaudville, 1920~30년대에 미국에서 유행한 춤과 노래, 재담이 어우러진 버라이어티 쇼 무대에 섰다.

윈첼의 직업은 탭댄서였지만 그는 타고난 수완가였고, 춤보다 일을 꾸미는 재간이 더 뛰어났다. 그리고 그는 자신이 평생 몸담게 될 전문 분야를 드디어 발견하게 된다. 윈첼은 처음에는 취미 삼아 보드빌 연기자들의 가십을 모아서 기사를 쓴 뒤 무대 뒤에 붙여 놓았다. 그것을 본 관객들은 누가 누구와 코가 비뚤어지게 술을 마시며 요란하게 파티를 벌였는지 등 연예계의 비밀스러운 속사정을 알게 되었다. 그는 어디에 가면 기사가 될 만한 신선한 소재가 있는지 알아챌 수 있었다. 말하자면 그는 타고난 염탐꾼이었고, 자신이 알아낸 것들을 재미있는 기사로 만드는 데 뛰어난 재능이 있었다. 곧 윈첼은 탭 슈즈를 벗어 던지고 재미있는 기사를 찍어 대기 시작했다.

보드빌은 월터 윈첼로 하여금 경쟁력의 중요성을 알려주었고, 대중을 지루하게 하는 것보다 더 큰 죄악은 없다는 생각을 갖게 만들었다. 윈첼에 관한 뛰어난 전기 작가인 닐 게이블러는 이렇게 적었다. "보드빌 덕분에 월터는 평생 연예계와 인연을 맺게 되었다. 보드빌 무대에서 잔뼈가 굵은 월터는 보드빌의 다양성과 에너지, 허무주의를 받아들여 그것을 자신의 저널리즘에서 효율적으로 사용했을 뿐 아니라 그것들로부터 저널리즘을 창조해 내는 방법을 터득했다." 그는 저널리즘, 다시 말해 연예 사업의 본질을 이해했다.

곧 부서질 것 같은 저널리즘이라는 사다리를 올라가는 윈첼의 모습(그는 ⟨보드빌 뉴스Vaudeville News⟩와 ⟨빌보드Billboard⟩, 버나 맥패든의 ⟨뉴욕 그래픽New York Graphic⟩을 거쳐 마침내 신문 재벌의 대표격인 ⟨뉴욕 데일리 뉴스New York Daily News⟩의 브로드웨이 칼럼니스트로 안착했다)이 우리의 관심을 끌지는 못한다. 중요한 건 군은 의지와 더불어 그가 자신이 쓴 기사의 주인공이나 함께 일하는 사람 모두의 감정에 무감각했기 때문에 이런 승승장구를 이룰 수 있었다는 점이다. 지미 워커는 뉴욕 시장 재임 시절에 윈첼에게 이렇게 말했다. "친구를 아끼면 실패하지만 친구를 버리면 성공할 거요." 윈첼은 늘 자신만을 위해 일하던 사람인지라 아무 어려움 없이 이 충고를 충실히 따를 수 있었다.

윈첼의 상승 곡선은 미국 저널리즘에서 유명 인사에 대한 관심이 높아지고, 전국적으로 유명 인사에 대한 관심이 증가한 것(오늘날 이러한 관심의 범위는 더욱 넓어졌으며, 나날이 증가하고 있다)과 같은 흐름을 보인다. 윈첼은 사람들이 관심을 가질 만한 것들을 파헤치는 방법을 알고 있었다. 널리 알려진 거물들을 공격하는 것이 그의 특기였다. 초기에는 브로드웨이의 막강한 지배자였던 슈버트 형제의 뒤를 캤다. 또한 그는 유명 인사들의 약점을 찾아내는 데 소질이 있었다. 뉴욕에서는 명성을 유지하는 기간이 상하기 쉬운 코티지 치즈의 유통 기한만큼이나 짧으므로 꾸준한 인기를 얻으려면 늘 새로운 모습을 언론에 노출해야 한다. 윈첼은 늘 이렇게 말했다. "당신은 다른 사람에게 무엇을 할 수 있는가? 그 사람에 대해 무엇을 알고 있는가? 그가 부끄러운 짓을 했나? 그중에 내가 써먹을 것은 얼마나 있나?"

윈첼의 칼럼은 150개가 넘는 신문에 실렸다. 〈포춘Fortune〉에서 실시한 조사에 따르면 윈첼은 미국에서 가장 인기 있는 칼럼니스트였다고 한다. 윈첼은 자서전에서 이렇게 밝혔다. "나는 바지 지퍼가 열린 배은망덕한 사람을 잡을 수 있을 때까지 기다린다. 그리고 사진을 찍는다." 피아니스트이자 영화배우인 오스카 레번트가 회고한 바에 따르면 윈첼은 사람들이 자신의 칼럼 기사에 대해 불평할 때마다 이렇게 대답했다고 한다. "나는 악당이오." 윈첼은 이런 말도 했다. "모든 사람이 다른 모든 사람의 엉덩이를 걷어찰 수 있는 게 민주주의지요. 하지만 당신은 윈첼의 엉덩이는 찰 수 없어요."

1930년대 말, 이 뻔뻔스러운 가십 칼럼니스트는 루스벨트 대통령도 곁에 두고 싶어 할 만큼의 명성과 권력(물론 이 둘은 서로 연결되어 있다)을 쥐게 되었다. 그리고 프랭클린 루스벨트는 윈첼과 가깝게 지내는 데 성공했다. 윈첼이 자신의 칼럼을 통해 대통령의 비공식 대변인이 되어 백악관과 평범한 미국 국민을 연결하는 역할을 했다는 소문도 있다. 윈첼은 전 FBI 국장이었던 에드거 후버와도 친해졌다. 뉴욕 경찰의 반대에서 일하던 그는 뉴욕의 암흑가와도 관계를 맺고 있었다. 자신이 쓴 기사 때문에 호되게 봉변을 당한 뒤로는 자신을 보호해 주기로 약속한 럭키 루치아노의 갱단과 FBI 양쪽의 경호를 받기도 했다.

공들여 쌓은 명성을 하루아침에 무너뜨리고 사람을 해칠 수 있는 권력을 지닌데다 오만한 윈첼은 두려운 존재였다.

윈첼의 성공 가도는 끝없이 이어질 것처럼 보였다. 그는 1930년대에 〈타임〉 표지를 장식했고, 1940년대 말에는 쇼 비즈니스계에서 최고 소득을 자랑했다. 그의 칼럼은 레너드 라이언스와 루이스 소볼, 루엘라 파슨스, 도로시 킬갤런, 얼 윌슨 등 다른 가십 칼럼니스트들에게 선도적인 역할을 했다. 윈첼이 없었다면 이들 칼럼니스트들은 존재하지 않았을 것이다.

1948년 어느 날, 에드거 후버와 함께 뉴욕 양키스의 야구 경기를 관람하던 윈첼은 대통령 출마 가능성에 대해 깊이 생각하고 있었다. 그는 해리 트루먼과는 전임 대통령이었던 프랭클린 루스벨트처럼 가깝게 지내지 못했다. 윈첼은 한국전에 관해 트루먼 대통령과 반대 의견을 지닌 더글러스 맥아더 장군 편에 섰고, 그 결과 백악관으로부터 호감을 얻지 못했다. 한때 윈첼은 정치적으로 진보적인 성향을 보였지만 후버의 영향으로 조지프 매카시 상원의원에게 푹 빠졌다. 닐 게이블러가 말했듯이 '소문을 바탕으로 한 비난'이라는 두 사람의 방법은 다르지 않았다. 윈첼은 공산주의자를 색출하려는 악랄한 반공주의자가 되었고, 근거 없는 중상모략으로 한 사람의 명예를 짓밟는 일에 반대하지 않았다.

월터 윈첼의 상승 곡선이 언제부터 하락세를 그리게 되었는지는 정확하게 말할 수 없다. 흑인은 출입이 금지된 스토크 클럽에 흑인 무용가 조제핀 베이커가 들어왔다가 벌어진 인종 차별 사건은 사실 그와 관련이 없다. 하지만 이 사건의 당사자인 클럽 사장 셔먼 빌링슬리를 친구로서 옹호하고 나선 일은 그에게 아무 도움도 되지 않았다. 천박한 삼류 기사를 전문적으로 쓰는 라일 스튜어트라는 남자는 윈첼이 직접 칼럼을 쓰지 않았고, 쇼걸과 외도한 적이 있으며, 악의적인 비판을 일삼는 자기밖에 모르는 사람인 데다 천하의 사기꾼이라고 주장했다. 〈뉴욕 포스트〉에도 윈첼을 공격하는 기사가 연재되었다. 이 기사들은 그의 칼럼에서 오류를 찾아내 강조했다. 그가 훼방을 놓아 무너진 유명 인사의 경력을 언급했고, 소득세 납부를 회피하기 위해 그가 술책을 썼다고도 주장했다.

근거 없는 의심을 불러일으키는 데 가십보다 적합한 것은 없다. 그런데 이제 월터 윈첼이 그 상황에 빠져 버렸다. 그에게는 가공의 적뿐만 아니라 현실에서도 손을 봐야 할 대상이 도처에 있었다. 윈첼은 자신의 칼럼과 라디오 방송을 이용해 다른 라디오 평론가나 동료 칼럼니스트, 신문 편집자, 그리고 허락하고 싶지 않은 딸의 남자친구 뒤를 캤다. 그는 가십과 빨갱이 사냥을 결합하여 평소에 수상쩍었던 사람들뿐 아니라 예상 밖의 인물들까지 표적으로 삼았는데, 아들라이 스티븐슨이 그 대표적인 예다. 늘 좋지 않은 사람들과 어울리던 윈첼은 당시 매카시의 심복이었던 로이 콘을 자신의 비호감 친구 명단에 추가했다.

쇠락은 점차적인 계약 취소와 일자리 감소로 이어졌다. 시청률도 뚝 떨어졌다. 그의 텔레비전 쇼를 방영하던 ABC는 그를 쫓아냈다. 그를 고용하고 있던 신문사 그룹 허스트에서는 그의 칼럼이 명예훼손으로 제소당할 경우 더 이상 책임을 지지 않겠다고 밝혔다. 과거에는 그의 보복을 두려워하면서 지내 왔던 사람들이 이제는 대중 앞에서 공개적으로 그를 공격했다. 〈잭 파 쇼Jack Parr Show〉에 출연한 사교계의 여주인 엘사 맥스웰이 바로 그랬다. 파는 나중에 그를 '실없는 늙은이'라고 불렀다. '실없다'든가 '늙었다'든가 하는 말은 하기 힘든 말이기 때문에 더욱 깊은 상처를 남겼다. 어니스트 리먼(〈왕과 나〉, 〈사운드 오브 뮤직〉 등을 쓴 미국의 극작가)의 단편소설을 각색해 엄청난 성공을 거둔 영화 〈성공의 달콤한 냄새〉에는 악덕 칼럼니스트가 나오는데 그가 바로 월터 윈첼임은 누구나 알 수 있었다. 윈첼은 자신의 칼럼을 통해 그 영화가 상업적 실패작이라고 주장하면서 그 성공을 막으려고 시도했지만 헛수고였다.

1960년대에 윈첼은 종말을 맞았다. 그는 존 F. 케네디가 공산주의자의 동조자라고 주장하는 등 정치적으로 잘못된 선택을 했다.

당시 윈첼의 활동 본거지였던 〈월드 저널 트리뷴World Journal Trib-une〉(신문 재벌 허스트 가에서 발행하던 신문)이 1967년에 폐간되자 윈첼은 칼럼 쓸 곳을 잃었다. 윈첼의 칼럼이 막을 내린다는 기사를 쓴 〈뉴욕 타임스〉의 한 기자는 칼럼이 종말을 맞은 건 "텔레비전 보급이 확대되고, 교양 있는 신문 독자가 늘고, 할리우드 영화가 내리막길을 걷고, 브로드웨이와 미국 연예계 관련 기사를 더 이상 읽지 않거나 신경 쓰지 않는 해외파 연예인이 등장하고, 신문 구독 취향이 달라지고, 많은 칼럼의 진실성에 대한 거북한 감정이 늘고, 성도덕이 변했기 때문"이라고 지적했다. 윈첼은 뻔뻔스럽고,

지극히 도시적이고, 거친 남자 같은 한 시대의 분위기를 대변했지만, 그 시대가 끝나면서 그도 끝이 나고 말았다.

칼럼을 못 쓰는 월터 윈첼은 배트 없는 베이브 루스, 바이올린 없는 야샤 하이페츠, 풍만한 가슴이 없는 육체파 여배우 메이 웨스트 같다. 은퇴하고 가정으로 돌아가 편히 쉴 수도 없었다. 딸인 왈다와는 오래전에 사이가 멀어졌고, 아들인 월터 윈첼 주니어는 서른셋이라는 젊은 나이에 자살했다. 윈첼은 75세 생일을 두 달 앞두고, 그의 아내가 죽은 지 15일 만에 세상을 떠났다.

닐 게이블러가 언급했듯이 윈첼은 저널리즘을 생동감 있게 만든 동시에 천박하게 타락시켰다. 그는 개인에 대한 가십 기사뿐 아니라 가십 자체의 유포를 촉진했고, 신문들을 통해 이른바 스트레이트 뉴스(기자의 의견이나 논평을 넣지 않고 사실을 있는 그대로 보도하는 기사)를 전파했으며, 전에는 은밀히 수군거리던 이야기를 1면에 나오게 했다. 그는 유명 인사의 스캔들에 대한 대중의 흥미를 자극하고 충족시켰다. 어떤 의미에서 그는 오늘날 범람하는, 유명 인사에 대한 가십을 다루는 모든 잡지와 텔레비전 프로의 창시자라고 할 수 있다.

닐 게이블러의 말을 빌리자면 윈첼이 남긴 유산은 "우리로 하여금 공적인 인물에 대해 모든 걸 알 권리가 있다고 믿게 만든 것이다. 우리는 명성은 고귀하다고 생각하면서도, 유명 인사는 늘 뭔가를 숨기고 있다고 의심한다. 무엇보다도 우리는 연예 오락 프로를 다른 모든 가치보다 우위에 둔, 가십과 유명 인사에 대한 사고방식을 옳다고 생각하게 되었다."

윈첼이라는 존재가 없었더라도 이렇게 되었을까? 그럴 수도 있고, 아닐 수도 있다. 남에게 인정받고 싶어 하는 욕구, 다른 사람의 감정을 전혀 배려하지 않는 성향, 자신을 돋보이게 만드는 빈틈없는 감각, 스캔들을 끝까지 추적하는 집요함, 이 모든 것이 월터 윈첼을 최고의 가십 칼럼니스트로 만들었으며, 이것은 저널리스트가 들을 수 있는 최고의 찬사 아닌 찬사일 것이다.

<hr>

`Diary`   오손 웰스_{미국의 영화감독이자 배우, 각본가로 〈시민 케인〉 등의 작품이 있다}와의
인터뷰는 사소한 일이 아니다. 기자는 늦은 점심 식사를 함께 하기 위해 로스앤젤레스의 고급 레스토랑으로 그를 만나러 갔다. 웰스는 먼저 와서 그를 기다리고 있었다. 그들은 거창한 점심 식사를 했다. 이건 놀랄 일이 아니었다. 완곡하게 표현하자면 오손 웰스는 대단한 사람이었고, 직설적으로 표현하자면 130킬로그램이 넘는 거구였다. 인터뷰는 순조롭게 진행되었다. 식사는 음료, 애피타이저, 수프, 엄청난 양의 메인 코스, 포도주 두 병, 부담스러운 디저트, 코냑과 커피로 이어졌다. 점심 식사와 인터뷰가 끝나자 웰스는 그만 가봐야 한다며 자리에서 일어났다. 기자는 그에게 너무 아첨하는 것처럼 보이지 않기를 바라며 고맙다고 인사했다.

웰스가 일어나고 기자는 계산서를 요청했다. 그런데 예상은 했지만, 계산서를 본 순간 입이 다물어지지 않았다. 어떻게 해서 이런 비용이 청구되었는지 도무지 이해할 수가 없었다. 그는 웨이터

를 불러 어떻게 된 일인지 물었다.

웨이터가 대답했다.

"웰스 씨는 손님보다 한 시간 반 전에 먼저 도착해 이미 풀코스로 점심 식사를 하셨습니다. 그리고 그 비용을 손님 계산서에 같이 올리라고 하셨습니다."

나는 일기장 없이 여행을 떠나지 않아.
열차 안에서는 깜짝 놀랄 만한 것을 항상 읽어야 하거든.
— 궨돌린 페어팩스(오스카 와일드의 희곡 〈성실함의 중요성The Importance of Being Earnest〉의 등장인물)

12

아주 오래된 가십

조지 엘리엇은 소설 《대니얼 데론다Daniel Deronda》에서 가십에 대해 이렇게 말한다. "가십은 그것을 퍼뜨리는 사람들의 더러운 담뱃대에서 나오는 연기 같은 것이다. 그것은 흡연가의 악취미를 보여 줄 뿐이다." 물론 맞는 말이지만, 대단히 똑똑한 여성이며 위대한 소설가였던 엘리엇은, 중요한 가십은 소설에서 극적인 장면을 연출할 뿐 아니라 인생 자체를 변화시킬 수도 있다는 사실을 알고 있었다. 그녀는 그 사실을 경험을 통해 직접 터득했다. 1854년 엘리엇(본명은 메리 앤 에반스)은 G. H. 루이스와 동거를 시작했다. 루이스는 복잡한 영국법 때문에 법적으로 전처와 이혼이 성립되지 않은 유부남이었다. 관습에서 벗어난 루이스와의 관계 때문에 엘리엇의 사회생활은 편치 않았다. 그녀는 종종 추악한 가십의 희생양이 되었고, 그 결과 대부분, 아니 언제나 가벼운 마음으로 사교계에 출입할 수 없었다.

《대니얼 데론다》에서 주인공의 주변 인물로 나오는 미스터 밴더누트는 주인공인 대니얼에게 그와 관련된 가십을 전하며 이렇게 말한다. "그것(소설의 여주인공이 결혼하고 싶어 하는 남자 집안의 비밀)에 대해 많은 사람들이 알고 있지만, 나는 그런 이야기는 오래된 편지처럼 차곡차곡 접어서 치워 버린다. 물론 그런 이야기는 흥미롭지만 나는 구시대의 가십이 아니라 내가 사는 이 시대의 이야기, 당대의 가십이 궁금하다." 당대의 가십과 구시대의 가십을 구별하는 것은 공적인 가십과 유명 인사에 대한 가십을 이야기할 때 특히 유용하다.

어느 정도 나이가 들면 현재 가십을 몰고 다니는 사람에 대해서는 흥미를 잃게 된다. 나도 오래전에 그렇게 되었다. 나는 정기적으로 읽는 가십 칼럼이 없다. 가끔 〈뉴욕 포스트〉의 가십란을 훑어보기는 하지만, 가십 기사에 나온 인물의 반만 알아도 그날은 운이 좋은 날이다. 그리고 내가 그 인물들을 조금 안다 해도 그들에 대해 폭로된 내용이 별반 흥미롭지도 않다. "소식통에 따르면" 로큰롤 싱어가 최고급 호텔 방에서 마약을 투여한 주사 바늘을 여기저기 버리고 여성 생리용품을 사용했으며 바닥까지 물이 넘치게 했다는 가십을 보아도 나는 관심이 없다. 몇 년 전 할리우드의 한 파티에서 유명 영화배우가 1960년대 모델에게 부적절한 청혼을 했다는 소식도 흥미가 없다. 토드 필립스, 브라이언 그레이저, 초산 뉴젠, 메리 J. 블라이즈, 마이클 허튼슈타인, 에드 "장 뤽" 클리필드, 시드니 버나드, 타라 섭코프, 리키 클리먼, 알렉스 드 레셉 백작 등 요즘 가십란에 등장하는 이런 이름들을 보면, 영화 〈내일을 향해 쏴라 Butch Cassidy and the Sundance Kid〉에서 선댄스 키드가 친구인 부치에게 했던 말이 생각난다. "이 사람들이 누군데?"

최근에 나는 영화배우나 텔레비전 스타에 대한 가십을 다룬 프로그램을 전혀 보지 않는다. 멜로드라마도, 리얼리티 프로그램도 안 본다. 이 둘은 가십이 넘치는 오늘날 가십의 대상이 될 급이 낮은 인기 스타를 공급한다. 나는 스타를 담당하는 유명 요리사와 유명 피부과 전문의가 있다는 사실을 알고 있고, 유명 인사들의 별장마을로 알려진 햄튼스의 유명 정원사를 언급한 기사를 본 적도 있지만, 그들의 이름은 기억이 나지 않는다. 그렇지만 전혀 기분 나쁘지 않다. 나는 슈퍼마켓 계산대 앞에 줄을 서서 〈내셔널 인콰이어러〉나 〈글로브Globe〉 같은 가십성 기사로 유명한 미국의 대표적 타블로이드 주간지를 흘끗 보지만, 기사에 실린 인물들에 대해 아는 바가 없다.

그뿐 아니라 안젤리나 졸리와 브래드 피트, 제니퍼 애니스턴의 삼각관계나, 늘었다 빠졌다 하는 오프라 윈프리의 고무줄 몸무게, 마돈나의 입양 문제, 패리스 힐튼의 요란한 행동, 그리고 그런 인물들의 이상한 행동들에는 별로 관심이 없다. 표지에 '제이크의 거짓 음모'나 '알리가 숨긴 것' 같은 제목이 크게 박혀 있는 잡지를 봐도 나는 제이크나 알리가 누군지 전혀 모르고, 굳이 알고 싶은 생각도 없다. 8남매의 부모였던 존과 케이트 고슬린 커플의 파경(내가 알기로 이 커플은 〈존과 케이트 플러스 8〉이라는 리얼리티 프로그램에 나왔었다) 소식도 슈퍼마켓에서 파는 주간지에 수도 없이 실렸지만, 내가 예상하기로 이 책이 출판될 때쯤이면 그 이름은 수많은 인물이 등장하는 가십의 역사에서 저 밑에 묻혀 버리게 될 것이다.

지금 계속해서 언급되는 가십들은 미스터 밴더누트의 용어로 표현하면 '구시대의 것에 준하는' 또는 '어느 정도는 구시대적인' 가십이라고 불릴 만하다. 여기에는 지금까지 끈질기게 거론되지만 더 이상 당대의 인물이 아닌 사람들의 가십이 포함된다. 이를테면 케네디 가문 사람들, 영국 왕실 사람들, 리처드 닉슨, 린든 존슨, 마릴린 먼로, 엘비스 프레슬리, 다이애나 왕세자비, O. J. 심슨 같은 인물들이다. 어쨌든 그들은 지금도 끈질기게 거론되고 있다. 말론 브란도가 재클린 오나시스와 두 번의 잠자리를 가졌다는 이야기는 불과 얼마 전에 나돌았다. 이 이야기가 실린 책에는 재클린 오나시스가 전 시동생인 로버트 케네디와 연인 관계였다는 내용도 있다. 정말 대단할 뿐이다!

미스터 밴더누트와는 달리 나는 구시대의 가십, 그리고 교양 있는 계층의 가십을 선호한다. 이 책의 독자가 미국 영화배우 로지 오도넬에게 관심이 있든 없든 나는 상관 없다. 나는 내가 좋아하는 가십이 분석적이고 품위를 유지하기를 바란다. 나는 영화배우이자 토크쇼 진행자인 코난 오브라이언에 대한 가십보다는 〈옵저버Observer〉의 전 편집장인 코너 크루즈 오브라이언의 가십에 훨씬 더 관심이 많다. 나는 최근 사람들의 이목이 집중된 한 유명 인사에 대한 충격적인 기사("유명한 요리사가 냉장고 안에서 죽은 채 발견되었다")에도 전혀 관심이 없다. 하지만 얼마 전 〈타임스 리터러리 서플리먼트Times Literary Supplement〉에서 영화배우 캐리 그랜트의 다섯 아내 가운데 두 여인이 주장한 신체적 학대에 대한 기사를 읽었을 때, 나는 그가 오래전에 죽었지만 관심이 갔다. 그랜트가 너무나도 매력적인 인물이었기 때문이다. 영화배우라는 직업이 지적이라고는 할 수 없지만, 그는 독창적인 생각을 갖고 있었다. (그는 자신이 연기한 매력적인 인물에 대해 "나는 어떤 인물인 척하면 마침내 그 인물이 된다. 아니면 그 인물이 내가 된다"고 말했다.) 왜 캐리 그랜트처럼 신에게 재능을 부여 받고 많은 특권(행운, 돈, 명예)을 누리던 사람이 여자를 두들겨 패고 싶다는 욕구를 느꼈을까? 생각할 거리를 주는 가십이다.

나는 내가 진심으로 관심을 가질 수 있는 사람에 대한 가십에만 관심이 있다. 캐리 그랜트처럼 죽은 사람인 경우가 많은데, 오래전에 죽은 사람도 있다. 예를 들면 최근에 《공쿠르 저널의 페이지 Pages from the Goncourt Journals》라는 책에서 매우 만족스러운 구시대의 가십을 몇 개 발견했다. 기 드 모파상은 귀스타브 플로베르의 사생아이고, 프랑스의 정치가이자 외교관인 탈레랑은 화가 외젠 들라크루아의 아버지이며, 에밀 졸라는 전립선 비대증 때문에 단거리 기차 여행을 할 때에도 자주 화장실을 들락거렸다고 한다. 또한 마틸드 보나파르트 공주의 집에서 먹는 음식은 형편없었으며, 프루스트의 소설에 등장하는 샤를뤼 남작의 모델로 알려진 몽테스키우 백작은 복화술사인 여인과 사랑을 나눌 때 절정의 환희를 맛보기 위해 귀족 손님을 위협하는 포주의 술 취한 목소리를 흉내 내게 했다고 한다. 내가 말하는 '구시대적이지만 고급스러운 가십'

이 어떤 것인지 이제 확실히 알 수 있을 것이다.

가십에 대한 갈망은 수많은 현대적인 전기물傳記物을 탄생시켰다. 영국 작가 서머싯 몸의 전기에 대해 〈타임스 리터러리 서플리먼트〉(2008년 10월 9일 자)는 이런 서평을 실었다. "자료를 바탕으로 그 인물의 전 생애를 기술한 전형적인 전기처럼 보여도, 실제로는 가십과 추측이 많이 포함되어 있다." 비밀스럽고 확인되지 않은 실화와 가십에 대한 갈망은 오래전에 죽은 전기의 주인공에게도 부여된다. 제임스 보즈웰의 〈새뮤얼 존슨의 생애〉는 현대적인 전기의 최초 걸작으로 꼽히지만, 새뮤얼 존슨이 쓴 〈영국 시인들의 생애The Lives of the English Poets〉가 최초의 현대적인 전기라는 주장도 제기되고 있다. 오늘날 독자들이 명심해야 할 것은 보즈웰이 새뮤얼 존슨이라는 위대한 인물의 진실한 모습을 보여 주고 있다는 사실이다. 최근에 출간된 존슨의 전기들에 대한 서평에서 18세기 영문학 연구자인 팻 로저스는 다음과 같은 눈에 띄는 글을 남겼다.

많은 논란을 일으킨 쟁점들 가운데 하나는 존슨이 성적으로 마조히스트의 성향일 수도 있다는 것이다. 이것은 존슨이 절친한 사이인 헤스터 스레일 여사에게 맡긴 자물쇠와 쇠사슬, 그리고 학대에 관한 수상쩍은 언급(이중 일부는 존슨이 헤스터에게 보낸 프랑스 어 암호로 쓴 편지에 나온다)에서 비롯된다. 마틴(존슨의 전기 가운데 하나를 쓴 피터 마틴)은 대담하게도 존슨 연구자인 캐서린 볼더스턴이 처음으로 제기한 이 내용을 "신빙성이 없다"고 선언했다. 하지만 마이어스(존슨의 두 번째 전기 저자인 제프리 마이어스)의 글을 보면 마틴의 이 선언이 얼마나 무모한지 알 수 있다. 마이어스는 독일의 정신의학자 크라프트 에빙의 글을 인용하면서 캐서린 볼더스턴의 견해를 지지했다. 나는 개인적으로 마이어스 편이지만, 어떤 게 사실이라고 단정 지을 수는 없다. 전기 작가들은 이런 문제에 대해 자신의 입장을 정해야 하지만 그렇다고 그들이 자신의 견해에 백 퍼센트 확신을 갖는 것은 아님을 독자들은 이해해야 한다. 마이어스는 새뮤얼의 일기에 불쑥 튀어나온 수상한 문자 M이 "자위행위^{mas-turbation}에서 벗어나려는 고통스럽고 부단한 노력"이라는 견해를 쉽게 받아들였다. 마틴의 경우에는 배변 운동^{bowel movement}과 관련된 기록이라는, 그보다 더욱 타당해 보이는 설명을 제공한다.

이 글을 읽고 나면, 죽은 지 수백 년이 지난 뒤 현대 연구자들의 부정확한 추측을 통해 자신의 사생활이 드러나는 위대한 평론가보다는, 일요일 아침 자신의 교회 계단에서 술에 취해 죽은 채 발견되는 시골 교회 목사가 낫겠다는 생각이 들지도 모른다. (새뮤얼 존슨처럼 독실한 기독교 신자이며 억압 받는 사람들을 따뜻하게 대했던 진정한 성인이라면) 자신에게 마조히스트 성향과 자위행위로 인한 문제가 있었다고 학자들이 논쟁을 벌이는 것은 결코 달가운 일이 아닐 것이다. 하지만 학문이라는 기치 아래 이런 종류의 문란한 가십성 이야기는 늘 떠돌아다니며, 바로 이것을 끔찍하게 생각하는 사람들이 그 주요 대상이 된다.

여러 해 동안 학자들과 평론가들은 내가 HJHP^{Henry James Homo-sexual Project, 헨리 제임스 동성애 프로젝트}라고 생각하는 작업에 열중했다. 미국의 뛰어난 소설가이자 평론가인 헨리 제임스가 여자와 남자를 가리지 않고 육체적 관계를 맺었다는 증거가 없음에도 불구하고, 전기 작가들은 제임스가 금욕적인 생활을 한 이유가 자신의 성적인 본능을 감추기 위함이었음을 증명하는 데 열정적으로 매달렸다. 이런 가십성 추측의 증거로 제시된 것은 제임스가 말년에 핸드릭 앤더슨이라는 조각가와 다른 젊은 남자에게 자신의 심정을 토로하는 편지를 썼고 또한 그가 남자와의 포옹을 대단히 좋아했다는 것 등이었다. 독자들 역시 증거가 너무 부실하다고 생각할 것이다. 편지에 대해서 말하자면, 제임스는 편지글의 대가로 인정받았는데 그는 자신의 편지를 "품위 있는 잡문"에 지나지 않는다고 평가했고 이것은 '의도적으로 과장된 감정의 분출'이라고 희화되기도 했다. 그리고 포옹, 남자끼리 포옹하는 게 동성애를 나타내는 거라면 오래전부터 남자들끼리의 포옹이 악수를 대신하게 된 미국 프로 농구 협회와 할리우드는 진작에 끝장 났을 것이다.

헨리 제임스의 전기 작가 중 한 명은 그가 젊은 시절에 동년배인 미국의 위대한 법사상가 올리버 웬들 홈스 2세와 함께 한 침대에서 하룻밤을 보낸 적이 있다고 하였으며, 소설가 콜름 토이빈은 나중에 《대가^{The Master}》라는 소설에 이 장면을 삽입하여 제임스가 동성애자라는 논란을 불러일으켰다. 학자들은 에이브러햄 링컨이 젊은 시절 한 침대에서 어떤 남자와 며칠 밤을 보냈다는 사실을 밝혀냈고, 이에 대해 헨리 제임스와 비슷한 결론을 내렸다. 전기 작가들은 단순히 침대가 부족했던 19세기 상황을 잠재적이거나 명백한 동성애의 증거로 보고 저속한 설명을 붙이기를 좋아하는 경향이 있다. 젊은 에이브러햄 링컨은 가난했고, 홈스와 제임스가 한 침대를 쓴 건 캠핑을 갔을 때였다. 헨리 제임스의 동성애 연구에 시간과 정력을 투자한 사람들이 그토록 자기 주장의 정당함을 입증하려 애쓰는 이유는 무엇일까? 일부는 자신이 동성애자이기 때문에 다른 위대한 작가가 동성애자라는 사실을 밝히기 위해 노력한다. 동성애자가 아닌 사람들은 새로운 사실을 밝혀내는 데 일조했다는 평가를 받고 싶을 것이다. 어떤 경우든 HJHP는 연구를 가장하지만 가십을 좋아하는 시대정신을 드러낸다.

HJHP와 병리학적인 전기pathographical biograpy의 배경에는 프로이트의 정신 분석 이론의 출현과 보급이 있다. 오이디푸스 콤플렉스, 페니스 선망, 아이가 자라는 처음 몇 해의 절대적인 중요성, 삶의 원동력으로서의 성욕의 중요성, 억압에서 해방될 필요성 등 프로이트의 주요 개념은 이제는 대부분 부적절한 것으로 여겨지지만 아직 사라지지 않았고, 앞으로도 건재할 것이다. 그것은 언어로써 제대로 정의되지는 않았지만 명백한 프로이트의 개념으로, 우리 모두는 뭔가 숨기려는 경향이 있고, 그것이 바로 우리에게 가장 중요한 것이라는 개념이다. 정신 분석 이론의 창시자인 프로이트는 의도하지 않았겠지만 그의 이론은 가십을 부추기는 역할을 해 왔다.

생각해 보니 가십 뒤에 있는 가설은 프로이트 이론과 비슷한 것 같다. 사람들은 모두 (아마도 매우 중요한) 뭔가를 감추고 있고, 프로이트의 심리 요법처럼 가십도 그것을 찾아내서 퍼뜨리는 역할을 한다. 물론 가십은 프로이트가 바란 것처럼 고통을 완화시키기 위한 것이 아니라 험담이나 말초적인 자극, 또는 단순한 재미가 목적이다. 하지만 프로이트학파 학자들뿐 아니라 문학적인 전기 작가들도 진실은 감춰져 있다고 믿는 경향이 있다. 그 개념은 널리 퍼져 있고, 우리도 거의 모두 그렇게 믿고 있다. 뛰어난 위트로 유명한 옥스퍼드의 고전학자 모리스 바우라는 이탈리아를 여행한 뒤 친구에게 보낸 편지에 이렇게 썼다. "나는 나 자신을 발견했다. 끔찍한 발견이었다. 그 뒤 나는 나를 잃으려고 노력하고 있다."

회고록 집필자와 자서전 집필자, 재미있는 편지의 필자는 모두 자신이 감춰져 있는 무엇인가를 우리에게 말해 준다고 생각한다. 가십과 마찬가지로 이들 모두 기밀을 누설한 것이다. 21세기에 접어들어 회고록에 마약 중독과 근친상간, 폭행, 광기에 대해 기술하는 것이 유행처럼 번졌고, 회고록 집필자에 대한 엄청난 학대를 기술하면서 회고록이 부모나 남편, 아내에게 보복하는 데 이용되기 시작했다. 자신에 대해 그런 이야기를 하는 것이 가십으로부터의 마지막 도피처, 혹은 첫 번째 방어막이 된다고 생각했던 것일까?

미국인의 성생활을 취재한 보고서 〈당신 이웃의 아내Thy Neighbor's Wife〉를 쓴 게이 탈레스는 현재 자신의 결혼 생활에 대한 책을 집필하고 있다. 그의 아내는 뉴욕 출판계에서 명성이 자자한 인물로 그의 결혼 생활에서 관심을 끄는 점은 그보다 사회적으로 높은 지위에 있는 그녀가 어떻게, 그리고 왜 공중목욕탕이나 안마 시술소, 섹스 파티, 윤락 업소 같은 선정적인 곳들을 남편이 자유롭게 다니도록 허락했을까 하는 점이다. 아무리 책의 집필을 위해 필요한 조사라고 해도 말이다. 문제는 그런 조사를 한 뒤에도 탈레스의 결혼 생활이 유지되었을까 하는 점이다. 현재 집필 중인 새 책에서 탈레스는 자신과 아내 각각의 혼외정사(만약 그런 게 있다면)에 대해 밝히게 될 것이다. 이 책의 주된 가설은 바로 많은 사람들이 혼외정사에 관심이 있다는 것이다.

대중 잡지는 이런 소재를 좋아하고, 자주 싣는다. 1970년대 초, 내 친구 하나가 〈에스콰이어Esquire〉의 편집자와 함께 점심 식사를 하며 20세기 미국 문단을 대표하는 시인 로버트 로웰의 기사에 대해 의논하고 있었다. 세상 물정에 어둡지 않은 내 친구가 포도주를 한 잔 더 시키고 물었다. "로웰의 시에 대해 어느 정도 깊이 다뤄야 합니까?" 편집자가 대답했다. "그렇게 깊이 다루지 않아도 됩니다. 〈에스콰이어〉의 독자라면 로웰의 시에 대해 어느 정도 알고 있을 거라고 생각합니다." 물론 〈에스콰이어〉에서 원한 건 조울증에 시달리던 로버트 로웰의 신경 쇠약 증상과 그가 감정 기복을 겪으며 저지른 불륜에 관한 가십일 것이다. 그리고 친구는 포도주를 한 병 더 시켰다.

그는 그 기사를 쓰지 않았다. 다행스럽게도 로웰 자신이 독백 형식의 시를 통해 그런 사실을 밝혔기 때문이다. 《돌고래The Dolphin》

(1973년 작)라는 시집에서 로웰은 그다지 빼어나지 않은 소네트 연작시를 썼는데, 내용은 자신의 신경 쇠약 증상에 관한 것이다. ("병원. 20년 동안 나의 스무 번째…….") 그는 자신이 버린 아내(엘리자베스 하드윅)에게서 온 편지를 인용하고, 당시 열세 살이던 딸과 그 딸을 유기한 결과에 대헤 이야기하고, 새 아내(기네스 맥주 회사의 상속녀인 캐롤라인 블랙우드)와의 세부적인 결혼 생활로 넘어간다. 이처럼 출판물을 통해 스스로 가십을 퍼뜨리면 전문적인 가십 작가가 할 일이 없어진다.

로버트 로웰의 시는 '고백시'로 알려지게 되었는데, 고백시는 스스로 가십을 밝히는 것을 예술의 경지로 승화시킨 것이다. (고백시를 쓴 시인으로는 존 베리먼, 실비아 플래스, 앤 섹스턴, 그리고 보다 젊은 현역 시인들이 있다.) 하지만 이런 비종교적 고백은 오래전부터 널리 퍼져 있던 관습이다. 최근에 나는 한 젊은 작가로부터 고인이 된 소설가에 대해 내가 지나치게 비판적인 글을 쓴 것이 아니냐는 이메일을 받았다. 그 젊은 작가는 자신이 조울증으로 고통받고 있을 때 그 소설가가 자신에게 친절히 대해 주었다고 적고 있었다. 이 작가는 자신의 조울증 에피소드도 함께 적었는데, 그는 분명 이 일을 자신의 독자들에게도 이야기했을 것이다. 그런데 왜 나와 아무 관계도 없는 이 남자의 병에 대해 내가 알아야 하는 걸까? 왜 이 남자는 나에게 그런 사실을 알려 주면서 만족스러워할까? 이런 감정은 예전에 남의 말하기를 좋아하는 험담꾼이 누군가의 은밀한 비밀을 말하면서 가졌을 법한 것이다. 매우 이상하지만,

이것은 표면상 우리 문화의 일부가 되었다.

나는 재미있는 가십이 성당 고해소 밖에서 하는 감상적인 고백이 아니라 그 자체로 예술이었던 시절이 더 좋다. 순수 예술로서의 가십은 《옥스퍼드 서한집Letters from Oxford》에 멋지게 나와 있는데, 이 책은 당시 젊은 역사가였던 휴 트레버-로퍼가 자신보다 나이 많은 미술사가인 버너드 베런슨을 즐겁게 하기 위해 보낸 편지를 엮은 것이다. 베런슨은 피렌체의 화려한 별장 '이 타티I Tatti, 하버드대학교의 이탈리아 르네상스 연구센터. 베렌슨은 거의 60년 동안 이곳에서 지냈다'에 틀어박혀 줄지어 찾아오는 유명 인사들을 맞았다. 트레버-로퍼는 그들이 서신 왕래를 시작한 초기에 이렇게 썼다. "이건 모두 가십이지만, 선생님은 제가 로건베런슨의 처남인 피어설 스미스과 마찬가지로 가십을 싫어한다는 걸 알고 계십니다." 이것은 물론 로건을 비꼬기 위해 한 말이다. 로건 피어설 스미스는 이렇게 말했다. "세심하고 상냥한 마음과 그렇지 않은 혀, 이 둘은 최고의 조합이다." 나중에 트레버-로퍼가 베런슨에게 물었다. "이제 제가 선생님께 어떤 새로운 기밀을 누설할 수 있을까요?" 그리고 "하지만 저는 (쉽게 그러듯이) 점점 악의적이 되어 갑니다. 제 성격의 가장 나쁜 단점이 드러나기 전에 얼른 멈춰야 합니다"라고 썼다.

트레버-로퍼는 주로 지적인 가십을 다뤘는데, 나이 든 베런슨은 그런 이야기를 듣고 싶어 했다. 그는 루이스 네이미어에 대해 "현존하는 가장 위대한 영어권 역사학자이지만 가장 따분한 사람입니다. 그리고 그 명성을 차지하기 위해 더욱 뜨거운 경쟁이 벌어지고 있답니다"라고 자신의 의견을 밝혔다. 트레버-로퍼는 옥스퍼드 대학교 워덤 칼리지의 학장 모리스 바우라를 외다리 선장 실버와 비교하며 그가 "자신의 말을 제외한 모든 말을 없애 버린다"고 언급했다. (한편, 최근에 발간된 바우라의 전기에는 바우라가 영국 작가 에벌린 워에게 보낸 편지를 통해 트레버-로퍼에 대해 언급한 내용을 찾아볼 수 있다. "잘난 척하고 내 비위나 맞추며 큰소리치는 엉터리, 눈가가 축축한 근시인 그 사람은 오류덩어리의 끔찍한 저서 《히틀러의 마지막 날들The Last Days of Hitler》 덕분에 가난과는 거리가 멀었다.")

영국 배우 존 길구드가 대중목욕탕에서 젊은 남자를 유혹하다가 걸렸을 때 트레버-로퍼는 체면을 중시하는 영국 사회가 동성애에 반대하여 벌이는 '성전'을 선언하며 이렇게 말했다. "요즘 (동성애자들 사이의) 형제애에 대한 극심한 공포심에서 못생긴 여성을 찾는 사람들이 많아졌다고 들었습니다. 사람들 앞에서는 여성과 함께 있어야 심각한 명예 훼손으로부터 자신을 지킬 수 있습니다." 트레버-로퍼는 출판인인 조지 웨이든펠드의 사회적 성공과 지적 수준에 대해 이렇게 언급했다. "그의 사회적 성공은 지금도 계속되고 있습니다. 저널리즘 세계를 거쳐 문학 세계로 진입한 그는 (높이를 측정하는 측고법의 기준에 따르면) 점점 더 높은 곳으로 올라가고 있으며, 문학 세계의 공작부인에서 진짜 공작부인의 세계로 올라갔습니다. 하지만 이 공작부인은 요즘 인기 있는 문학 작품에도 관심이 없는, 문학과는 담을 쌓은 사람입니다."

여기에서 가십은 승부를 가리는 중요한 시합의 역할을 한다. 트레버-로퍼는 베런슨에게 옥스퍼드 학내의 교수 임용과 선출 방식에 따른 갈등, 그리고 교수들에 대한 평판 등을 들려준다. 그런 가십의 소재가 떨어지면 (그 기간이 길지 않지만) 트레버-로퍼는 베런슨에게 아쉬운 인사를 건넨다. "우리는 어쩔 수 없이 신과 진리, 아름다움에 대한 새로운 대화를 나눌 수밖에 없습니다." 젊은 트레버-로퍼가 들려주는 가십을 즐겁게 감상한 베런슨은 일기장에 이 젊은 역사가에 대해 이렇게 적었다. "독단적이고 거만하지만 무례하지는 않다. (중략) 일단 시작하면 한없는 세밀함과 인식력, 자신을 설득하고 자신의 이야기를 듣는 사람을 설득하는 데 수고를 아끼지 않는 놀라운 능력을 끝없이 발휘한다. (중략) 매력적인 편지글 작가로서 진정한 서간문 예술가이며 모든 책의 훌륭한 평론가이자 매우 진지한 역사가이고 엄청난 논객이다."

영국 지식인의 특징인, 사람 됨됨이를 가늠해 보고 싶어 하는 욕구는 자연스럽게 가십을 유발한다. 정치철학자인 아이자이어 벌린은 이렇게 말했다. "친한 친구에게 아무 말이나 할 수 없다면 인생은 살 가치가 없다." 벌린은 자신의 전기 작가와의 인터뷰에서 이런 말도 했다. "나는 남의 이야기를 하고 남의 일을 평가하고 사람들에게 관심을 기울이는 성향을 타고났는데 이것은 나의 지적인 활동과는 상관이 없다."

자연스럽게 가십으로 연결되는 인간에 대한 이런 관심은 남의 자만심을 꺾고 싶어 하는 영국인들의 욕구와 관련이 있는데, 이는 가십에 자극적인 적대감을 더해 준다.

오늘날 예술 수준의 가십은 존재하지 않는다. 그런 걸 찾으려면 오래전 책을 봐야 한다. 요즘의 영화를 보면서 깊은 만족감을 느끼지 못하는 보수적인 영화 애호가들이 옛날 영화를 뒤적여 볼 수밖에 없는 것과 마찬가지다.

`Diary`   지적인 두 여인이 맨해튼 매디슨 애비뉴 17번가에서 마주쳤다. 한 여인이 다른 여인에게 〈뉴욕 포스트〉의 칼럼니스트인 맥스 러너가 아직 젊고 매력적인 엘리자베스 테일러와 곧 결혼할 거라는 가십을 들었다고 전해 주었다. 러너는 잘생긴 것과는 거리가 먼 데다 끔찍할 만큼 지루한 그의 글로 미루어 보아 그 자신도 지루한 사람임이 뻔했다.

그 말을 들은 여자가 물었다.

"확실해요?"

첫 번째 여인은 믿을 만한 소식통에게서 들은 이야기라고 대답했다. 그러자 두 번째 여인이 말했다.

"맙소사, 엘리자베스 테일러와 맥스 러너라니! 하긴, 나 같아도 그의 글을 읽느니 차라리 그와 섹스를 하는 편이 낫겠네요."

내가 들어 본 작가에 대한 혹평 중에 이보다 더 심한 건 없다.

가십의 향연으로 가자.
나와 함께 가자.
오랜 슬픔 뒤에 그런 축제가 있어야지.
— 셰익스피어 《실수 연발The Comedy of Errors》

13
제인 오스틴과 나누는
가십의 즐거움

마르셀 프루스트와 그가 사랑하던 어머니는 자주 가십을 나누곤 했는데, 그들은 주변 사람들에 대해 대화를 나누며 "완전한 전기"라고 말하곤 했다. 완전한 전기란 실화를 말하며 겉모습 뒤에 숨어 있는 실제 모습, 진짜의 풍부한 가십이라는 뜻이다. 한 치의 오차도 없이 정확하고 상세한 묘사를 선호하는 프루스트의 욕구는 언제나 충족되지 않았다. 그는 가십 그 자체를 좋아했지만, 20세기를 대표하는 위대한 소설가로서 가십에 대해 전문적으로 접근했고, 가십과 소설은 불가분의 관계이며 가십이 거의 모든 소설에 바탕이 된다는 사실을 알고 있었다.

많은 소설의 이야기들이 가십을 중심으로 전개된다. 이를테면 소설 속의 한 인물은 예기치 않게 다른 인물의 비밀이나 감추고 있던 생각, 그때까지 알려져 있지 않던 동기에 대해 알게 된다. 이제 그 인물은 비로소 눈을 뜨고 통찰력을 발휘하게 되며 점점 더 현명해지는 그 인물 덕에 이야기는 예기치 않은 방향으로 전개된다. 이렇게 해서 소설들, 적어도 뛰어난 소설들은 이치에 맞는 결말을 맺으면서도 끝까지 긴장감을 놓지 않게 만든다.

영국 시골 마을을 주요 무대로 하는 제인 오스틴의 소설 여섯 편은 각각 중대한 가십을 중심으로 진행된다. 이런 종류의 가십은 일단 알려지면 소설 속 사건의 흐름을 바꿔 놓는다.

오스틴의 소설 《설득Persuasion》의 여주인공 앤 엘리엇은 한탄한다. "스미스 부인, 그런 말(가십을 뜻한다)에서 진실된 정보를 얻을 수 있을 거라고 기대하면 안 돼요. 그렇게 많은 사람들을 거쳐, 어리석은 사람들의 무지함으로 잘못 이해된 사실들에는 진실이 있을 수 없어요." 오스틴의 다른 주인공들과 마찬가지로 앤 역시 작가의 생각을 대변하지만, 나는 앤 엘리엇의 이 말은 믿지 말라고 충고하고 싶다. 가십은 잘못된 정보를 전달하기도 하지만 그 중요성을 부정할 수 없고, 제인 오스틴도 그 사실을 알고 있다. 스미스 부인은 앤에게 이렇게 말한다. "그걸 가십이라고 하고 싶으면 그렇게 해요. 하지만 유모인 루크가 30분 동안 이야기를 하자고 하면, 그녀는 분명 재미있고 유익한 이야깃거리, 사람들을 보다 잘 알 수 있게 해주는 말을 할 거예요. 사람들은 요즘 무슨 일이 벌어지는지, 변변치 않고 시시한 게 정확하게 어떤 건지 알고 싶어 해요. 오랫동안 혼자 살았던 내게 그녀와의 대화는 특별해요. 그건 분명해요." 이 말이 가십을 바라보는 제인 오스틴의 관점에 더 가까워 보인다.

《설득》에서는 바로 그런 작은 정보가 처음에는 가십으로 시작했지만 나중에는 진실이 되고, 이전에 일어난 모든 곤란한 문제를 해결하는 역할을 한다.

엘리자베스 개스켈과 브론테 자매, 이디스 워튼, 헨리 제임스 등 가십에 큰 관심을 갖고 이를 소설에 잘 활용한 소설가들은 가십의 매력과 그것의 문학적 가치를 모두 알고 있다. 사람들이 사회 문제를 다루지 않는 소설가라고 생각하는 작가들도 마찬가지다. 가십은 발자크나 디킨스, 플로베르의 작품을 비롯하여 톨스토이의 《전쟁과 평화War and Peace》와 《안나 카레니나Anna Karenina》에서도 중요한 역할을 한다. 평론가인 호머 오베드 브라운은 이렇게 말했다. "고전 소설에서 느끼는 즐거움과 가십에서 느끼는 즐거움은 일면 닮은 데가 있다." 인물에 대한 추측, 다른 세계에 대한 호기심, 지위가 높은 사람에 대한 관심과 비밀 폭로, 뛰어난 판별력, 숨겨진 동기, 도덕적 판단 등 가십의 여러 요소들은 소설에서도 자주 쓰인다. 물론 차이점이 하나 있다면 교훈적인 목적을 가진 소설도 있다는 것인데, 그렇다면 가십에는 그런 목적이 전혀 없을까?

가십 작가와 마찬가지로 대부분의 소설가도 모든 것을 완전히 창작해 내는 것은 아니다. 공상 과학 소설, 공포 소설, 로맨스, 탐정물, 판타지 등 몇몇 장르는 거의 완전히 상상으로 만들어 낸 것일 수 있지만, 진지한 소설들 중에는 다른 사람의 삶에서 소재를 얻거나 실제 사건을 소재로 하는 것들도 있다. 때로는 실제 인물을 모델로 하여 소설 주인공을 만들어 내기도 한다.

소설을 쓰는 작가로서 나는 인물과 상황을 순수하게 창작하는 것을 선호하고, 자주 그렇게 하는 편이다. 하지만 살면서 내가 경험하거나 들은 사건을 바탕으로 이야기를 꾸미고, 특별하거나 감동적이거나 놀라운 사연을 지닌 사람이나 지인을 모델로 하여 등장인물을 만들기도 한다. 나는 내 작품 속 인물의 모델인 실존 인물을 숨기려 노력하고 (특히 몇몇 인물은 더욱 세심하게 숨기려 했다) 다른 사람에게 일어났던 사건을 그 인물에게 일어난 것처럼 꾸미기도 한다. 아는 사람을 모델로 소설의 주인공을 삼아 작품을 썼지만, 이야기가 전개되면서 등장하는 다른 인물들은 모두 창조해 낸 가공의 인물들이다. 만들어 낸 인물의 직업 또한 내가 아는 사람의 직업과 같다. 독자들은 종종 내 소설 속 인물이 누군지 알아챘다고 하지만 그들 대부분은 틀렸다. 그럴 때면 나는 그들을 실망시키지 않으려 노력한다. 그 이유는 독자들이 소설 속 인물을 자신이 아는, 또는 전에 알았던 사람이라고 생각하는 순간 그들은 암호를 풀고 흥미진진한 가십을 알게 되었다는 쾌감을 느끼기 때문이다.

작품 속 등장인물을 전혀 위장시키지 않는 소설가들도 있다. 노벨 문학상을 수상한 미국 소설가 솔 벨로는 등장인물을 창조하는 데 많은 시간을 쓴 것 같지 않다. 대신 그는 잘 알려진 실제 인물을 소설 속에 등장시켜 그들에게 부여할 죄를 창조해 냈다. 그의 소설을 연구하는 전문가들은 '이 여인은 그가 툴리 고등학교 재학 시절에 사귄 여자 친구이며, 저 변호사가 벨로의 세 번째 이혼을 엉망으로 만들어 놓았고, 가여운 그 여인이 그의 여러 아내들 중 한 명이었다'고 지적할 수 있다. 벨로는 문학적인 '푸른 수염'이다. 자신의 전처들을 소설 속에서 무자비하게 살해한 그는 소설을 이용해 원한을 푼 것이다. 그는 자신의 마지막 소설인 《라벨스타인 Ravel-stein》에서 주인공의 입을 통해 동성애자이며 더러운 냄새가 나는 누군가를 욕하기도 했는데, 그는 바로 내 친구였다. 이는 모두 사실이 아니었으며, 생전에 자신에게 무례하게 굴었던 내 친구에게 벨로가 보복한 것이었다. 이것은 소설이라는 형식을 빌려 복수를 하려는 의도가 명백한 가십이다.

프루스트의 전기 작가들과 평론가들은 '이 등장인물은 조르주 오베르농 부인을 모델로 했고, 저 인물은 로베르 드 몽테스키우를 모델로 했으며, 또 그 인물은 앙리 그레퓔 백작을 모델로 했다'고 지적한다. 프루스트의 작품 속 등장인물들이 실재 인물을 모델로 했다는 글을 읽으며 우리는 그 실재 인물들에 대해서도 알 수 있다고 추측한다. 하지만 그럴 수도 있고 아닐 수도 있다. 프루스트는 작품 속에서 인물들을 변형시키고, 때로는 예술적인 품격을 위해 실제보다 순화된 인물로 바꿔 놓기도 한다.

물론 직접적인 실화 소설도 있는데, 이 소설들은 실재 인물이나 사건을 살짝 바꿔 놓는 것으로 독자를 속일 생각이 전혀 없으므로 이러한 소설들 속에는 실재 인물이 누구인지 짐작할 수 있는 인물들이 등장한다. 실화 소설 기법이 쓰인 소설을 보면 책 내용을 근거로 현실을 추측하고 싶은 유혹을 떨칠 수 없다. 픽션으로 포장된 상태로 유명 인사의 실제 내면을 밝힐 수 있는 진실에 접근하는 것이 이런 소설을 읽는 즐거움이다. 그야말로 가십을 접할 때의 즐거움이라 하겠다.

이런 소설은 종종 명예 훼손에 대한 합법적인 예방책 역할을 한다. 내가 젊은 시절에 접한 최초의 실화 소설은 시몬 드 보부아르의 《레 망다랭Les Mandarins》이다. 이 소설은 장 폴 사르트르, 알베르 카뮈, 드 보부아르 자신 등 1940년대 프랑스의 대표적인 실존주의자들을 모델로 한 작품이다. 드 보부아르가 미국을 방문했을 때 뜨거운 사랑을 나눈 미국 소설가 넬슨 올그런도 이 소설에서 뚜렷하게 모습을 드러낸다. 《레 망다랭》에서 그는 드 보부아르와의 관계를 당혹스럽고 귀찮아 하는데, 이는 드 보부아르가 더 깊이 사랑에 빠졌음을 보여 준다. 필립 로스의 소설 《고스트 라이터The Ghost Writer》에서 핵심 인물인 E. I. 로노프는 미국 전후 소설의 대표 작가 버나드 맬러머드를 재현해 놓은 인물이다. 그래서 최근 맬러머드의 전기 작가는 창작된 부분이 많지만 그럼에도 이 소설이 맬러머드의 실제 모습을 고스란히 보여 준다고 여겼다. E. L. 닥터로의 소설 《다니엘 서Book of Daniel》는 소련의 스파이 노릇을 했다는 이유로 사형 당한 줄리어스와 에셀 로젠버그 부부의 아이들에 대한 이야기다. 이 소설에서 알 수 있듯이 명백한 실화 소설은 소설가로 하여금 자신이 생각하는 바(여기에서는 사형 제도가 인간에게 끼치는 부당하고 비극적인 결과)가 정당함을 입증할 수 있도록 돕는 역할을 하기도 한다.

누군가의 소설에서 자신이 비열한 인물로 묘사되는 건 유쾌한 경험은 아니다. 악랄한 인물로 묘사되면 화를 낼 수밖에 없고, 호의적이지만 천박하게 묘사된다면 불쾌할 것이다. 아이자이어 벌린은 조슬린 데이비(차임 라파엘의 필명)의 연작 탐정 소설의 주인공 모델임이 틀림없는데, 그는 이것을 무척 싫어했다. 벌린은 동료에게 이렇게 편지를 썼다. "이런 종류의 소설에 등장하는 건 다른 이의 꿈속에 나타나는 것과 비슷해요. 그 주인공은 피할 수도 없고, 소설 속 자신의 모습에 책임도 없지만, 어쩔 수 없이 공격을 받게 되죠. 나는 사람들이 나를 그냥 내버려 두면 좋겠어요." 하지만 사람들은 다른 사람을 그냥 내버려 두지 않는다. 특히 그 사람이 유명 인사거나 적어도 가십이 풍성한 새로운 시대에 유명 인사가 될 가능성이 있다면 더욱 그렇다.

1960년대 후반에는 일군의 작가들이 유명 인사를 등장시키는 픽션 기법을 도입해 글을 쓰기 시작했다. 이들은 소설 속에서 유명 인사의 실명을 거론하며 그들의 명성에 타격을 주었다. 이런 새로운 시도를 '뉴저널리즘'이라 한다. 사실 이것은 낡은 방식에 가깝지만, 이런 현상 덕분에 개인의 사생활에 대한 장벽이 낮아지고 취재 대상을 신문이나 잡지에 노출시킬 수 있는 폭이 넓어졌다.

초창기 뉴저널리즘의 가장 유명한 예로 게이 탈리즈가 〈에스콰이어〉에 기고한 '프랭크 시나트라가 감기에 걸렸다'(1966)라는 제목의 기사를 들 수 있다. 재미있게 쓰인 이 기사를 읽고 나면 시나트라의 측근이 된 듯한 느낌이 든다. 탈리즈는 시나트라의 내면에 숨은 모순, 즉 너그러움과 잔인함, 배려심과 폭력성을 모두 가진 사람으로 돌변하는 모습을 보여 주는 데 세심한 주의를 기울였다. 시나트라를 괴물 같다고 추측하던 독자는 이 기사를 읽으면 그 추측이 옳다고 확신하게 된다. 내 생각에 독자를 가장 흥분시킨 부분은 이 기사에 언급된 가십일 것이다. 그것은 시나트라가 여성을 대하는 매너, 스물여섯 개나 되는 그의 가발(그는 가발을 작은 서류 가방에 넣어 다녔으며 가발을 관리해 준 여인에게 매주 400달러를 지급했다), 마피아 보스와 부하의 관계처럼 그를 두려워하고 존경하는 사람들, 그의 전처들과 다른 여성들과의 관계 등에 관한 것들이다. 이것들은 모두 좋은 가십거리이며 뉴저널리즘의 강점으로 알려진 실제 삶의 숨겨진 내막을 보여 준다는 점에서 이 기사와 가십은 같은 특성을 갖는다.

초창기 뉴저널리즘의 또 다른 예로는 영화 평론가 렉스 리드가 애바 가드너에 대해 쓴 기사를 들 수 있다. 이 기사 역시 1968년 〈에스콰이어〉에 실렸는데, 이 시기는 이 아름다운 여배우의 인기가 하락하기 시작한 때였다. 리드는 애바 가드너에게 우호적으로 접근해 신뢰를 얻은 뒤 곧 그 신뢰를 저버리고 그녀에 대한 가십성 기사를 썼다. 그는 그녀의 주량과 여배우로서의 실패에 대한 자괴감에 대해 기록했다.

> 그녀는 팔꿈치 위로 소매를 걷어 올리고 샴페인 두 잔을 더 따랐다. (한 잔은 코냑이고 또 한 잔은 돔 페리뇽이다.) 어스레한 조명 아래 오케스트라를 대동한 기자 회견, 언론에 그녀를 찬양하는 시를 발표한 투우사, 가슴골을 강조하기 위해 젖가슴 사이에 바르던 바셀린, 나라 없는 사람처럼 쉴 새 없이 유럽을 떠돌

아다니던 여인, 코냑과 초콜릿바(급속한 에너지 충전을 위한 것)로 가득 찬 가방을 든 판도라…… 아무리 가까이에서 살펴보아도 그녀가 지나온 이와 같은 삶의 여정을 알려 줄만한 건 아무것도 없었다. 한밤중에 경찰을 출동시킨 소동, 마드리드의 어느 지하 바의 탁자 위에서 새벽까지 춤을 추던 모습을 연상시킬 만한 건 없었다.

늦은 밤, 리드는 술을 마시는 애바 가드너를 목격했다. 그녀는 손등에 소금을 올려놓고 독한 테킬라를 세 잔이나 비웠다. 그러자 그는 그녀의 유명한 전남편들인 영화배우 미키 루니, 스윙 재즈의 거장 아티 쇼, 프랭크 시나트라에 대해 물었다. 그가 시나트라와 미아 패로와의 결혼에 대해 이야기하자 그녀는 웃으며 말했다. "하, 나는 프랭크가 마지막에는 소년과 잠자리를 함께하리라는 걸 알고 있었어요." 그녀는 자신이 배우로서 이룬 성과가 보잘것없다는 점을 인정했다. "제기랄, 이봐요, 당신도 영화배우로 25년 동안 활동하고도 대표작이 〈모감보Mogambo〉와 〈헉스터The Hucksters〉라면 배우를 그만두었을 거예요." 리드가 수첩에 뭔가를 메모하자 그녀는 쏘아붙였다. "늘 내 주위를 얼쩡거리며 무엇이든 휘갈겨 쓰는 작자들처럼 굴지 말아요. 그 수첩은 치워 버려요. 그리고 아무 말도 하지 말아요. 나는 어떤 질문에도 대답 안 할 테니까. 그냥 내가 이야기하게 내버려 둬요." 그리고 그녀는 안타깝게도 자신을 파멸의 길로 내몰았다. 사실 많은 작가들이 신사와는 거리가 멀다.

그들이 신사라면 그렇게 아름답고 현모양처 같은 여인의 서글픈 처지를 드러내고, 그것을 대중들에게 자세히 알리지는 않았을 것이다.

게이 탈리즈와 함께 뉴저널리즘의 선구자이며 대변자로 이름을 날린 톰 울프(그는 오래전에 소설가로 전향했다)는 그의 가장 유명한 글이라 할 수 있는 '래디컬 시크Radical Chic, 시류에 편승해 겉멋만 부리는 급진주의자를 가리키는 말'에서 유명한 작곡가이자 지휘자인 레너드 번스타인과 그의 아내 펠리시아의 일화를 언급했다. 1960년대 말 뉴욕의 백화점 다섯 개와 뉴헤이븐의 철도 시설, 브롱크스의 식물원을 폭파하려 한 혐의로 수감 중이던 21명의 '블랙 팬서Black Panthers, 1965년에 결성된 급진적인 흑인 운동 단체' 단원들을 돕기 위해 레너드 번스타인과 펠리시아는 파크 애비뉴의 방 열세 개짜리 펜트하우스에서 후원금을 모으기로 하고 파티를 열었던 것이다. 그 글은 세부적인 면에서는 인상적이었고 효과 면에서는 압도적이었다. '래디컬 시크'는 부자들로 하여금 자신을 제거하면 기뻐할 사람들을 위해 의미 없는 선행을 과시하는 일을 그만 두게 만들었다.

번스타인의 아파트에서 모임이 있었던 그날 밤, 뉴욕의 최고 부유층 몇몇과 유명 인사들은 부와 명성만 있으면 현실과 얼마나 동떨어진 삶을 살 수 있는지 보여 주었다. 그 아파트에 있었던 저널리스트 톰 울프는 그들의 어리석음을 낱낱이 기록하여 그들이 얼마나 어리석은지를 그 자리에 없던 모든 사람들에게 알렸다. 그는 그곳에 모인 사람들의 이름을 거론했다. 그중에는 매우 유명한 인사들도 있었다. 영화감독이자 제작자인 오토 프레밍거, 베스트셀러 작가인 장 반덴 휴벨, 피아니스트이자 밴드 리더인 피터 듀친 부부, 방송 진행자 바버라 월터스, 편집자 로버트 실버스, 사진작가 리처드 애버던의 부인, 영화감독 아서 펜의 부인, 미술품 중개상인 리처드 페이건, CBS 사장 프랭크 스탠턴 부부, 작가이자 자선사업가인 엘리노어 구겐하이머, 가수 해리 벨라폰테의 두 번째 아내인 줄리 벨라폰테, 가수이자 영화배우인 레나 혼의 딸이자 베스트셀러 작가인 게일 루멧 버클리, 뮤지컬 작사가 셸던 하닉 등이다. 울프의 글을 끝까지 읽고 나서 거기에 이름이 나오지 않은 사람은 기뻐했을 것이다.

사회적 위선은 톰 울프의 주된 관심사 가운데 하나로, 그날 밤 그것은 번스타인의 거실보다는 부엌에서 더 완벽하게 찾아볼 수 있었다. 급진적인 흑인 운동 단체를 위한 모금 파티에 적합한 하인들을 발견하고 울프는 이렇게 기술했다.

하지만 나쁘지 않았다. 하인들은 모두 남아메리카 출신 백인들이었으니까. 레너드와 펠리시아는 천재였다. 독자 여러분이 블랙 팬서를 위한 파티를 연다면 오늘 밤 레너드와 펠리시아처럼 흑인들이 거실과 서재, 그리고 메인 홀을 돌아다니며 음료수와 카나페를 서빙하게 해서는 안 된다. 물론 예전에 출판업자인 리처드 배런이 열었던 파티나 1968년 시카고 8인^{Chicago Eight, 1968}년 민주당 전당 대회에서 다양한 시위를 벌인 주동자 8명을 일컫는다을 위해 장 반덴 휴

벨이 열었던 파티, 뉴욕주 의회 의원이었던 앤드류 스타인이 포도 농장 노동자나 버나데트 데블린북아일랜드 민족주의를 대변하는 민권 지도자로 21세의 나이에 영국 하원 의원에 당선되었다을 위해 열었던 파티, 영 로드Young Lord, 미국 내 라틴아메리카계 시민의 정치적, 경제적 권리 향상을 위해 일어난 푸에르토리코 출신의 민족주의 단체 단원을 위해 엘리노어 구겐하이머가 자신의 파크 애비뉴 복층 아파트에서 열 예정인 파티, 인디언이나 미국의 과격 학생 단체인 SDSStudents for Democratic Society, 민주 사회를 위한 학생 연합, 베트남전 반대 활동을 벌인 G. I. 커피숍이나 환경 보호 단체인 지구의 벗Friends of the Earth을 위한 파티에서도 피부색이 다른 인종의 하인을 쓰면 안 된다.

어쨌든 번스타인 부부는 남아메리카 출신의 백인 세 명에게 손님 시중드는 일을 맡겼다. (중략) 이 시점에, 그것이 얼마나 완벽한 행동인지 이해할 수 있는 사람이 있을까? 그들의 친구들 중 많은 이들이 그것을 이해했고, 번스타인 부부에게 전화를 걸어 남아메리카 출신의 하인들을 구해 달라고 부탁했다. 번스타인 부부가 너그럽고 친절하게 부탁을 들어주자 사람들은 감사한 마음을 담아 그 부부를 "간편하고 깔끔한 직업소개소"라고 불렀다. 물론 이건 우스개로 한 말이다.

울프의 글이 발표된 뒤로도 작곡가로서 번스타인의 명성은 여전했지만 진정성 면에서는 더 이상 좋은 평판을 이어 가지 못했다. 그의 음악은 지금도 그의 탄생이나 죽음을 기리는 클래식 무대에서 연주되고 있다. 그는 20세기 음악사에서 작곡가와 지휘자로서 변함없이 높은 지위를 유지하고 있지만 그날 밤 행태에 대한 언론 보도로 그는 영원히 모든 사회 분야에서 가장 한심한 존재, 너무 부유하고 유명해서 실제로 세상이 어떻게 돌아가는지 전혀 모르는 지독한 바보가 되었다. '래디컬 시크'는 대단한 저널리즘이지만, 동시에 최고 권력에 대한 가십이다. 사실 이 두 가지는 뉴저널리즘에서는 동일한 것으로 여겨진다.

물론 톰 울프는 레너드 번스타인을 더욱 망가뜨릴 수도 있었지만, 그의 동성애에 대해서는 언급하지 않았다. 지금은 널리 알려진 사실이지만 이 글이 작성된 시기는 그가 커밍아웃하기 훨씬 전이었기 때문이다. 하지만 나는 워낙 신사적인 울프가 안 그래도 쓸 거리가 많은데 굳이 동성애자를 괴롭히는 글을 쓰지는 않았을 거라고 생각한다.

자유로운 형식의 문학 장르로 꼽히는 회고록을 통해 많은 사람들은 자신의 성적 기호뿐 아니라 동성애 사실을 커밍아웃했다. 하지만 자기 고백의 형식을 띠었던 회고록이 최근에는 다른 사람의 가십을 전하게 되면서 통속적이 되었다. 가장 대표적인 예로 월가 최대의 금융 사기범인 버나드 매도프의 여성 공범은 자신의 회고록에서 이 '폰지 사기^{다단계 금융사기를 가리키는 말. 1920년대 미국에서 찰스 폰지가 벌인 사기 행각에서 유래되었다}'의 대가와 애정 행각을 벌였다는 사실뿐 아니라 그의 성기가 보잘것없다는 사실까지 알려 주었다. 제기랄!

주목 받지 못한 소설가는 자신의 신경 쇠약에 대해, 한 여성은 아버지에게 성적인 학대를 받은 사실에 대해 썼다. 또 다른 여성은 일생동안 자신이 겪은 절망에 대해 책 한 권의 분량으로 지루하게 떠들어 댔다. 이런 회고록은 계속해서 출간되고 있고, 금방 사라질 것 같지도 않다. 이런 고백은 다른 사람의 죄를 고백하는 것으로 끝나고, 결국 자기 위주의 가십에 지나지 않는다. 이런 현상을 보며 나는 오래전에 들었던 이야기가 떠올랐다. 아칸소주 어느 작은 마을의 교회에서 성령에 이끌린 한 남자가 들어와 같은 마을에 사는 여인과 바람을 피웠다고 고백했다. 남자는 주님의 구원을 받았지만, 가여운 여인은 마을을 떠나야 했다.

오프라 윈프리의
우상이 된 여자

그녀는 자신을 저널리스트라고 생각하는데, 그건 사실이다. 그녀는 메이저 텔레비전 방송국 뉴스 부서에서 일했고, 열두 명(지금쯤은 열세 명이 될 수도 있다)의 미국 대통령과 수많은 외국 지도자들을 인터뷰했다. 한동안 그녀는 텔레비전 뉴스 앵커(당시 에드워드 머로, 월터 크롱카이트, 존 챈슬러 등이 텔레비전 뉴스 앵커로 활약했는데, 그들 모두 진지해 보이는 인상 덕에 큰 점수를 얻었다)로 일했는데 여성으로서는 최초였다. 그녀는 인맥, 적성, 성실함, 높은 시청률, 이 모든 걸 갖췄고 완벽했다. 하지만 이 모든 것에도 불구하고, 성공하고 많은 돈을 벌고 찬사를 들었음에도 불구하고, 그녀는 수다쟁이, 입이 가벼운 사람, 참견하기 좋아하는 호사가로 보였다.

그녀가 바로 바버라 월터스다.

바버라 월터스는 1930년대와 40년대의 유명한 나이트클럽 쇼 기획자인 루 월터스의 딸로 태어났다. 루 월터스는 뉴욕과 마이애미에 있는 '라틴 쿼터'라는 나이트클럽의 운영자였다. 거액의 판돈을 거는 도박을 즐겼던 루 월터스의 재정 상태는 그런 사람들이 으레 그렇듯이 롤러코스터처럼 급락과 급등을 오갔다. 게다가 집안 여자들, 즉 바버라의 어머니와 바버라보다 세 살 위인 언니 재키, 그리고 바버라와의 관계도 늘 평탄하지는 않았다. 바버라의 회고록 《오디션Audition》에는 죄책감과 불안감이 반복적으로 나타난다. 사실 '오디션'이라는 제목에서 알 수 있듯이 그녀는 다른 사람 눈에는 크게 성공한 것으로 보이지만 끊임없이 역할을 얻기 위해 오디션을 치르는 약자였다. 바버라 스스로 밝혔듯이 가족, 특히 심각한 지적 장애를 가진 언니를 부양할 수 없을까 봐 늘 불안했고, 그녀 스스로 악착같이, 그리고 공격적으로 올라간 성공의 사다리에서 미끄러질까 봐 두려웠다.

점잖게 말해 바버라의 어린 시절은 불안정했다. 부침이 심한 아버지의 사업 때문에 이곳저곳으로 이사를 다니고, 늦게까지 일하는 아버지를 자주 보지 못했으며, 부모의 불안정한 결혼 생활로 인한 긴장감에 두려움을 느끼며 언니와 함께 괴로운 시간을 지내야 했다. 바버라는 언니에 대해 부끄러운 마음과 죄의식을 동시에 느꼈다. 거절당할지 모른다는 두려움 때문에 학창시절에도 자신보다 못한 친구들을 사귀었고, 나중에 명문 대학인 웰즐리에 지원해 대기자 명단에 이름을 올렸으나 다시 이류를 선택하여 웰즐리보다 한 단계 아래인 세라 로렌스에 입학했다.

1950년대 초, 세라 로렌스대학교는 바버라에게 딱 맞는 곳이었다. 세라 로렌스는 교육 목표 면에서 진보적이었고, 교육 방법에서는 가히 선구적인 대학이었다. 배우가 되고 싶었던 바버라는 연극을 전공했다. 그녀의 말에 따르면 강의는 딱딱하지 않았고 그녀는 스펀지 같았다. 그녀는 예술심리학 과목을 들었는데, 학기말 리포트 주제는 사랑이었다. 강의를 듣는 학생 수는 여섯 명에서 열두 명이었다. 그녀는 세라 로렌스대학교에 대해 이렇게 언급했다. "우리가 한 일은 이야기하고 토론하는 것이었다. 그리고 좀 더 이야기하기. 나는 질문을 던지고 귀를 기울이는 법을 배웠다." 대학에서 보낸 4년이 '바버라 월터스 스페셜'의 연장선상에 있는 것 같았다. "나는 거리낌 없이 말하는 것을 절대 두려워하지 말라고 배웠다. 모든 학생들의 관점을 진지하게 받아들였고, 아무도 '그건 말도 안 된다'라거나 '그건 부적절하다'고 말하지 않았다." 누군가 그렇게 했다면 월터스의 삶은 전혀 다른 방향으로 전개되었을 것이다. "우리(당시 여대였던 그 학교의 동료 학생들)는 정신과 의사를 찾아갈 필요가 없었다. 날마다 집단 치료를 받았기 때문이다. 우리 사이에는 아무런 비밀도, 프라이버시도 없었다." 이것만으로 그 대학이 바버라 월터스에게 얼마나 완벽한 곳이었는지 알 수 있다. 이 일들은 그녀에게 긴장을 푸는 데 도움이 되는 따뜻한 온기, 심리 치료에 쓰이는 안락의자 같은 느낌을 주었다. 그녀의 직업은 세라 로렌스의 연장선상처럼 비밀과 프라이버시를 털어놓게 하는 것이었다.

바버라는 대학 연극에서 성공적인 연기를 선보였다. 하지만 그녀가 뉴욕의 오디션에 참가했을 때 일부 배역은 아버지의 브로드웨이 인맥 덕분에 만들어진 것이었다. 그녀는 언제나 불합격할지도 모른다는 불안감에 짓눌렸고 연극 대신 홍보 분야의 다양한 직업을 전전했다. 그중 하나가 NBC TV의 지역 계열사 홍보실에서 보도 자료를 쓰는 일이었다. 이로써 그녀는 텔레비전 방송에 발을 들여놓게 된다. 텔레비전이 널리 보급되면서 나이트클럽 쇼 기획자인 그녀의 아버지는 직업을 잃었지만(텔레비전을 보느라 사람들이 밤에 외출하는 일이 줄었고, 그로 인해 나이트클럽 사업은 몰락했다) 바버라에게는 큰 기회가 주어진 셈이었다.

그 시대 대다수 젊은 여성들이 그랬듯이 바버라도 20대에 결혼했다. 그녀가 밝힌 것처럼 결혼생활은 열정적이지 않았고, 남편인 밥 카츠와는 대화를 나눌 만한 이야깃거리가 없었다. (카츠는 바버라 월터스 스페셜에 어울릴 만한 출연자가 아니었다.) 그녀는 이 첫 번째 결혼을 포함해서 모두 세 번 결혼했고, 세 번의 자연 유산을 경험했다고 한다. 그래서 그녀는 두 번째 남편인 리 그루버와 사는 동안 아기를 입양했다. 한때 이혼한 바버라가 뉴욕 등지에서 로이 콘과 함께 있는 모습이 목격되기도 했는데 로이 콘은 상원의원인 조지프 매카시가 공산주의자들에 대한 마녀 사냥을 벌이는 동안 행동 대원 역할을 한 수석 법률 고문으로, 당시 미국인들이 가장 혐오하는 인물이었다. 그녀와 콘은 로맨틱한 관계로 빠져들지 않았다. 나중에 밝혀졌지만, 콘은 동성애자였다. (그는 1986년 에이즈로 사망했다.) 바버라는 그의 동성애 사실을 숨기기 위한 수염 같은 존재였지만, 당시에는 그 사실을 몰랐다. 로이 콘은 바버라에게 몇 차례 청혼을 했는데, 뉴욕 이스트사이드에 타운하우스를 구매해 놓고 당시 경제 사정이 좋지 않은 부모님과 언니를 그곳에서 살게 해주겠다고 약속했을 때 바버라도 마음이 끌렸다고 한다. 그러나 가십을 통해 들었던 대로, 로이 콘과 바버라는 여러 번 안면을 바꿨다.

바버라는 자신의 회고록을 통해 이런 재미있는 가십성 이야기들을 많이 제공해 주었다. 바버라는 존 F. 케네디가 앤지 디킨슨과 관계를 가졌다는 케케묵은 이야기를 다시 꺼냈고, 그레이스 켈리가 모나코의 왕비로서 불행한 삶을 살았다는 사실을 알려 주었고, 존 웨인이 그의 젊은 여비서와 관계를 가졌다는 비밀을 폭로했고, 그 밖에도 많은 뒷이야기를 전해 주었다. 뿐만 아니라 자신에 대한 가십도 솔직하게 털어놓았는데, 그녀는 상원의원인 에드워드 브룩과 오랫동안 연인 관계였음을 밝혔다. 저널리스트의 일이라는 게 끝이 없는 것 같다.

바버라 월터스는 유명 인사들을 인터뷰함으로써 유명해졌다. 〈새터데이 나이트 라이브Saturday Night Live〉라는 코미디 촌극에서 코미디언인 길다 래드너가 바바 와와라는 캐릭터를 연기하면서 바버라의 가벼운 발음 장애를 흉내 낼 정도로 그녀는 유명해졌다. 그녀는 곧 자기 분야에서 최고의 인물이 되었다. 최초의 여성 뉴스 앵커가 되었고, 해리 리즈너보다 훨씬 더 많은 연봉을 받고 그와 저녁 뉴스의 공동 앵커가 되어 은근히 자신을 괄시하던 리즈너의 속을 쓰리게 했다.

바버라가 이처럼 유명해지자 최고의 영화배우나 중대 범죄를 저지른 사람들이 그녀와 인터뷰하고 싶어 했다. 그들은 그녀의 수많은 시청자들 앞에서 자기 이야기를 하고 싶어 했다. 그녀는 매우 유명한 인물과의 인터뷰를 "한 건 올리는 일"이라고 말했는데, 가장 큰 건은 바로 그녀 자신이라 하겠다. 리처드 닉슨은 정권을 잡고 있을 때 그녀와 인터뷰했다. 그는 나름의 동기가 있었고, 그녀 또한 나름의 동기가 있었다. 바버라는 이렇게 말했다. "우리는 서로를 이용했다. 여러 해 동안 나와 대화를 나눈 많은 게스트들도 그랬다. 사람들이 TV에 출연하는 건 자신을 드러내고 싶고 자신이 원하는 토론을 하고 싶기 때문이다." 더러운 손으로 다른 더러운 손을 씻어 주는 셈이다.

텔레비전에서 높은 시청률은 생명을 유지시켜 주는 산소처럼 매우 중요하다. 산소나 시청률이 없으면 곧바로 죽음이다. 바버라는 시청률 때문에 고민한 적이 없었다. 그녀는 어떻게 하면 시청률이 높아지는지 알고 있었다. 1974년 그녀를 표지 인물로 실은 〈뉴스위크Newsweek〉는 그녀가 인터뷰할 때 던지는 질문을 "모직 천으로 꽁꽁 싼 덤덤 탄보통 탄알보다 살상력을 높인 특수 탄알"이라고 표현했다. '덤덤 탄'이라는 표현은 그럴 듯하다. 사람들은 바버라 월터스가 유럽에서의 미묘한 힘의 균형이나 경제 전망, 과격 이슬람주의 같은 문제를 다룰 거라고 예상하지 않는다. 사람들은 그녀가 엄청난 것은 아니지만 통속적인 문제를 예리하게 질문하리라는 기대감으로 그녀가 진행하는 프로그램을 본다. 그리고 그녀는 시청자들을 실망시키지 않는다. 그녀는 피델 카스트로에게는 비밀 결혼을 했는지 묻고, 필립 공에게는 아내인 엘리자베스 2세 여왕이 아들에게 왕위를 물려줄 수 있도록 퇴위할 것인지 묻는다. 바버라 부시에게 우울증에 대해 묻고, 보리스 옐친에게는 과음을 하는지 물으며, 블라디미르 푸틴에게 사람을 죽인 적이 있는지, 카다피에게 제정신인지 묻는다. 그리고 '살림의 여왕'으로 유명한 여성 기업인 마사 스튜어트에게는 "왜 그토록 많은 사람들이 당신을 싫어할까요?"라고 묻는다. 남편이 인턴 여직원과 외도했다는 사실이 밝혀진 뒤 힐러리 클린턴에게는 "결혼 생활을 어떻게 유지하고 있나요?" 그리고 좀 더 난이도를 높여 "그가 또다시 그런 일을 저지른다면 당신은 어떻게 할 건가요?"라고 묻는다.

바버라는 이렇게 기록했다. "대답하기 어려운 질문이란 걸 알지만, 그래도 물어볼 수밖에 없었다." '물어볼 수밖에 없다'는 바버라에게서 듣기 어려운 말이 아니다. 그녀로서는 애석한 일이지만, 그녀는 교황을 인터뷰한 적이 없다. 만약 교황이 바버라와 인터뷰를 하겠다고 하면, 그녀는 아마 이런 질문도 할 것이다. "교황 성하, 자식이 없어서 서운했던 적은 없으십니까?" 찰스 왕세자의 두 번째 부인인 카밀라 파커 볼스는 바버라와는 인터뷰를 하지 않겠다고 선언했다. 만약 인터뷰를 했다면 바버라는 이런 질문을 던졌을 것이다. "왕세자가 당신 몸속에 삽입된 탐폰이 되고 싶다고 말한다면 어떠시겠어요?" 아마 그녀는 그렇게 물어볼 수밖에 없었을 것이다.

바버라 월터스는 대중의 마음속에 있는 점잖지 못한 질문들을 물어봐 주는 이런 저속함이 자신의 특장점이라는 걸 분명 알고 있었다. 그녀는 자신의 지적인 수준에서 벗어나는 일을 해서는 안 된다는 것도 알고 있었다. 엘리자베스 테일러와의 인터뷰는 세계적인 지도자와의 인터뷰와 함께 최고로 꼽히며 바버라도 그 사실을 잘 알고 있다. 시청률이 그녀에게 알려준 것이다. 헨리 키신저(나중에 그녀의 친구로 밝혀졌지만, 사실 당시 유명 인사 중에 그녀와 친구가 아닌 사람은 없었다)와의 인터뷰도 잘 되었지만, 재클린 케네디(곧 재클린 케네디 오나시스가 되었다) 때문에 아리스토텔레스 오나시스에게 버림받은 마리아 칼라스와의 인터뷰는 더 큰 성공을 거뒀다. 훗날 그녀는 회고록에서 코웃음을 치며 말했다. "브리트니 스피어스 같은 인물들과 자극적인 범죄 이야기가 높은 시청률을 기록한 반면, 국제적인 정치 지도자들은…… 한물 간 것처럼 여겨졌다." 하지만 그녀는 오래전부터 이런 사실을 알고 있었다. 미국의 그 누구보다도 그녀가 이런 현상을 초래한 장본인이었기 때문이다.

바버라 월터스는 은밀한 드라마 같은 삶을 이어 갔다. 이 드라마에서 그녀는 남성들이 쌓아 놓은 장벽을 깨부순 페미니스트의 선봉에 섰고, 다이앤 소여나 케이티 쿠릭 같은 여성 앵커를 위한 길을 닦는 데 노고를 아끼지 않았다. 성취도가 높은 일에서 왜 남성만 쓸데없이 폼을 잡고 고수입을 올리는가?

바버라는 악명 높은 살인자나 폭력배, 절도범을 인터뷰하는 동안, 적어도 그동안은 가치판단을 유보하고 자신의 정치적 견해를 드러내지 않는다. 그리고 인터뷰를 하는 동안 그녀는 깊이, 아주 깊이 공감한다. O. J. 심슨의 아내와 함께 살해당한 로널드 골드먼에 대해서는 그의 부모에게 "매우 마음이 아팠다"고 전했다. 그녀는 비즈니스 면에서는 아니지만 '눈물을 자아내는 드라마'라 불릴 만한 장면을 보여 주었다. 그녀는 9. 11 테러 희생자 가족을 인터뷰하면서 비통해하는 모습을 보여 주었고 자신이 인터뷰한 사람들과 꾸준히 연락하며 지낸다고 여러 차례 언급함으로써 그들을 시청률을 올리기 위한 '한 건'용으로 이용한 게 아니라는 걸 보여 주려 했다. 그녀는 자신이 매우 인간적이라는 사실을 알리고 싶어 했고, 자신에게 유복한 삶을 제공한 다소 야비한 직업으로 인해 자신이 조금이라도 부도덕해 보이는 걸 원치 않았다.

바버라가 하고 싶어 하지 않은 일도 있었다. O. J. 심슨을 인터뷰해서 그의 책 판매에 도움을 주어 그가 돈을 벌게 했다는 생각은 그녀의 마음을 아프게 했다. 그녀는 패리스 힐튼의 부모가 부적절한 언행을 일삼는 딸과의 인터뷰를 대가로 돈을 요구하는 장면을 보았다. 백악관 인턴 직원이었던 모니카 르윈스키와 인터뷰를 하는 데 대한 사례금을 놓고 복잡한 협상이 오갔다. 그녀는 이렇게 회상했다. "물론 나는 인터뷰를 하고 싶었지만 양심을 저버릴 만큼 야심이 크지 않았다." 그녀는 유혹적으로 모니카 르윈스키에게 말했다. "나는 공개 토론을 통해 당신에게 자존심을 지키며 자신을 드러낼 수 있는 기회를 줄 수 있어요." 모니카는 그 제안을 받아들였고, 바버라는 그 상황을 이렇게 회고했다. "그녀와의 인터뷰는 텔레비전 사상 최고의 시청률을 기록했고, 내 커리어에서 최대의 '한 건'이 되었다." 하지만 모니카 르윈스키의 자존심은 지켜지지 않았고, 인터뷰에서 그것은 핵심도 아니었다.

바버라는 자신에 대한 가십을 늘어놓기도 했다. 자기 자신에 대해서가 아니라 가족에 대해서였다. 부모의 복잡한 결혼 생활과 지적 장애가 있는 언니로 인한 어려움, 그리고 하나뿐인 딸 재키에 대해 가장 길게 털어놓았다. (바버라에게는 완벽한 딸이지만, 험담을 하자면 모니카 르윈스키처럼 될 수도 있는 아이였다.) 아이를 키우는 건 즐거운 일이었지만 재키가 학교 수업을 빼먹고, 마약을 하고, 비행 소년들과 어울리자 상황은 완전히 달라졌다. 한때 재키는 모습을 감춰 버렸다. 하지만 이 이야기는 해피엔딩으로 끝난다. 마침내 재키는 돌아왔고, 마약에서 손을 떼고 정신을 차려 지금은 메인주에서 방황하는 소녀들을 위한 '소규모 야영 심리 치료 프로그램'을 운영하고 있다. 바버라는 이렇게 말했다. "나는 모든 가능한 방법을 동원해서 그 아이를 지원했다. 우리는 점점 더 가까워졌다." 왜 모든 것에 입을 다물어야 하나? 왜 고무적인 이야기를 감춰야 하나? 왜 프라이버시를 알고 싶어 하는 뻔한 욕망을 그저 지켜보아야 하나? 그녀는 자신과 딸의 이야기를 NBC 〈데이트라인 Dateline〉에서 털어놓았다. NBC에서 대가를 지불했기 때문이다.

바버라의 마지막 토크쇼는 〈더 뷰 The View〉라는 제목의 주간 인기 프로그램이었다. 여기에서는 과묵하지도 않고 자존심을 지키려고 지나치게 애쓰지도 않는 여자 네댓 명이 나와 '우리 삶을 바라보는 개인적인 관점'에 대해 이야기한다. 바버라는 자신이 고정 출연한다는 조건하에 ABC방송에서 이 토크쇼를 방영하게 했다. 〈더 뷰〉에서는 자신의 인기가 유지되기를 바라는 유명 게스트들을 출연시켜 고정 출연자처럼 보이도록 만들었다. 바버라 월터스는 이렇게 기술했다. "소파에 파묻혀 앉아 당신이 출연한 영화와 성생활에 대해 이야기하는 거다." 재미있을 것 같다! 이렇게 해서 바버라는 또다시 시청률 전쟁에서 승리했다.

무엇보다 놀라운 건 에너지와 야심이 넘치지만 뚜렷한 매력도, 두드러진 재능도 없는 바버라 월터스가 어쩌다 오프라 윈프리의 우상이 되었을까 하는 점이다. 그녀는 승승장구하며 성공에 성공을 거듭했다. 이제 80대에 접어들어 그녀는 현직에서 살짝 물러났다. 그녀는 이렇게 말했다. "문제가 있는 유명 인사들이 나에게 간청하는 일이 적어졌다." 그리고 이제 다이앤 소여나 케이티 쿠릭, 오프라 윈프리의 '한 건' 잡기 경쟁은 나날이 치열해지고 있다.

바버라에 대해 냉정하게 말해 보자. 유명 인사들에게 공격적인 질문을 하면 그들이 공격적인 대답을 하는 간단한 과정을 통해 그녀는 매주, 매년 가십을 만들어 냈다. 아무도 그 일을 훌륭히 해내지 못했다. 하지만 그녀에게 그건 너무나도 자연스러운 일이었다.

`Diary` 나의 첫 책인 《미국에서 이혼하다: 가능성의 시대에 결혼하기Divorced in America: Marriage in an Age of Possibility》는 〈피플〉지가 발행되기 시작한 해인 1974년에 출간되었다. 이 책은 개인적인 경험을 바탕으로, 반은 이혼의 결과와 이런저런 문제에 관해, 나머지 반은

이혼을 하면서 겪은 일들에 관해 기록한 것으로 〈피플〉의 편집자들에게 구미가 당길 만한 것이었다. 한 젊은 기자가 나를 인터뷰하러 왔다. 그녀와 함께 온 헝가리 출신의 유쾌한 사진 기자는 황갈색 메르세데스 벤츠 자동차에 타고 있었다. 잡지사에서는 분명 재미있는 가십거리를 찾았다고 생각했을 테지만 그들 기준에서 보면 나는 이상할 정도로 조용한 삶을 살고 있다는 사실을 그들은 미처 모르고 있었다.

기자는 미시건 호숫가를 걸으며 몇 년 뒤에 아내가 된 당시 내 여자 친구의 사진을 찍어도 되는지 물었다. 하지만 나는 여자 친구를 공개할 생각이 없었고 그녀 또한 원치 않았다. 특히 호숫가를 걷는 커플 사진 같은 상투적인 모습이라면 더욱 그랬다.

나에 대해 말하자면, 나는 표면적으로 사람들의 입에 오르내릴 만한 삶을 살지 않았다. 나는 주로 독서를 하고, 에세이나 소설, 기사, 서평 원고 등을 쓰며 지냈다. 여러 가지 이유로 아이들에 대한 양육권은 내가 갖고 있었지만, 아이들에 관한 이야기가 〈피플〉에 언급되는 것을 원치 않았고, 처음부터 그 점을 분명히 했다. 당시에 나는 테니스를 즐겼는데, 헝가리 출신 사진 기자는 내가 테니스공을 강타하는 사진을 엄청나게 찍어 댔다. 기자는 진실을 알아내기 위해서는 다른 도시에 살고 있던 전처를 만나 봐야겠다고 생각했는지 나에게 그녀와 만나도 되는냐고 물었다. 나는 내 책에서 전처와 관련된 이야기는 언급하지 않으려고 최대한 노력했다. 결혼 생활의 파경에 대해 그녀가 책임져야 한다고 비난하지도, 그녀의 성격적 결함이나 약점을 언급하지도 않았다. 무엇보다도 나는 이혼에 불만이 있는 파트너로 보이고 싶지 않았다. 그래서 기자의 집요한 추궁에도 불구하고 전처의 주소를 알려 주지 않았고, 〈피플〉에 어떠한 가십성 기사도 실리지 않도록 막았다. 그리고 나는 극도로 지루한 이야기의 주인공이 되었다. 아마 사상 최고로 지루한 잡지 기사의 주인공이었을 것이다.

기사에는 두 장의 사진이 실려 있었다. 하나는 내가 욕실 세면대에서 양말을 빠는 모습, 다른 하나는 내가 침대에 누워 체호프의 전기를 읽고 있는 모습의 사진이었다. 〈피플〉은 그 뒤 오랫동안 나를 찾아오지 않았다.

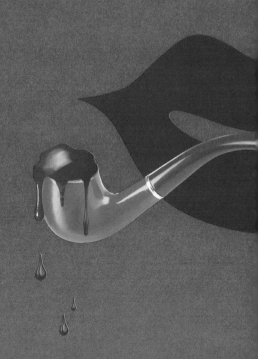

#3

사적인 것에서 공적인 것으로

인터넷은 민주주의에 대한 민주주의의 복수다.
― 몰리 해스켈

14

인터넷 사춘기: 그물에 걸리다

나는 최근에 바버라 핌의 《크램프턴 호드넷Crampton Hodnet》이라는 걸작을 읽었는데, 이 소설의 줄거리나 사건, 결말은 모두 가십에서 비롯되었다. 이 작품에 등장하는 중년의 옥스퍼드대학교 교수는 아내와 딸이 자신의 진정한 가치를 몰라준다며 실의에 빠져 있다가 매력적인 여학생과 사랑에 빠진다. (결국 그 사랑은 이루어지지 않지만…….) 그가 식당이나 카페 등에서 그 여학생과 함께 있었다는 소문이 숙모 귀에 들어가고, 남의 일에 참견하기 좋아하는 노부인인 숙모는 교수의 아내에게 그 소문을 전해 준다. 교수는 하고많은 데를 놔두고 대영 박물관에서 사랑을 고백하는데, 하필이면 옥스퍼드대학교 보들리 도서관 준사서가 이 고백을 엿듣고 자기 어머니에게 전한다. 그리고 사서의 어머니는 교수 아내에게 그 말을 전한다.

코믹한 치밀함과 뛰어난 객관성으로 유명한 소설가 바버라 핌은 사람들이 이 가십으로 인해 얼마나 즐거워하는지, 그리고 가벼운 도덕적 분개를 불러일으킨 가십이 사람들에게 얼마나 큰 유쾌함을 가져다주는지 잘 포착해 낸다. 또한 독자들은 그녀의 소설에 나오는 옥스퍼드 북부처럼 사람들의 관계가 친밀한 작은 마을에서 가십이 갖는 막강한 영향력을 실감한다. 등장인물 중 하나인 보들리 도서관 준사서는 악의적인 가십으로 어머니를 비롯한 다른 사람들을 즐겁게 해주었다. 가십을 퍼뜨리는 일을 일종의 의무로 여기는 숙모는 이렇게 말한다. "비판하지 않고 그냥 넘길 수 없는 일들이 있지. 그렇게 하는 게 다른 사람에 대한 의무란다. 늘 즐겁거나 쉬운 일은 아니지만 꼭 그렇게 해야만 해." 부분적으로는 맞는 말이다. 다른 사람을 비난하는 일은 이 소설의 등장인물들에게는 단순한 재미 이상의 것이기 때문이다. 가십의 대상이 된 교수는 피해자로서 많은 동정을 얻지는 못한다. 그다지 좋아하지 않는 동료와 여행을 떠나게 되었을 때 그는 이런 생각을 한다. '어쨌든 그들은 과거에 대해 좋게 말하곤 했어. 전에 한 약속을 지키지 못한 동년배를 좋아하고, 약속을 지킨 사람을 우습게 보면서 말이야.' 여기에서 작가는 가십의 대상이 된 남자 자신이 가십에 취미가 있음을 말하고자 한다. 핌은 작품 속 다른 등장인물의 입을 통해 "똑똑한 사람들은 악의적인 가십을 좋아하는 경향이 있다"는 사실을 언급한다. 그리고 이것은 사실이다.

매력적이고 세련된 바버라 핌의 소설은 구시대의 가십에 대한 향수 비슷한 무언가를 불러일으킨다. 여기에서 '향수'라고 표현한 건 입에서 입으로 전해지던 가십의 전파 방식이 지금은 완전히 변했기 때문이다. (물론 외딴 작은 마을에서는 그런 가십이 여전히 존재할 것이다.) 모든 걸 바꿔 놓은 것은 인터넷이다. 인터넷의 분명한 부작용 가운데 하나는 가십의 신속한 유포이다. 가십을 퍼뜨리는 웹사이트는 셀 수 없이 많다. Gawker.com이나 TMZ.com, Page-six.com은 유명 인사의 가십을 다룬 웹사이트 가운데 가장 널리 알려진 것들일 뿐, 분야별 가십을 전문적으로 다루는 곳들은 엄청나게 많다.

2010년 4월 1일 〈뉴욕 타임스〉에는 '사이버 공간의 월터 윈첼들'이라는 제목으로 장문의 기사가 실렸다. 이 기사에서 다뤄진 아홉 명의 인물들은 모두 20대에서 30대 초반으로, 금융이나 연예계, 부동산, 십대들의 삶, 패션, 아이비리그, 도시 문화 산업, 스포츠 등 다양한 분야의 가십을 인터넷에 올려 돈을 버는 이들이었다.

모든 학문적 주제에도 개인적인 견해가 있듯이 모든 분야에는 가십이 있게 마련이고, 현재 모든 가십은 인터넷에 있다. 언젠가 〈뉴욕 타임스〉에 알렉스 윌리엄스가 쓴 말은 오늘날 사실이 되었다. "기자와 블로거, 가십과 뉴스를 구분하기가 모호해졌다." 그는 블로그를 하는 것이 "경력을 쌓는 데 나름 도움이 되고, 전망이 있으며, 어느 정도의 영향력과 금전적 수입을 보장해 준다"고 주장했다.

손으로 쓰는 편지처럼 깊이 생각할 필요 없이 단숨에 보낼 수 있는 이메일도 가십 확산에 앞장선다. 어떤 사람이 누군가에 대해 조심성 없이 몇 마디 썼다가 그만 '보내기'를 누르면 가십은 손을 떠나고 만다. 그다음으로는 페이스북이나 트위터 등 사생활 영역에서 가십을 쉽게 전파할 수 있는 소셜네트워크 웹사이트가 있다.

여기에는 글을 쓴 사람이 발가벗고 있거나 술에 취하거나 도덕적으로 무장 해제된 상태의 사진이 함께 올라오는 경우도 있다. 여기에 수십만, 수백만 개의 블로그가 더해진다. 블로그는 다양하지만, 그 주요 기능은 의견을 나누는 것이다. 그리고 제약 없이 자신의 견해(정해진 기준이나 책임 있는 점검 과정 없이 제공되는 견해)를 드러낼 수 있는 곳에서는 어렵지 않게 가십이 퍼질 수 있다.

인터넷상에서 가십으로부터 자유로울 수 있는 사람은 아무도 없다. 최근에 미국 연방 최고 재판소 대법관이 된 엘레나 케이건이 바로 그 예이다. 케이건이 대법관 후보에 올랐을 때 저널리스트인 앤드루 설리번은 자신의 칼럼을 모아 놓은 웹사이트 데일리 디시 Daily Dish에 '쉰 살이 넘도록 결혼한 적이 없는 케이건은 레즈비언이 아닌가' 하는 의문을 제기했다. 설리번 자신은 게이였으며 그의 블로그는 수많은 사람들이 방문하는 인기 블로그였다. 그는 케이건이 레즈비언인지 아닌지는 확인할 필요가 있는 중요한 문제라고 생각했다. 설리번은 이렇게 썼다. "이것은 그녀가 유대인인지 여부를 밝혀야 했던 것만큼 중대한 문제는 아니다. 우리는 그녀가 유대인이라는 걸 알고 있고, 그것은 명백하고 공공연하게 알려진 사실이다. 만일 그녀가 유대인이라는 사실을 숨기려 했다면, 정말 별나고 괴상하며 시대착오적이고 심지어 자기비판적, 자기혐오적으로 보였을 것이다. 그리고 많은 사람들이 그녀가 동성애자라고 말한다…… 그러나 아무도 그녀에게 그것이 사실인지 직접 물어보지 않을 것이며, 정부의 어느 누구도 그것에 대해 명확하게 말해 주지 않을 것이다."

앤드루 설리번이 엘레나 케이건을 다룬 '아이템'은 곧바로 CBS에서 채택되어 방송국 웹사이트에 올려졌다. 동성애 블로그부터 극단적 정치 성향의 블로그까지 모든 종류의 웹사이트가 '팔로우했다.' 그다음에는 텔레비전 방송에서 이 내용을 언급했다. 〈워싱턴 포스트〉의 저널리스트 샐리 퀸은 폭스 뉴스에서 방영하는 시사 토크쇼 〈오레일리 팩터 The O'Reilly Factor〉에 출연해 워싱턴에서 이 문제가 최고의 핫이슈라고 이야기했고, 빌 오레일리는 자신은 이런 이야기를 싫어한다고 주장했다. 하지만 그가 명백히 지적한 것처럼 케이건이 레즈비언인지 아닌지 여부는 밝혀져야 할 중요한 문제다. 만약 그녀가 대법관으로 임명된다면, 재임 기간 중에 동성애자의 결혼 문제에 대해 판결을 내리게 될 수도 있기 때문이다.

백악관에서는 그제야 엘레나 케이건이 동성애자가 아니라고 부인했다. 그러자 오바마 정부의 동성애 혐오증에 대한 비판이 온라인을 가득 채우기 시작했다. (엘레나 케이건이 동성애자라 한들 뭐가 문제라는 건가?) 갑자기 모든 것이 통제 불능 상태가 되었다. 그때까지 조용히 살며 모범적으로 경력을 관리해 온 엘레나 케이건과 관련해서 생각할 수 있는 건 그녀가 레즈비언인지 여부밖에 없었다. 인터넷 문화가 지금처럼 저급해지지 않았다면 일어나지 않았을 일이었다.

엘레나 케이건이 동성애자라면 그녀에게는 그럴 권리가 있고, 그녀가 그 사실을 비밀로 하기로 결정했다면 그렇게 할 수 있다. 하지만 그녀는 이미 피해를 입었다. 케이건 대법관을 떠올리면 사람들은 그녀의 성 정체성이 궁금해질 수밖에 없다. 진흙탕 같은 이런 종류의 가십은 사람을 구렁텅이에 빠뜨린다. 이런 가십은 다른 어떤 매체보다 온라인을 통해 더 빨리, 더 멀리 퍼져 나간다. 예전에는 진지한 신문이나 품격 있는 텔레비전 채널, 라디오 방송에서 대법관 후보자의 성생활에 대해 전혀 거론하지 않았다. 이런 쓰레기 같은 가십은 천박한 사람들을 즐겁게 해주는 저질 언론에나 실렸을 것이다. 생각이 떠올라도 말하지 않는 편이 훨씬 나은 것들이 있다. 하지만 이제는 그렇지 않다. 특히 사이버 공간에서는 그렇지 않다. 더러운 마음처럼 조용할 날이 없다.

인터넷이 보급되기 전, 가십은 앞에서 이야기한 것처럼 사적인 영역과 공적인 영역으로 나뉠 수 있었다. 하지만 이제 가십과 뉴스, 사적인 것과 공적인 것의 구분이 점점 모호해지고 있다. 사적인 가십은 친구들(그리고 적들)과 지인들로 국한된 반면, 공적인 가십은 신문, 잡지나 라디오, 텔레비전과 같은, 보다 넓은 세상을 즐겁게 해주기 위해 모습을 드러내는 공인에 대한 것이다. 예전에는 공적인 가십에 이름이 오르내리려면 먼저 무엇이든 이루어 명성이든 악명이든 이름을 알려야 했다. 하지만 인터넷의 발달로 이제 아무것도 이루지 않아도 악명을 높일 수 있게 되었다.

프라이버시 법 분야의 세계적 권위자인 법학자 다니엘 솔로브는 이렇게 지적했다. "인터넷은 가십의 속성과 효과를 변화시켰다." 자신의 저서 《인터넷 세상과 평판의 미래: 루머, 가십, 익명성, 그리고 디지털 주홍글씨The Future of Reputation: Gossip, Rumor, and Privacy on the Internet》에서 그는 의상 디자이너 타미 힐피거가 한 것으로 추측되는 몰상식한 발언을 들려준다. "아프리카 출신의 미국인이나 라틴 아메리카인, 아시아인이 내 옷을 사게 될 줄 알았더라면 옷을 그렇게 잘 만들지는 않았을 것이다." 또한 힐피거가 오프라 윈프리에게 매우 불손한 태도로 이 말을 했고, 그래서 오프라 윈프리가 자신의 쇼에 그의 출연을 중지시켰으며, 시청자들에게 그의 옷을 사지 말라고 했다는 것이다. 이 일로 힐피거는 사업에 막대한 손해를 입었다. 문제는 타미 힐피거가 이런 말을 한 적이 없고, 오프라 윈프리가 진행하는 방송에도 나간 적이 없다는 것이다. 하지만 이 이야기는 사이버 공간에 널리 퍼져 있고, 오늘날에도 여전히 존재할 것이다.

솔로브 교수는 이와 같은 이야기를 여러 개 알고 있다. NBA의 슈퍼스타 코비 브라이언트에게 성추행 당한 피해자로 인터넷에 이름이 오르내리던 여성은 사실 블로거들의 억측으로 인해 잘못 지목된 상대였으나 여전히 인터넷상에 성추행 피해자로 올라 있으며, 미래 그녀의 남편을 포함한 많은 사람들이 이것을 보았을 것이다. 지하철에서 자신의 애완견이 똥을 쌌는데도 뒤처리를 하지 않은 한국의 한 여학생에 대한 이야기도 있다. 같은 지하철을 탄 승객이 휴대전화 카메라로 이 장면을 찍어 블로그를 운영하는 친구에게 넘겨주었고, 그 친구는 이 사진을 블로그에 올렸다. 그리고 방문자 수가 많은 블로그를 운영하는 사람이 이 사진을 자신의 블로그에 올렸고 사진은 널리 퍼져 나갔다. 그리고 마침내 이 여학생은 전 세계에 '개똥녀'로 알려지게 되었다. 그 뒤 이 여학생은 물론 가족들까지 따가운 여론에 시달렸고, 여학생은 다니던 대학마저 그만두기로 결심했다고 한다. 이 이야기의 교훈은 애완견이 똥을 싸면 뒤처리를 하라는 게 아니라, (물론 그건 개 주인으로서 당연히 해야 할 일이다.) 누가 자신을 지켜보는지 알 수 없으며, 그가 오지랖이 넓고 그에게 카메라 기능이 있는 휴대전화와 인기 있는 블로그를 운영하는 친구까지 있다면 문제가 심각해질 수도 있다는 것이다.

얼마 전 〈뉴욕 타임스〉 일요판 스타일 섹션에 한 젊은 여인이 고민을 상담하는 편지를 보내 왔다. 최근에 헤어진 전 남자 친구가 자신의 블로그에 그들의 결별에 대한 글을 올려놓았는데, 그 글을 보면 자신이 나쁜 여자처럼 보인다는 내용이었다. 그녀도 이야기했듯 미래의 고용주가 구글에 그녀의 이름을 검색해 보다가 이 글을 보게 되면 그녀를 채용하고 싶지 않을 것이라는 게 문제였다. 이것은 실제로 가능성 있는 이야기이며 여기서 미래의 고용주를 미래의 남자 친구로 대치해도 결과는 비슷할 것이다.

인터넷은 표현의 자유를 신장시켰고, 거짓말을 일삼는 한심한 정치인과 수준 미달의 언론인들을 퇴출시켰다. 인터넷상에서의 무한한 자유는 인터넷이 내세울 수 있는 자랑거리 가운데 하나이다. 바로 이 자유 덕분에 인터넷에서는 인습을 깰 수 있고, 새로운 아이디어를 지닌 젊은 기업가들이 두각을 나타낼 수 있게 되었다. 젊은 예술가들은 아무 제한 없이 유튜브에서 자신의 재능을 펼칠 수 있고, 어디에도 소속되지 않은 독립적인 사상가들은 자신의 생각을 표현할 수 있으며, 저항적인 시민들은 독재 타도를 외칠 수 있다. 이 모든 걸 빼앗기고 싶은 사람은 없을 것이다. 그러나 이런 자유의 이면에는 남을 비방할 자유, 사생활을 침해할 자유, 삶을 파괴할 자유가 도사리고 있다. 이것은 매우 중요한 문제이지만 거의 주목 받지 못하고 있다. 솔로브 교수는 인터넷이 사춘기에 접어들었다고 표현하는데, 사춘기 청소년에게는 거칠고 무모하며 파괴적으로 행동하려는 경향이 있다는 점에서 매우 적확한 표현이다. 〈뉴욕 데일리 뉴스〉의 라스 넬슨은 인터넷이 아직 역사가 짧다는 점에 비추어 "미친 사람들을 위한 자비 전문 출판사"라고 표현했는데, 이건 재미있으면서도 의미심장한 표현이다.

이와 같은 파괴 행위의 주요 도구는 페이스북과 트위터, 그리고 특히 웹로그weblog에서 나온 말인 블로그, 그리고 그들의 동맹인 링크link다. 현재 블로그는 너무 많아서 정확한 개수조차 파악할 수 없고, 날마다 얼마나 많은 게시물들이 올라오는지도 알 수 없다. 우리가 본 대로 많은 블로그들이 자신의 관심사를 전문적으로 다루고, 더 많은 블로그들이 사적인 일기를 공개한다. 사람들이 자신의 개인적인 생각과 느낌을 낯선 이들에게 내보이고 싶어 하는 것은 프라이버시에 대한 개념이 급격히 변했음을 보여 주는 징후다. 문제는 많은 블로그들이 예전에는 일기장에나 썼을 법한 내용을 누구나 읽을 수 있게 공개해 놓음으로써 다른 사람에게 피해를 입힐 수 있게 되었다는 것이다. 단순히 감정이 상하거나, 그보다 더한 문제가 발생하는 경우도 적지 않다.

솔로브는 한 상원 의원의 보좌관이었던 젊은 여성에 대한 이야기도 빼놓지 않는다. 이 여성은 블로그에 자신의 성생활을 자세히 털어놓았다. 그녀는 자신의 블로그에 활발하게 글을 올렸는데, 자신과 잠자리를 같이한 상대 남성의 별난 취향을 비롯하여 다양한 상황을 상세하게 기술했다. 이 남자는 항문 성교를 선호하고, 그 남자는 엉덩이 때리는 걸 좋아하며, 저 남자는 섹스의 대가로 돈을 주었다 등등. 원래 몇몇 친구만을 대상으로 했던 그녀의 블로그는 외설성으로 유명한 워싱턴의 정치 가십 블로그 '원케트Won-kette'에 소개되었고, 그 결과 이 젊은 여성의 실명과 그녀의 성생활은 처음 의도보다 훨씬 널리 알려지게 되었다. 이상한 건 이 젊은 여성이 자신의 이야기가 세상에 널리 알려지는 것에 개의치 않았다는 점이다. 그녀는 오히려 즐기는 것처럼 보였다. "대중의 웃음거리가 되면 진실로 자유로워진다. 사람들이 어떻게 생각하는지 걱정하는 일 따위는 집어치우기 바란다. 그런 건 나이 드신 분들이나 속 편하게 할 수 있는 일이다. 나는 모든 사람들 앞에 설 것이다. 당신들은 내 꽁무니나 쫓게 될 것이다."

하지만 그녀가 블로그에 언급한 남자들 가운데 몇몇은 자신이 대중의 웃음거리가 된 것에 대해 그녀처럼 편하게 받아들이지 못했다. 그리고 그중 한 명은 자신의 신분이 쉽게 짐작할 수 있게 언급되어 있다며 사생활 침해로 소송을 제기했다. 그는 "심각한 정서적 스트레스, 모욕감, 당혹스러움, 그리고 정신적 고통"에 시달린다고 주장했다. 그에게는 안된 일이지만, 그 젊은 여성, 제시카 커틀러^{부시 행정부 고위 관리 6명과 성관계를 갖고 그 내용을 인터넷 일기에 낱낱이 공개해 미국 정계를 뒤흔든, 제2의 르윈스키로 불리는 여성이다}는 잘 나가는 인물이 되었다. 그녀는 〈플레이보이^{Playboy}〉와 인터뷰를 하고 나체 사진을 찍었으며 자신의 블로그 이름과 같은 《워싱턴 아가씨^{Washingtonienne}》라는 제목의 소설을 쓰기도 했다. 이 소설의 선인세는 30만 달러로 알려졌다. 그리고 그녀는 파산한 변호사와 결혼해서 딸을 낳았다. 어떤 이들에게는 블로그만한 비즈니스도 없다.

나는 인터넷 문화가 대세가 되기 전에, 다시 말해 학생들이 자신의 블로그에다 교수의 강의나 의상, 성격에 대해 잔인하게 언급하기 전에 가르치는 일을 그만두길 잘했다고 생각한다. 학생들이 속으로 생각하는 것까지야 어쩔 수 없지만 그것이 온라인상에 남는다는 것은 일종의 영구적이고 공적인 기록이 되는 것으로 그것 때문에 주눅이 든다기보다는 슬프다는 생각이 드는 까닭이다.

여러 해 전에 내가 강의하던 문예 창작 수업을 듣던 한 여학생이 내가 자신이 속한 시인 지망생들보다 소설가 지망생들을 더 좋아한다며 공격했던 일이 떠오른다. 나는 그럴 생각도 없었고, 사실 어떤 학생이 소설가 지망생이고 어떤 학생이 시인 지망생인지 알지도 못했다. 여학생의 장황한 비난으로 종강 날 나의 마지막 강의는 엉망이 되었다. 그러나 강의가 끝나고 여러 학생들이 찾아와 그 여학생 대신 사과하며 고맙다고 인사했고 나는 감동받았다. 그 여학생은 우울증을 앓고 있었다. 이것은 블로그가 존재하기 전의 일이다. 오늘날 같았으면 그 우울증에 시달리던 여학생은 블로그에 자신의 망상을 올려 나의 교수로서의 이력에 타격을 입혔을 것이다.

미국 소설가 윌라 캐더에 대한 나의 또 다른 강의를 듣던 한 여학생은 나와 친하게 지내던 대학원생과 교제하고 있는 친구에게 내가 여학생보다 남학생을 더 좋아한다고 말하기도 했다. 내가 토론 시간에 남학생에게 더 많은 발표 기회를 주었다는 것이다. 솔직히 나는 진지한 토론을 위해서라면 자웅동체인 아르마딜로에게도 발언권을 줄 것이다. (부모는 자녀의 학비로 한 해에 4만 달러 이상을 지불하고 있는데 정작 그 자녀는 강의 시간에 선생이 호명하는 남학생과 여학생의 수나 세고 앉아 있다고 생각하니 가슴이 답답했다.) 이것도 블로그가 유행하기 이전에 일어난 일이라 다행이라고 생각한다. 그렇지 않았다면 나는 여성 혐오자라는 오명을 뒤집어썼을 테니까 말이다.

주지하다시피 '악의' 역시 가십의 한 요소가 되는데, 인터넷은 이것의 막강한 조력자가 될 수 있다. 인터넷은 허위 사실, 심지어 해로운 사실을 작은 마을에서 담장 너머로, 가십이 퍼져 나가는 것과 같이 엄청난 속도로 유포한다. 때로는 인터넷이 가십을 퍼뜨리는 엔진 역할을 하는 데 악의도 필요 없어 보인다. 한 블로그에 어떤 내용이 언급되면 다른 블로그에서 이것을 퍼 나르고, 세 번째 블로그에서 두 개의 블로그로 퍼져 나가고, 이렇게 해서 작은 마을에 대한 이야기는 전 세계로 퍼져 나간다.

솔로브 교수는 한 여대생에 관한 이야기를 들려준다. 리포트 제출 시간에 쫓긴 여학생은 그 주제를 전공하는 남학생에게 리포트를 대신 써 달라고 부탁했고 남학생은 여학생의 부탁이 옳지 않다고 생각했지만 리포트를 대신 써 주기로 했다. 그러나 그 남학생은 리포트에 온갖 명백한 오류를 포함시켜 여학생이 나쁜 평가를 받게 만들었고, 자신의 블로그에 여학생의 실명을 거론하며 표절자라고 언급하기도 했다. 하지만 예상보다 많은 사람들이 그의 블로그를 포스팅했고 남학생은 곧 많은 주목을 받게 되었다. 얼굴도 모르는 사람들이 여학생을 비난하는 댓글을 줄줄이 달았고 그녀의 학교와 집으로 전화를 걸어 비열한 행동에 대해 비난을 퍼부었다. 이 일을 처음 주도한 남학생은 여기서 그만 멈추고 싶어졌다. 일이 걷잡을 수 없이 커진 것이다. 남학생은 자신의 블로그에 이렇게 썼다. "당신들은 모두 피를 원하는 것 같다. 하지만 나는 피를 원하지 않았다. 내가 원한 건 그녀를 조금 혼내주는 것 뿐이었다." 여학생에게 명백한 잘못이 있다 한들 그처럼 많은 블로거들의 비난이 마땅한 걸까?

앞에서 나는 가십의 광범위한 효과, 즉 다른 형식으로는 가능하지 않은 중요한 정보 전달자로서의 가십의 장점, 그리고 비열한 목적과 남을 깎아내리려는 의도를 지녔을 때의 가십의 파괴적인 효과에 대해 기술했다. 하지만 해를 끼친다는 측면에서 인터넷은 가십보다 훨씬 빠르고 강렬하게 피해자를 압박한다. 때로는 비인간

적이기까지 하다. 인터넷은 가십을 위해 싸우는 민병대를 거느리고 있다. 앞서 말한 한국의 개똥녀나 리포트를 대신 써 달라고 했던 여학생의 경우에서 볼 수 있듯이 인터넷에서는 잘못을 저지른 사람을 비난할 수 있을 뿐 아니라 다른 사람들과 힘을 합쳐 몰아세울 수도 있다.

블로그는 특히 수준 이하의 행동을 했다고 여겨지는 사람의 실명을 공개하고 비난할 때 강력한 존재감을 보여 준다. 나는 솔로브 교수의 책을 통해 '비터웨이트리스bitterwaitress.com'라는 블로그가 있다는 사실을 처음 알았다. 이 블로그는 계산서에 나온 금액의 15퍼센트, 때로는 20퍼센트 이하의 팁을 준 쩨쩨한 고객의 실명을 공개한다. 말콤 글래드웰이라는 베스트셀러 작가도 자신의 이름이 그 블로그에 올라 있는 걸 발견했는데, 그는 팁을 적게 준 기억이 없다고 주장했다. 하지만 일단 그 블로그에 이름이 공개되면 그런 주장도 소용이 없다.

그와 같은 블로그 중에는 '그 남자와 데이트하지 마세요Don't Date Him Girl'와 같은 블로그도 있는데, 이 블로그에는 여성과 사귀다가 배신을 하거나 성적으로 난폭하게 굴거나 거짓말쟁이거나 마마보이인 남성들의 실명과 프로필, 그 밖에 이런 남성들을 비난하는 데 유용한 정보들이 가득하다. 이런 정보들이 모두 사실일 수도 있다. (나 자신도 손녀들에게 남자는 모두 짐승이라고 이야기하곤 한다.) 하지만 이들 중에 사실이 아닌 것이 있다면? 자신이 버림 받았다고 생각하는 여성이 심리적으로 불안정한 상태에서 자신의 매력을 알

아주지 않는 남자에게 복수하기 위해 멋대로 실명을 공개한 거라면? 이런 사이트나 그와 유사한 블로그들을 보면 오래된 물음이 떠오른다. "감시인은 누가 감시할 것인가?"

이런 블로그들에 대한 글을 읽다 보면 이런 궁금증들이 떠오른다. 지저분한 또는 형편없는 테이블 매너를 지닌 사람들을 폭로하는 웨이트리스 블로그가 있다면 어떨까? 또는 '그 남자와 데이트하지 마세요'에 남자들의 잠자리 점수를 매기는 아이템을 추가하면 어떨까? 또는 남성의 관점에서 '그 여자와 데이트하지 마세요'라는 블로그를 만들면 어떨까? 그러나 이보다 더 비열한 블로그가 이미 존재한다. '리벤지 월드Revenge World'라는 웹사이트에서는 헤어진 커플 중에 기분이 상한 쪽이 낯 뜨거운 사진을 공개하는 등의 방법으로 전 남자 친구나 전 여자 친구를 공격할 수 있게 해준다. 사람들은 직접 대면하거나 전화 통화로는 할 수 없는 이야기를 인터넷상에서 거리낌 없이 쏟아낸다. 사람들을 직접 만날 일이 없는 블로그에서는 술 마시고 부리는 객기와 비슷한 용기(나는 이것을 '사이버 용기'라 부른다)가 솟아나는 모양이다.

가십은 명성을 더럽히고 프라이버시를 침해하는 등 파괴적인 힘을 행사한다. 이 분야에서는 어떤 단체나 제도도 인터넷보다 더 효과적일 수 없을 것이다. 언론의 자유, 그리고 개인의 명성과 프라이버시를 보호할 수 있는 복잡한 법률이 만들어지기 전까지 인터넷의 횡포는 계속될 것이다.

프랑스 소설가 스탕달은 책을 쓴다는 건 대중에게 총 맞을 각오를 하는 것이라고 말했다. 하지만 인터넷이 나오기 전까지는 아무도 총을 맞기에 이보다 더 좋은 곳을 알지 못했다. 인터넷이 극단적인 행동을 일삼는 사람들의 놀이터이자 비겁한 자들을 위한 전당으로 남는 한 현실적으로, 절대, 결코 이런 이상한 현상을 바로잡을 수 없을 것이다. 그리고 몰리 해스켈이 말한 것처럼 인터넷은 민주주의에 대한 민주주의의 복수가 되었다.

사이버 공간에서의 행동을 규제할 법률이 제정될 때까지, 아니면 적어도 인터넷에서 예절이 지켜질 때까지 우리는 모두 인터넷의 피해자가 될 수 있다. 그러므로 데리고 나온 개가 똥을 싸면 반드시 뒤처리를 해야 하고, 계산서에 표시된 금액의 20퍼센트를 팁으로 남겨 놓고 테이블에서 일어나야 하며, 데이트 상대에게 더욱 세심하고 깍듯해야 하고, 절대로 이혼하거나 연인과 결별해서는 안 된다. 사실상 당신을 감시하는 그런 '빅 브라더'Big Brother, 조지 오웰의 소설 《1984년》에 나오는 독재자를 가리키는 말로 소설에서 빅 브라더는 텔레스크린을 통해 끊임없이 사회를 감시하는데, 여기에서부터 이 용어는 정보 독점을 통해 권력자들이 행하는 사회 통제 수단을 뜻하게 되었다'나 '빅 시스터'가 있다면 아파트 밖으로 절대 나오지 않는 편이 나을지도 모른다.

Diary   어린 시절 나는 집안에서 가십을 들은 기억이 없다. 부모님은 두 분 다 지적이었고, 특히 어머니는 사람들의 성격을 잘 파악했지만 가십을 듣거나 전하지 않았다. 부모님이 대화를 나누며 어떤 지인에 대해 'cheap'라고 하면 그 사람이 인색하다는 뜻이고, 'four-flusher포커에서 좋은 패를 가진 척 허풍 떠는 사람을 말함'라고 하면 허세를 부린다는 뜻이었다. 하지만 누가 몰래 술을 마시거나 불륜을 저지르거나 터무니없는 짓을 한다는 이야기는 들은 적이 없다. 1940년대와 1950년대 초에는 사람들이 자신의 결함을 아주 잘 숨겼을 수도 있고, 사실에 근거하지 않은 남의 험담을 나쁘게 생각했을 수도 있다. 나는 부모님이 지인에 대해 참견하기 좋아하는 누군가를 비난하는 건 들어 봤지만, 가십 그 자체에 대해서는 듣지 못했다.

그렇다고 우리 부모님이 지나치게 점잔빼는 분이라고 생각하진 마시길. 실제로 그런 분들이 아니었으니까. 우리 부모님은 잘 웃었고 조금은 야단스러운 행동으로 사람들의 주의를 끌기도 했다. 남의 약점을 보며 재미있어 했고 본인들의 약점에 대해서는 너스레를 떨었다. 하지만 부모님은 그 세대의 다른 사람들처럼 심리학에 대해서는 알지 못했다. 그분들은 타인이나 본인의 행동에 대해 심리학적인 방법으로 분석하거나 설명하려 하지 않았다. 그들은 어떤 사람이 심리적으로 불안정하기 때문에, 또는 열등감으로 괴로워하다가, 또는 피해망상 때문에, 또는 오이디푸스 콤플렉스 때문에 그렇게 행동했다고 말하지 않았다. 그들에게는 다만 훌륭한 행동과 훌륭하지 않은 행동이 있을 뿐이었다. 훌륭하지 않은 행동은 비겁하고, 명예롭지 못하고, 부주의하고, 비열하고, 멍청하고, 잔인하고, 이기적인 것을 말한다.

심리학적인 분석이 유행하기 이전 세대인 부모님은 확실히 본인들에 대해서 과묵했다. 어머니는 칠십대 말에 간암 판정을 받았고 여생이 얼마 남지 않았다는 사실도 알게 되었다. 담당 의사는 치료를 계속하자고 주장했지만 매우 현실적이었던 어머니는 죽음이 임박했음을 알아차리고 치료에 소극적이었다. 어머니는 비참해 하거나 주위 사람들을 슬프게 하지 않았고 평소와 다름없이 당당했다. 우연히 지인에게 어머니의 병에 대해 말했을 때 불치병에 걸린 사람들을 위한 훌륭한 지원 단체를 알고 있다며 어머니에게 도움이 될 거라는 말을 들었지만 그 단체의 도움을 받아야겠다는 생각은 전혀 들지 않았다. 내가 어머니에게 그 말을 꺼냈더라면 틀림없이 이런 대답이 돌아왔을 것이다. "그러니까 너는 지금 내가 모르는 사람들과 한 방에서 지내며 서로 고민을 털어놓으면 기분이 좋아질 거라는 말이냐? 내가 키운 아들이 그런 멍청한 말을 하고 있는 거니?"

외할아버지는 어머니가 사춘기였을 때 돌아가셨다. 외할머니는 가장으로서 자식들의 존경과 사랑을 받았다. 어머니는 외할아버지에 대한 이야기를 거의 하지 않았다. 내가 가끔 외할아버지에 대해 조심스럽게 물어보면 어머니는 늘 준비된 대답을 내놓았다. "좋은 분이셨어. 자애로우셨지. 시카고에서 의류 도매업을 하셨단다." 확실히 어머니는 외할아버지에 대해 이야기하는 걸 좋아하지 않았고, 강인한 여성이었던 어머니는 아들이 물어도 그 이상 털어놓지 않았다. 어머니가 세상을 떠나기 얼마 전에 아버지와 나는 병원에 입원한 어머니를 면회한 뒤 함께 저녁 식사를 하게 되었다. 나는 아버지에게 외할아버지에 대해 아는 게 있는지 물었다. 물론 아버지는 외할아버지를 만난 적도 없었다. "네 외할아버지는 스스로 목숨을 끊으셨단다. 하지만 네 엄마는 내가 그 사실을 안다는 걸 몰라. 몇 년 전에 네 이모가 알려주었지."

우리 부모님은 서로 사랑하고 아무 문제도 없이 57년 동안 결혼 생활을 이어 왔다. 두 분은 서로에게 가장 귀하고 가까운 친구였다. 하지만 어머니는 남편에게 부친이 자살했다는 사실을 알릴 필요가 없다고 생각했고, (나는 외할아버지가 스캔들 때문이 아니라 절망감에 사로잡혀 자살했을 거라고 추측한다) 아버지는 그 사실을 알면서도 어머니에게 자신이 알고 있다는 사실을 알릴 필요가 없다고 생각한 것이다. 어머니가 부친의 자살과 그 일로 본인이 크게 상심했다는 걸 알리고 싶어 하지 않았기 때문이다.

사실 어머니는 이유가 무엇이든 외할아버지가 자살했다는 사실을 말하고 싶어 하지 않았고, 굳이 그렇게 해야 할 필요성을 느끼지도 못했다. 어머니는 그 일을 어찌할 수 없는 일생일대의 끔찍한 사건으로 생각했고 죽을 때까지 말하지 않기로 결심한 게 틀림없다. 어머니는 내가 아는 한 히스테릭하지 않은 사람이다. 어머니는 고통스러워하거나 혼란스러워하지 않고 평생 그 슬픔을 가슴에 묻고 살았을 것이다. 왜 그 일을 이야기해야 하는가? 왜 그 일을 다시 떠올려야 하는가? 그렇게 해서 얻는 게 무엇인가? 어머니가 생각하기에 아무것도 없었다. 그 일에 대해 입을 다무는 것이 보다 품위를 지키고, 이치에 맞는 일이다. 그리고 나는 슬픔을 드러내지 않고 살아온 어머니를 더욱 사랑하게 되었다.

　하지만 어머니가 말하고 싶어 하지 않았던 이 이야기를 꺼냄으로써 나는 어머니에 대한 가십을 퍼뜨린 셈이 되었다. 친어머니의 가십을 늘어놓은 사람을 뭐라 부를 것인가? 아마도 그는 작가이거나 가십에 대해서 어머니와는 달리 의연하지 못한 사람일 것이다.

저널리즘은 조직화된 가십이다.
— 오스카 와일드

15

예의도 품위도 없이: 헤밍웨이를
한 방에 보내 버린 인터뷰

모든 저널리스트는 이런저런 이유로 사람들이 알리고 싶어 하지 않는 것들을 밝히기 위해 정탐하고 탐색한다. 때로는 우리 같은 보통 사람들도 믿기지 않는 사실의 이면에 있는 것들을 알아내고 싶어 정탐하거나 탐색한다. 하지만 저널리스트는 그 일로 생계를 유지한다. 말하자면 그들은 전문가이다. 그들은 정보를 위해 몸을 파는 사람들이다.

왜 누군가는 저널리스트에게 말해 주고 싶어 하고, 그들의 품위 없는 일에 도움을 주고 싶어 할까? 간단히 말해서 그들이 그렇게 하는 데에는 알려진, 또는 알려지지 않은 나름의 동기가 있다. 그들은, 라이벌이나 적의 계획을 망쳐 놓거나 중단시킬 수 있는 정보를 저널리스트에게 넘기려 하는 것일지도 모른다. 저널리즘이 선사하는 반짝 명성에 삶의 의미를 부여하며 즐기고 싶은 걸지도 모른다. '비공식 취재원' 또는 '국무성 고위 관리', '신분을 밝히고 싶어 하지 않는 이웃'이라고 언론에서 밝힌 신원 뒤에 숨겨진 (기만적일 수도 있는) 의도를 밝히고 싶은 것일지도 모른다.

소심하고 예민한 사람들의 편이 아닌 저널리즘은 언제나 거칠고

난폭하다. 소설가이자 시나리오 작가인 벤 헥트는 그의 독특한 자서전인 《세기의 어린아이Child of the Century》에서 젊은 시절 그가 시카고에서 기자로 일할 때 고인이 된 사람들의 가족을 방문하여 그들의 가족사진(그중에는 유화로 그려진 유명한 작품도 있다)을 훔친 일을 자세히 들려주었다. 이 사진들 덕분에 그의 책은 사망자 명부처럼 보인다. 저널리스트는 일단 화제가 되는 이야기를 시작하게 되면 그로 인해 얼마나 많은, 그리고 무고한 시민들이 상처를 받을지에 대해서는 생각하지 않는 경향이 있다.

오늘날 공적인 삶에서 신성하다고 할 만한 것은 더 이상 없다. 따라서 언론의 공격에 신성불가침의 영역도 없다. 2009년 겨울, 타이거 우즈의 외도 사실이 보도되었을 때 그에 대한 언론의 집중 공격을 떠올려 보라. 우즈에 관한 가십은 사실로 밝혀졌고, 좀 더 정확하게 표현하면 사람들의 상상 그 이상으로 난잡했다. 물론 우즈가 잘못을 저질렀고 사람들을 기만했지만, 우리는 그의 괴상한 행동을 비춘 눈부신 조명에 몸서리치며 상상하지 말았어야 했다. 그가 거짓말쟁이라는 데 우리 모두가 동의한다 해서 우리에게 그의 스캔들과 까발려진 그 많은 사실들을 알 권리가 있는 것일까?

어떤 사람들은 그렇다고 생각한다. 사무실 가십에 대한 책 《루머사회The Watercooler Effect》의 저자이자 심리학과 교수인 니콜라스 디폰조도 그렇게 생각하는 사람 중 하나다. 그는 〈월 스트리트 저널 Wall Street Journal〉에 기고한 글을 통해 "타이거 우즈에 대한 가십에는 도덕적인 메시지와 설득력 있고 교훈적이며 강력한 자극이 가득하다. 도덕적인 가르침은 추상적으로 표현되면 진부한 말처럼 들릴 수 있지만 눈을 뗄 수 없는 드라마, 즉 가십의 형태를 취하면 올바른 행동의 경계를 명확히 구분해 주는 것처럼 보일 수 있다"고 말했다. 타이거 우즈의 가십을 집요하게 물고 늘어진 저널리스트들이 과연 이러한 도덕적인 교훈을 염두에 두었던 것인지는 의심스럽다.

〈배너티 페어〉와 〈뉴요커〉의 편집장을 지낸 티나 브라운은 가십을 통해 노출되는 것이 그래도 좋은 일이라고 생각하는 사람 중 하나다. "우리는 속이 투명하게 들여다보이는 파괴적인 문화 속에 살고 있다." 티나 브라운은 전 여자 친구를 성적으로 학대한 멜 깁슨의 이야기가 보도된 것에 대해 자신의 인터넷 매체인 〈데일리 비스트Daily Beast〉에서 이렇게 논평했다. "문자 메시지는 유출되고, 전화는 녹음되며, 사진은 실시간으로 업로드된다. 의심의 여지없는 과거 행적의 핵심적인 내용이 폭발적으로 퍼져 나간다. 하지만 비밀이 유출되는 엉큼한 그 세계에도 긍정적인 면이 있다. 멜 깁슨 같은 비열하고 기만적인 사람이나 타이거 우즈 같은 방탕한 섹스 중독자가 마침내 그 행위에 합당한 비난과 조롱을 받게 된 것이다."

과거 운동선수들은 타이거 우즈처럼 강력한 감시를 당해 본 적이 없다. 베이브 루스가 여자들과 벌인 비밀스런 행각들은 소문이 돌기는 했지만, 일간지는커녕 타블로이드지에도 실린 적이 없다. 미성년자와 외설적이고 음탕한 행위를 한 혐의로 기소되어 7개월

징역형을 선고받았던 테니스 챔피언 빌 틸든도 이미 테니스계에 널리 알려진 그의 동성애 사실만큼은 크게 부각되지 않았다. 운동 선수들의 사생활은 그들의 것이다. 나는 어린 시절 〈스포트^{Sport}〉라는 잡지에서 양키스의 위대한 포수 요기 베라에 대한 기사를 읽은 적이 있는데 그 기사의 한 문구를 아직까지 또렷하게 기억하고 있다. "요기는 야구 시즌이 끝나면 친구인 필 리주토의 볼링장에 자주 들렀고, 피자를 즐겨 먹었다." 요기의 사생활에 대한 더 이상의 이야기는 없었다. 그의 사생활에는 관심도 없고, 다른 사람이 관여할 일도 아니라고 여긴 것이다.

하지만 이제는 그렇지 않다. 타이거 우즈의 가십을 보도해 큰 성과를 거둔 텔레비전 인기 연예 가십 쇼인 〈TMZ〉는 최근 스포츠 블로그 TMZsports.com을 운영하기 시작했는데, 이 블로그는 주로 운동선수들의 비행을 캐는 데 집중한다. 이야깃거리가 부족하지는 않을까 걱정할 필요는 없다. 충분한 교육을 받지 못하고, 주변 사람들에게 '안 돼'라는 말을 듣는 데 익숙하지 않으며, 엄청난 돈을 벌고, 아무 통제도 받지 않는 젊은이들이 주위에 많이 있다면 온갖 비행을 주워 담을 수 있을 것이다. 그리고 TMZ는 그런 이야기를 제보한 사람에게 돈을 주기 때문에 이야기들은 밀물처럼 쏟아져 들어온다. 이를테면 부인을 때렸다거나, 총을 휴대했다거나, 사생아를 낳았다거나, 가벼운 범죄를 저질렀다거나, 예의나 품위를 벗어난 행위를 했다는 등등이다. 이 블로그는 운동선수들을 위한 경기장 같은 곳이지만, 선수들은 지금까지 그 경기장에서 경기를 하라고 요청 받은 적이 없다.

스포츠나 연예계, 정계의 유명 인사들은 최소한의 프라이버시도 보장 받을 수 없는 것일까? 비행을 저지르다가 들키면 당연히 그렇다. 언론은 대중의 알 권리를 내세우지만 선정적이거나 지저분한 세부 사항까지 대중이 알아야 하는 것일까? 한 남자가 간통을 저질렀다는 사실을 아는 것으로 충분하지 않은가? 그가 엉덩이에 문신한 여인과 그 짓을 했다는 것, 그녀의 브라 사이즈, 호텔 방에 롤링스톤스의 노래를 틀어 놓고 이렇게, 저렇게, 그렇게 세 번 이상 그 짓을 했다는 사실까지 우리가 알아야 할까? 이런 식의 폭로가 많아질수록 사회의 품격만 떨어지는 건 아닐까?

사회의 품격은 서서히 변화한다. 많은 다리가 놓이고 문이 열리고 벽이 흔들려야 가능한 일이다. 언제부터 운동선수가 텔레비전 방송에서 '빡치다'나 '엿 먹어라' 같은 말을 썼고, 우아한 여성이 점잖은 파티 석상에서 '재수없어'라는 말을 내뱉었으며, 어린 아이들이 자기 마음에 들지 않으면 '좆 같아'라는 말을 쓰게 됐을까? 언제부터 프라임 타임의 텔레비전 방송에서 비아그라를 비롯한 발기 부전 치료제 광고를 하게 됐을까? 언제부터 사회보장연금을 받기 위해 결혼하지 않고 동거하는 어르신들이 많아졌을까? 언제부터 코미디언(로빈 윌리엄스였던가?)이 유선 방송에 나와 구강 애무를 소재로 한 농담을 던지게 되었을까? 언제부터 〈뉴요커〉는 '개소리'라는 말을 실을 수 있게 되었을까? 언제부터 정치인이 얌전해 보이는 아내를 옆에 세워 놓고 다른 여성, 혹은 남성과의 외도에 대해 공개적으로 사과하게 되었을까?

과거 30년 사이에 일어난 이런 일들로 인하여 이른바 '광장 사회'의 뚜렷한 특징인 예의범절이 바닥으로 떨어졌다. 오늘날 원칙과 규제를 준수하며 광장 사회를 지키려는 사람은 많지 않다. 광장 사회는 딱딱하고 지루하며 따분하다. 그곳에는 웃음도 많지 않고 별다른 자극도 없다. 하지만 가십의 경우에는 오늘날 넘쳐나는 노골적인 폭로보다 더욱 미묘한 무언가가 있다. 1966년에 발간된 존 오하라의 작품집 《겨울을 기다리며Waiting for Winter》에 수록된 '장군'에서는 고향으로 돌아온 퇴역 장교가 아내 소피와 그녀의 친구들이 모여 차를 마시는 모습을 보며, 이 여인들은 아마도 자신이 군에서 돌아오기 전부터 이렇게 가십을 주고받았을 거라고 추측하는 장면이 나온다.

소피가 들은 가십은 정확한 언어와 의미 전달에 도움이 되는 적절한 제스처, 그리고 경찰 보고서 같은 사실적인 표현을 통해 그에게 전달되었다. 그는 아내의 친구들이 어떻게 하층민이나 의사들이 쓰는 말을 제대로 알지도 못하면서 세세한 부분까지 전달할 수 있는지 묻지 않았다. 그들은 상스러운 말을 쓰지 않았고, 의학 용어는 알지도 못했다. 그런데도 소피와 친구들은 생생하고 실감 나게 이야기를 했고, 소피가 남편에게 전달하지 못한 범죄 이야기는 없었다.

광장 사회에서 예의범절은 허용되는 것과 그렇지 않은 것, 즉 공적으로 그리고 사적으로 무엇은 말할 수 있고 무엇은 말할 수 없는지 명쾌하게 정해 주었다. 광장 사회에 기준이 있다면 그것은 성향이었다. 좋은 성향을 가진 사람은 어떤 것들을 행하거나 말하거나 심지어 생각하지도 않았다.

물론 사람은 고상하지 않은 것을 생각할 수 있고, 사적으로 또는 가까운 친구들끼리 품위 없는 것들에 대해 이야기할 수 있다. 하지만 이런 것들은 〈뉴욕 타임스〉나 〈뉴요커〉, 〈배너티 페어〉, 〈뉴욕New York〉과 같은 권위 있는 매체에 실리지 않는다. 텔레비전에 방영되거나 다양한 사람들이 모인 자리에서 이야깃거리가 되지도 않는다. 이와 같은 예의범절의 기준이 무너지는 데에는 수십 년이 걸렸는데, 그 기간 중 특히 1960년대는 중요한 의미가 있다. 가십 칼럼의 뻔뻔함은 강화되었고, 남녀 관계가 변화하면서 예전에는 남자들끼리 은밀히 주고받던 이야기가 점잖은 파티 석상에 버젓이 오르게 되었으며, 한때 표현의 자유에 대한 중대하고 중요한 쟁점 가운데 하나였던 문학 검열제도가 무력화되면서 성인물과 인터넷을 통한 포르노그래피의 접근이 쉬워졌다. 예의범절이 사라지고 솔직함이 부각된 것은 순수한 발전으로 보일 수도 있지만, 그 부작용을 아는 사람들이라면 반드시 그렇게 생각하지만은 않는다.

〈뉴요커〉는 사적인 이야기를 공개적인 자리로 끌어오는 데 대해 사회적 합의의 변화를 측정하는 기준이 된다. 전임 편집장인 윌리엄 숀 체제에서는 기사에 상스러운 말을 쓰는 것이 금지되었고, 이는 성적인 묘사가 허용된 소설에서도 마찬가지였다. 1987년 80세의 숀이 사측의 강요로 은퇴하기 전까지 다른 출판사에서 출간된 존 치버나 존 업다이크의 소설을 읽었던 사람들은 곧 이 잡지에도 섹스에 대한 묘사가 나올 것이라고 확신했다. 숀이 내숭을 떤 것일까? 그 문제에 대헤서는 의견이 엇갈릴 수도 있지만, 그가 20세기의 가장 위대한 편집자라는 사실에는 이론의 여지가 없다. 언어에 대한 그리고 외설적 주제에 대한 그의 신중함('철저한 금욕주의'라는 표현이 더 좋다면 그렇게 해도 된다)은 그에 대한 평가를 훼손하지 않았다. 오히려 그의 위대함을 돋보이게 해주었다.

1992년 윌리엄 숀이 세상을 떠난 뒤, 〈뉴요커〉에서 오랫동안 기자 생활을 했던 릴리언 로스는 회고록을 집필했다. 그녀는 책에서 기혼자였던 숀과 수십 년 동안 연인 관계를 유지했다고 밝혔다. 《여기 있지만 여기 있는 게 아니다Here but Not Here》라는 제목의 회고록은 숀의 아내인 세실 숀이 살아 있던 1998년에 출간되었다. 릴리언 로스의 회고록이 나오기 전까지 윌리엄 숀은 존재감이 거의 느껴지지 않을 만큼 비밀스럽고, 파악하기 어렵고, 자기를 내세우지 않는 인물이었다.

지난 오십 년 동안 숀만큼 작가들로부터 많은 책을 헌정받은 사람도 없고, 감사의 표시로 다양한 매체에 언급되었던 사람도 없었다. 하지만 숀은 작가들이 자신에 대해 언급하지 않기를 바랐을 것이다. 그는 활자화된 자신의 이름을 보고 싶지 않다고 했는데, 그의 말을 믿지 못할 이유는 없다. 숀은 미시간대학교를 2년 다니다가 중퇴했는데, 하버드와 예일, 프린스턴과 코넬, 그리고 컬럼비아와 미시간 등에서 명예 학위를 수여하겠다는 제안을 거절했다. 그는 다양한 공포증에 시달렸다. 비행기를 타지 않았고, 엘리베이터를 타거나 대중 앞에 서면 패닉 상태가 되었다. 담배 연기를 참지 못했고, 술을 마시면 안절부절못했으며, 자동차가 속력을 높이면 불안해졌고, 여름에도 추위를 탔다. 하지만 이 정도는 그가 가진 노이로제라는 케이크 위에 크림을 살짝 얹는 것에 불과하다.

릴리언 로스의 회고록을 그대로 믿는다면, 윌리엄 숀은 〈뉴요커〉의 편집장이 아니었다면 훨씬 행복했을 것이다. 그는 작가가 되고 싶었다. 그의 곁에서 오랫동안 함께 일했던 로스는 그를 힘들게 한 다른 작가들을 대신해서 우리에게 '그 자신의 존재'에 대해 들려준다. 결혼 생활도, 세 아이의 아버지라는 자리도 숀에게 행복을 주지는 못했다. 쌍둥이 남매 중 딸은 중증 자폐아였다. 물론 이런 사실들은 모두 릴리언 로스가 알려 준 것이다. 숀이 자신을 내세우지 않는 인물이라면, 로스는 자신을 확대하는 인물이다. 숀의 프라이버시를 침범한 회고록《여기 있지만 여기 있는 게 아니다》를 보면 확실히 그렇다. 이 제목은 숀이 로스에게 자주 한 말로, 아내가 있는 집에 있을 때 자신은 "거기 있지만 거기 있는 게 아니다 there but not there"라고 했다는 것이다. 숀의 아내가 이 책을 읽었다면 (그녀가 읽지 않았기를 바라지만) 기분이 좋지 않았을 것이다.

릴리언 로스는 가십이 가득 담긴 책을 통해 우리가 오늘날 '탈신비화'라고 부르는 일을 해냈다. '탈신비화'는 지난 20세기 동안 가장 흥미롭고 불가사의한 문화적 특징 가운데 하나이다. 그녀는 회고록 127쪽에 실린 숀의 사진처럼 그를 음울하고, 생기없고, 왜소하고, 욕구 불만이 가득하며, 칙칙한 정장을 입고, 커다란 대머리 위에 천 모자를 쓴 측은한 남자로 만들었다.

그녀 스스로 오랫동안 사랑했다고 고백한 남자를 이렇게 만든 몇 가지 이유는 그녀의 책에서도 찾을 수 있지만, 이면에 숨겨진 진짜 이유는 시대가 그것을 허용하고 심지어 부추긴 데 있다. 릴리언 로스는 유명하지 않은 것으로 유명한 남자와 강렬한 경험을 했고, 그것을 비밀로 해야 할 의무가 없다고 생각했을 뿐만 아니라 오히려 그것을 세상에 알리고 싶어 했다. 그것이 윌리엄 숀의 가족에게 얼마나 큰 피해를 주게 될지, 숀의 명예를 얼마나 손상시킬지에 대해서는 전혀 개의치 않았다.

릴리언 로스가 그러한 피해에 대해 얼마나 자각하고 있었는지는 알 수 없다. 그녀는 자신이 기자로 외길을 걸었다는 데 자부심을 가졌고, 수십 년 동안 주로 〈뉴요커〉를 통해 발표한 자신의 글에 대해서는 언급하지 않았다. 하지만 릴리언 로스는 어니스트 헤밍웨이의 명예를 더럽혔다. 그녀는 〈뉴요커〉의 인물 소개 코너에서 헤밍웨이를 '자신감에 차 있지만 자신을 제대로 파악하지 못한 어릿광대'처럼 보이게 만들었다. 헤밍웨이는 인터뷰에서 "나는 조용히 시작했고, 투르게네프를 이겼어. 그리고 열심히 연습해서 모파상을 제쳤지. 스탕달과는 두 번 시합을 벌였는데, 두 번째에서 내가 우세했어. 하지만 내가 미쳤거나 실력이 더 나아지지 않는 한 아무도 나를 톨스토이와 붙어라고 링으로 끌어들이지는 않을 거야"라고 말했다. 릴리언 로스가 의도한 것은 아니었다 해도 헤밍웨이가 그녀 앞에서 속마음을 솔직히 털어놓았고, 그녀가 그의 어리석은 발언을 기사로 쓴 다음부터 헤밍웨이는 더 이상 진지한 작가로 보이지 않게 되었다. 〈뉴요커〉의 인물 소개 코너를 통해 그녀는 어느 평론가보다도 확실하게 어니스트 헤밍웨이를 한 방에 보내 버린 셈이 되었다.

문제는 릴리언 로스가 숀과 외도를 했거나, 숀이 그녀와 외도를 했다는 데 있는 게 아니라 명예가 훼손될지도 모를 상대가 아직 생존해 있을 때 그 사실을 자세히 공개하고 싶어 한 그녀의 욕구에 있다. 그녀는 "40년이 지난 뒤에도 우리의 사랑은 처음과 똑같이 열정적이고, 힘이 넘쳤다……(이 부분을 처음 보았을 때 나는 놀랐다.) (중략) 다정하고, 독창적이고, 동일한 느낌이었다. 얼굴에는 주름이 늘고 검버섯이 생기고 세월의 흔적이 새겨졌지만 아무것도 달라지지 않았다"고 고백했다. 다른 사람의 감정을 상하게 하지 않는 일을 첫 번째 원칙으로 삼았던 숀이 애인의 책을 읽었다면 질겁하고 몹시 부끄러워했을 것이다.

50년 전이라면 릴리언 로스는 이런 책을 쓰지 않았을 것이고, 그녀가 책을 썼다 해도 아무도 출판하지 않았을 것이며, 설사 그녀가 책을 출판할 사람을 찾았다 해도 평론가들이 뒤엎어 버렸을 것이다. 하지만 지금은 이런 폭로성 가십을 보는 시선이 엄청나게 달라졌다. 기자로서 그녀는 이 이야기를 비밀로 남겨둘 수 없었을 것이다. 아니, 분명 그렇게 생각했을 것이다. 다만 그녀가 알아차리지 못한 것은 자신이 사랑하는 사람을 측은한 노이로제 환자, 이기적이고 잔인한 괴물로 만들었다는 사실이다.

오늘날에는 솔직하다는 것이 지나칠 정도로 중요하게 평가되고 있다. 어디에서나 솔직함에는 높은 상금이 걸리고, 새롭고 신랄한 폭로에는 프리미엄이 붙는다. 자서전이나 회고록을 쓰는 사람은 조금은 충격적인 (물론 엄청나게 충격적인 것이면 더욱 좋다) 내용을 담아야 한다. 무명작가였던 마이클 그린버그는 조울증이 있는 딸과의 악몽 같은 생활을 담은 회고록으로 이름을 알렸다. 하지만 그런 내용의 회고록이라면 그가 아닌 딸이 써야 했던 것 아닐까?

들리는 말로 이제는 픽션에도 충격적인 내용이 들어가야 한단다. 몇 년 전 〈뉴요커〉에 발표된 단편 소설 속 여주인공은 체외 수정을 계획한 뒤, 신체적으로나 정신적으로 우수한 형질을 지닌 여러 남성들의 정액을 섞어 만든 수프를 먹으면 우수한 아이를 낳을 수 있을 거라고 상상한다. 토크쇼에서 상식 수준을 벗어난 이야기를 하려면 예의범절 같은 건 무시해야 한다. 이제는 매력만으로는 충분하지 않다.

가십도 더욱 강렬하고 화끈하고 폭로적일 필요가 있다. '그곳에 있었고 무엇을 했다'는 식의 표현은 지루하고 참을 수 없는 것으로, 독자들이나 친구들을 프로답게, 또는 개인적으로 즐겁게 해줄 만한 이야기를 기대한 사람에게 최악의 혹평을 듣게 될 것이다. 자신의 프라이버시를 무엇보다 소중하게 여긴 사람의 성적인 취향이

나 습관을 공개적으로 털어놓는 일이 허용되는 시대에는 무슨 이야기를 해도 상관없다.

Diary 자주 있는 일은 아니지만, 저널리스트들이 갖고 싶어 하는 정보를 내가 가진 적이 있었다. 내가 미국 국립예술기금 전국 평의원이었던 당시 기금에 관련된 모든 것이 논쟁에 휩싸인 적이 있었다. 진정한 예술이라기보다는 예술로 추정되는 것들에 기금을 수여했다는 사실이 폭로되었고 심각한 스캔들이 예술기금을 강타했다. 십자가상이 들어 있는 소변기, 외설스러워 보이는 사진들…… 한 남자가 자신의 항문 위에 욕실 청소도구를 얹어 놓고 찍은 사진, 온몸에 초콜릿이나 피를 잔뜩 묻힌 행위 예술가 등 공격적인 작품들이 도마에 올랐다.

온갖 종류의 흥미로운 물음이 터져 나왔다. 스캔들을 일으키는 예술을 정부가 후원해야 하는가? 납세자들은 그런 것들에 기금을 대기 위해 세금을 내야 하는가? 그렇게 충격적인 취향의 예술가들은 자기 돈으로 예술 활동을 하면 안 되나? 예술기금과 전국 평의회는 그런 물음으로 분열되었고, 의회는 지원금을 중단하겠다고 위협했으며, 예술가 단체는 표현의 자유를 침해할 우려가 있다며 분노했다. 이런 문제들을 둘러싼 논쟁은 주요 뉴스로 다뤄졌다. 무용가이자 안무가인 마사 그레이엄, 무용가 로버트 조프리, 영화배우 셀레스트 홈, 로버트 스택 등 많은 유명 예술가들이 평의회에 참여하고 있다는 사실 때문에 관심은 더욱 고조되었다. 게다가 그런 물음들은 어느 편도 들지 않는 공평한 답을 내놓을 수 있는 것이 아니었다. 나를 포함한 평의회 인사들 모두 어느 한쪽으로 치우칠 수밖에 없었다.

당시 내 평생 처음으로 기자들의 전화가 빗발쳤다. 그들은 내게서 중요한 내부 정보, 혼란스러운 시기를 보내고 있는 평의회 내부의 정보를 얻으려 했다. 나는 논점을 명확히 할 한두 가지 사항에 대해 말할 수 있다고 생각했기에 신뢰할 수 있는 기자로 알려진 〈뉴욕 타임스〉의 리처드 번스타인과 인터뷰를 갖기로 했다. 번스타인은 최종 원고는 아니지만 내 말을 인용한 부분은 신문이 인쇄되기 전에 보여 주겠다고 약속했고, 그 약속을 지켰다. 결과는 더할 나위 없이 만족스러웠다. 기사는 공정했고, 나는 내 주장을 관철시킬 수 있었으며, 신중한 분위기가 조성되었다.

내 견해를 〈뉴욕 타임스〉에 밝혔지만 나에게서 더 많은 정보를 얻고자하는 기자들의 전화는 그치지 않았다. 어쩌면 내가 〈뉴욕 타임스〉와 인터뷰를 한 것이 오히려 그들을 더욱 자극했을지도 모른다. 나는 모든 인터뷰 요청을 정중하게 거절했다. 그 문제에 대해 내가 전해야 할 것은 모두 털어놓았다고 생각했기 때문이었다. 그런데 유독 〈보스턴 글로브 Boston Globe〉의 한 기자(다행스럽게도 그 기자의 이름을 잊어버렸다)만은 내가 자신에게 명백하게 가십성 있는 정보를 더 알려줄 의무가 있다고 주장했고 나는 그런 의무는 없다고 잘라 말했다. 그러자 그가 물었다. "그렇다면 대중의 알 권리는 어떻게 되지요?" 나는 그 기자의 끈질긴 공세에 지쳐서 대답했다.

"대중, 아, 내가 소중한 사람들을 깜빡 잊었군요. 다음에 대중을 보면 그 따위 것은 필요 없다고 전해 줘요." 그리고 나는 전화를 끊었다.

좋은 보도의 첫 단계는 잘 기웃거리는 것이다.

— 매트 드러지

16
어슬렁거리다
얻어걸리다

누구나 알다시피 정치인은 가십의 최고 대상이었고, 앞으로도 그럴 것이다. 케네디 가는 자유분방한 혼외정사와 음주 사고, 마약 복용, 조사되지 않은 과실 치사 사건 등 오랫동안 가십을 만들어 내는 사기업 역할을 해왔다. 과거에는 언론을 자기편으로 만드는 것으로 정치인들의 스캔들 가운데 일부를 조용히 덮어 버릴 수 있었지만 요즘 같은 분위기에서는 더 이상 그런 일이 가능하지 않다.

가십이 정치라는 메커니즘에서 어떤 역할을 하는지, 다시 말해서 밀약을 맺거나 깰 때, 선거에 대한 희망을 접거나 공직 생활에서 은퇴를 강요당할 때 등 정치권에서 일상적으로 일어나는 일에 가십이 어떤 역할을 하는지는 상대적으로 덜 알려졌다. 나는 기밀 누설에 대해 이야기하려고 한다. 기밀 누설은 가십보다 좀 더 정치와 관련이 있다. 지난 50년 동안의 미국 정치를 연구한다는 역사가 중에 기밀 누설을 참고하지 않은 사람이 있다면, 그는 미국 현대사를 움직인 중요한 원동력을 빼먹은 셈이다. 기밀 누설이 정치 활동에 하도 만연해서 조만간 기밀 누설 장관이 생길지도 모를 지경이다. 이 장관의 업무는 기밀 누설을 노린 과도한 접근을 막고, 조정하고, 지도하고, 감독하는 것이리라.

정치적 기밀 누설을 가십이라 할 수 있을까? 그 기밀이 사실이라면? 그것이 좋은 목적에 쓰이는 거라면? 그래도 가십이라 할 수 있을까? 가십의 정의는 누군가 알리고 싶지 않은 사실을 제삼자가 또 다른 상대에게 말하는 것임을 기억하는가? 정치적 기밀 누설도 그렇게 정의될 수 있다. 그리고 가십이 사실일 수 있다는 점도 기억하는 게 좋겠다. 정치적 기밀은 사실로 밝혀지는 경우가 많은데, 그럴 경우 사회적 파장은 엄청나다. 예를 들면 가십은 실제로 저지른 간통보다 저지르지 않은 간통을 비난하기에 훨씬 효과적이다. 따라서 사실 여부는 가십을 일축하는 게 아니라 그것의 효력을 증가시킬 뿐이다. 모든 가십이 그렇지는 않지만 많은 가십이 배신을 품고 있다. 기밀 누설도 마찬가지다. 기밀 누설은 신의를 저버리는 것으로, 그 대상은 주로 기밀 누설로 손실을 입거나 믿음을 잃게 될 사람이다. 하지만 간혹 누설된 기밀 자료를 입수하게 해준 직책과 관련된 규범이 그 대상이 되기도 한다.

의회에서는 정부와 관련된 정보의 제보와 관련하여, 현재 '정보의 자유로운 유통에 관한 법률'이 통과되기 이전부터 언론에 정보를 제공한 사람의 신원 공개를 거부할 수 있는 언론인 보호법이 이미 제정되어 운영되고 있었다. 한편 이 법에 비판적인 사람들은 이로 인해 기밀 누설을 매개로 한 정치적인 거래가 더 용이해질 것이라고 주장했다. 물론 정치 분야에서의 기밀 누설은 으레, 아니, 꽤 오랫동안 거래의 냄새를 풍겼다. 우리가 잘 알고 있는 워터게이트 사건처럼 기밀 누설은 정권의 몰락, 집권 세력의 몰락을 가져오기도 한다. 그러나 집권 세력 역시 반대파를 무력하게 만들거나 자신들의 정책 추진에 도움이 될 정보를 누설하는 데 예외가 아님은 주지의 사실이다.

그렇다면 기밀 누설은 정치라는 옷을 걸친, 잘 조준된 가십에 지나지 않는다. 기밀 누설 과정에서 정부의 역할은 늘 제한적이었지만, 부정을 폭로하는 탐사 보도가 발달하면서 이제 정부도 자신만의 역할을 갖게 되었다. 워터게이트 사건을 폭로한 우드워드와 번스타인_{〈워싱턴 포스트〉의 두 기자, 밥 우드워드와 칼 번스타인을 말함} 덕분에 탐사 보도는 영웅시되기 시작했다. 그러자 두 기자의 성공(특히 베스트셀러가 된 그들의 저서와 그들을 주인공으로 한 영화가 흥행에 성공했다)의 선례를 따라 더 많은 폭로성 언론이 기밀 누설을 다루게 되었다.

기밀 누설을 제안한 사람들에게 그 기밀은 어떤 의미일까? 무슨 이유로 그 정보를 기자에게 넘기려는 걸까? 아마도 이유는 순수한 이상주의부터 추악한 복수에 이르기까지 다양할 것이다. 때로는 관료 사회의 치열한 경쟁으로 인하여 같은 부처나 기관 내에서 반대파의 숨통을 조일 수 있는 정보를 흘리기도 한다. 가십은 단순히 재미를 위한 것에서 출발하지만, 기밀 누설은 명백한 의도를 가지고 있다는 점에서 차이가 있다. 기밀을 제공하는 사람과 퍼뜨리는 사람, 즉 정보 제공자와 저널리스트의 관계는 보통 양쪽 모두 순수하지 않다. 보통 가십과 달리 기밀 누설에서 순수한 방관자나 단순히 즐거워하는 청중은 존재하지 않는다.

〈뉴욕 타임스〉와 〈뉴요커〉에서 기자로 일했고, 베트남 전쟁 기간에 미국이 밀라이 마을에서 벌인 민간인 학살 사건을 폭로하여 퓰리처상을 수상한 시모어 허시는 전적으로 기밀 누설에 의지한 기자였다. 그에게 기밀을 전해 준 제보자가 없었다면 그러한 성과는 없었을 것이다. 그의 기자 생활은 익명의 취재원에 의존해 왔다. 그는 취재원, 즉 정권과 가까운 사람, 또는 과거 권력의 자리에 있었지만 이런저런 이유로 현 정권과 관계가 틀어지거나 현 정권의 정책에 전적으로 반대하는 사람들과 친분을 유지한다. 이러한 사람들이야말로 틀어진 관계나 견해 차이로 인하여 자신이 반대하거나 좋아하지 않는 사람들을 밀고하기 쉽기 때문이다.

최근 〈뉴요커〉에 실린 허시의 기사에는 '국방부 고위 관리'나 '전직 CIA 요원', '정부 소식통', '은퇴한 국무부 전략가' 등과 같은 사람의 의견이 잔뜩 포함되어 있고, 허시의 취재원인 이 사람들의 실명을 〈뉴요커〉의 편집장은 알고 있다고 한다. 하지만 그렇다고 해서 허시가 노출하는 기밀을 완전히 신뢰할 수 있는 건 아니다. (나는 그의 글을 읽고 이런 익명의 취재원들에 대한 지루함을 달래기 위해 그 인물들에 내가 아는 사람들을 대입해 보았다. '불만을 품은 전처', '온몸에 문신한 의절한 아들', '크게 실망한 어머니', '실성한 숙모' 등등. 이렇게 코믹하게 바꿔 보는 게 도움이 되었다.) 대부분의 가십이 그렇듯 허시도 차분한 이야기보다는 극적인 것을 선호한다. 미국 정부가 헨리 키신저의 스위스 계좌에서 인출한 돈으로 아랍 테러리스트 단체를 비밀리에 후원한다거나 하는 그런 기밀들

말이다.

시모어 허시는 미국 정부를 사악하게 보이게 만들 모든 음모를 환영한다. 그는 명예로운 동기가 있을 수 있다는 가능성을 의심하고, 불행한 정치적 사건은 단순한 어리석음에서 비롯되기도 한다는 사실을 고려하지 않는다. 허시의 기사는 취재 대상이 누구든 본질적으로 동일한 주제를 담고 있다. 바로 망할 놈은 뭔가 나쁜 일을 한다는 것이다.

칼 번스타인과 함께 취재하다 자신의 책을 쓴 밥 우드워드는 허시보다는 정치적 성향이 명확하지 않다. 추측건대 그는 중도파이고, 자유주의에 가까운 것 같다. 하지만 우드워드는 어느 정당이 집권하든 주류에 가까워 그가 폭로한 기밀은 유해하거나 악의적인 요소가 거의 없다. 하지만 그것도 결국 가십이다.

우드워드는 사실을 전달하는 진지한 정보원을 둔 기자로 보인다. 그의 저서들이 변함없이 베스트셀러 자리를 지키는 것은 그가 주요 정치인들과 장시간에 걸쳐 인터뷰를 하기 때문이다. 밥 우드워드는 'CIA 최고위 요원'이나 '국방부 고위 관리'를 상대하지 않는다. 그는 국무부나 국방부, 재무부의 장관과 부통령, 대법관, 그리고 현직 대통령을 직접 만난다. 그런 인물들이 우드워드의 인터뷰 요청에 응하는 이유는 명확하다. 우드워드의 책은 현대사의 기록으로 여겨지기 때문이다. 집권 세력은 우드워드와의 인터뷰를 거절해 그를 화나게 함으로써 나쁜 인물로 그려지는 걸 원치 않는다. 뿐만 아니라 우드워드는 집권 세력에게 그들의 입장을 설명할 수 있는 더할 나위 없이 좋은 기회를 제공한다. 그것은 때때로 반대파의 지위를 약하게 만들기도 한다. 예를 들어 최근에 사임한 국무부 장관은 이라크 파병과 관련된 비밀 안건으로 다른 각료들에게 농락당하거나 허를 찔렸노라고 우드워드에게 밝혔을지도 모른다. 우드워드와 장시간 인터뷰한 기회를 잡은 대법관이 부담스러운 동료 법관들에 대한 비판을 털어놓았을 수도 있다. 바로 이러한 폭로와 고품격 가십이 열렬한 독자들이 밥 우드워드의 책에서 찾는 것이고, 그는 이러한 독자들의 기대를 저버리지 않는다.

인터넷의 발달로 기밀 누설 문제는 다른 정보 분야와 마찬가지로 매우 복잡해졌고, 국가 안전을 위협할 수 있는 수준에까지 이르렀다. 일반적인 가십도 그렇지만 인터넷은 기밀 누설이라는 정치적 가십에 대한 관심을 끌어올렸다. 2009년, 미군 정보 분석가로 알려진 브래들리 매닝이 위키리크스라는 폭로 전문 웹사이트에 아프간 마을을 급습하는 미군의 모습이 담긴 비디오테이프를 유출했다. 이 기습 공격으로 여성과 어린이들을 포함해 민간인 140명이 학살당했다. 아마도 미군은 아프가니스탄에서 탈레반에 맞서 싸우는 미군과 다른 군인들의 사기 저하를 우려해 이 비디오테이프를 영영 묻어 두고 싶었을 것이다. 이것은 인터넷이 기밀을 소유한 사람에게 정치적 기밀 누설이라는 고도의 가십으로 광범위한 관중을 확보할 수 있게 해준 사건이다. 그리고 이제 우리는 위키리크스와 그 설립자 줄리언 어샌지에 대해 더 많은 사실을 알게 되면서 정치적 기밀 누설이 얼마나 중대한, 심지어 치명적인 결과를 가져올 수 있는지 깨닫게 되었다.

정치적 가십과 정보 누설 분야에서 최고수는 매트 드러지일 것이다. 드러지의 정치 성향은 자유주의이면서 보수적이다. 그는 자신이 학업에 관심이 없어 대학을 중퇴하고 할리우드의 세븐일레븐에서 점원으로 일하다가 CBS 방송국 기념품 판매점에서 일했다는 데 자부심을 갖고 있다. 그가 다음으로 한 일은 텔레비전 방송과 연예계의 가십을 다루는 일이었다. 1998년 내셔널 프레스 클럽 초청 강연에서 그는 이렇게 밝혔다. "조심스럽게 나누는 대화를 우연히 또는 주의 깊게 엿들었고, 특별한 내용이 적힌 메모를 중간에 낚아챘으며 (나는 종종 우편물실에 들어가겠다고 자원했지요) 매일 아침 간밤의 시청률 기록이 버려져 있는 방송국 복사실 쓰레기통을 보면 횡재한 기분이 들었습니다. 그건 황금 같은 정보였어요. 나는 그걸로 무엇을 해야 할지 몰랐습니다. (중략) 나와 내 친구는 〈댈러스Dallas〉가 〈펠컨 크레스트Felcon Crest〉둘 모두 1980년대 인기 드라마를 누르고 시청률이 35퍼센트에 이른다는 걸 알았습니다. 그리고 우리는 인터넷이 떠올랐어요."

드러지는 부친이 사준 컴퓨터로 그런 류의 가십을 이메일을 통해 친구들에게 보냈다. 그는 제리 사인펠트미국의 희극배우 겸 코미디언가 회당 백만 달러를 원한다는 소문을 퍼뜨렸다. 이메일 목록은 점점 늘어났고, 그는 점점 더 많은 것들을 보내고 싶어졌다. '드러지 리포트The Drudge Report'라는 이름으로 보내기 시작한 메일이 곧 수천 통이 되었고, 마침내 그는 웹사이트를 만들었다. 그의 가십은 할리우드 연예계 소식에서부터 워싱턴 정계 소식에 이르기까지 다양했다. 그는 빌 클린턴과 모니카 르윈스키의 섹스 스캔들을 퍼뜨렸다. 〈뉴스위크〉가 이 소식을 입수하고 기사를 준비하다 마지막 순간에 보도하지 않기로 결정했다는 이야기를 전하면서 대통령의 성 추문을 알린 것이다. 주류 언론사들이 한 발 물러서 사건의 추이를 관찰할 때 드러지처럼 남의 기사를 해적질하는 사람들은 일단 한 발 들여놓고 무책임하게 발을 뺀다. 드러지는 곧 연예계보다는 정계에 더 많은 관심을 갖게 되었다. 물론 그가 두 분야를 다루는 방식은 동일했다. (못난 사람에게 워싱턴과 할리우드가 다를 게 뭐란 말인가?) 드러지에게 정계와 연예계는 다를 바가 없었다. 기웃거리다가 특종 기사만 내면 되는 것이었다.

기웃거리다가 특종 기사를 낸 드러지는 윤택한 삶을 살게 되었다. 일 년에 백만 달러 이상을 번다는 소문도 있다. 드러지는 자신이 단순히 행운을 잡은 게 아니라 열심히 일한 대가를 받았다고 생각한다. 그는 자신을 이 시대의 추세, 경향, 거부할 수 없는 물결, 쓰나미를 이룬 인물로 인식한다. "여기서 무슨 일이 벌어지는 걸까요?" 그는 내셔널 프레스 클럽 강연에서 이렇게 물었다.

> 조직의 의견이 들어 있지 않은, 편집되지 않은 정보에 대한 갈망이 분명히 있습니다. 인터넷에서 최초로 이름을 날린 장본인인 나는 이곳처럼 격조 있는 분들이 모인 곳에 점점 더 많이 초청을 받고 있습니다. 일주일 전에는 인터넷과 사회에 관한 다양

한 연구를 수행하는 하버드대학교에 다녀왔습니다. 내가 이 말을 꺼낸 건 자랑을 하려는 게 아니라 요점을 분명히 하기 위해서입니다. 고귀한 패널리스트들과 청중들의 평균 아이큐는 다우지수보다 높아 보였지만, 이분들은 인터넷이 앞으로 어떻게 쓰일지, 우리가 인터넷으로 무엇을 하게 될지, 무엇을 할지, 이 모든 것이 앞으로 어떻게 될지 모르는 것 같았습니다. 하지만 저는 어렴풋이 알고 있습니다. 우리는 작은 소리가 크게 울려 퍼지는 시대로 들어섰습니다. 모든 시민들이 기자가 될 수 있고, 그렇게 될 수 있는 능력이 있습니다. 인터넷이 텔레비전과 라디오, 잡지, 신문과 다른 점은 양방향 커뮤니케이션이라는 점입니다. 인터넷은 열세 살짜리 아이나 컴퓨터광, CEO 또는 의회 대변인한테 똑같이 많은 소리를 전달합니다. 우리는 모두 평등해졌습니다. 그리고 여러분은 보통 사람들이 무엇을 알고 있는지 깨닫는 순간 깜짝 놀랄 겁니다.

아, 작은 소리가 크게 울려 퍼지는 시대라니, 그렇다. 지금이 아니라면 곧 그렇게 될 것이다. 바로 이 작은 소리들이 월터 윈첼이나 레너드 라이언스, 도로시 킬갤런, 리즈 스미스와 같은 날카로운 목소리는 물론, 연예뉴스 사이트 TMZ나 신문 연예면에서 그들을 대신하려는 자들, 뿐만 아니라 〈뉴욕 타임스〉와 〈워싱턴 포스트〉, 〈시카고 트리뷴Chicago Tribune〉, 〈로스앤젤레스 타임스Los Angeles Times〉 등 크고 작은 신문사들의 야심 찬 탐사 보도 전문 기자들을 대신하게 된다는 말이다. 매트 드러지를 비롯한 작은 목소리들이 크게 울려 퍼지면서 정보를 얻기 위해 몸을 파는 사람들이 정결한 보스턴 처녀처럼 보이기 시작했다.

매트 드러지가 이야기한, 지금 전 세계를 휩쓸고 있는 '편집되지 않은 정보'에 대한 강력한 욕구는 어디에서 비롯된 것일까? 편집된 정보(철저히 검토되고, 이것이 가져올 결과에 대해 심사숙고해서 정리하고, 그리고 재검토된 정보)는 즉각적이고 어설프게 알고 불완전한 것에 익숙해진 문화에서는 지나치게 지루한 걸까? 특정 분야에 깊은 관심이 없는 편집되지 않은 정보는 컴퓨터가 주는 정보를 보고 자란 단순히 호기심이 많은 세대에게는 가볍게 먹을 수 있는 전채 요리 같은 것이다. 이런 문화, 즉 우리 문화는 산만하고, 가십은 특히 산만하다.

시모어 허시와 밥 우드워드, Politico.com과 그 밖에 부정을 폭로하는 탐사 보도 전문 저널리스트들과 우리 시대의 언론 기관들에게 그들이 주로 퍼나르는 것이 가십이라고 말하면 발끈, 아니, 분노할 것이다. 그들은 자신들의 자부심에 흠집을 내려 한다고 생각할 것이다. 하지만 매트 드러지는 그렇지 않다. 애초에 자부심 따위는 갖고 있지 않았던 그는 다만 가십, 특히 중요해 보이도록 꾸민 가십의 대가가 얼마인지에만 온통 관심이 쏠려 있다.

Diary　　티나 브라운이 〈배너티 페어〉의 편집장으로서 수익을 내는 데 성공하지는 못했지만 명성을 얻은 뒤 〈뉴요커〉의 편집장으로 임명되어 얼마 지나지 않았을 때, 나는 〈타임스 리터러리 서플리먼트〉로부터 〈뉴요커〉의 기자로 일한 적이 있는 작가 조지프 미첼에 대한 평론을 청탁받았다. 그 작업을 하는 동안 나는 미첼이 가장 잘 쓴 주제들, 잘 알려지지 않은 뉴욕 사람들에 대한 이상하면서도 매혹적인 주제들은 시대가 변한 지금 더 이상 존재하지 않고, 설령 존재한다 해도 현재의 편집장 체제에서는 별나고 색다른 것에만 관심을 쏟은 미첼을 위한 지면은 없을 거라는 사실을 깨달았다. 〈뉴요커〉는 유명 인사들에 대한 저급한 것에만 관심을 보였기 때문이다.

나는 티나 브라운의 〈뉴요커〉를 "퇴근길에 진기한 물건을 파는 기념품 가게에서 본 강아지 똥 석고상과 고무로 만든 토사물을 마음에 들어 하는 우아한 옛 친구"에 비유했다. 당시 나는 상당히 무례한 표현이라고 생각했고 티나 브라운이 이 말을 못 들었으리라고도 생각하지 않았다. 하지만 얼마 뒤 나는 〈뉴요커〉의 편집자로부터 원고 청탁을 받았다. 내 글이 그 잡지에 정기적으로 실린 것은 티나 브라운이 편집장으로 있을 때뿐이다. 나는 그녀가 내가 생각했던 것보다 훨씬 이해하기 힘든 여성이라는 결론을 내렸다.

미국 잡지 100년의 근본을 뒤흔든 거물
여전히 '핫' 한 정크푸드 같은 여자

대영제국 3등급 훈장을 받은 레이디 에반스, 하지만 나에게 그녀는 지금까지처럼 앞으로도 늘 티나일 뿐이다. 빌리 홀리데이의 노랫말에 나오는 '미스 브라운'처럼……. 그녀는 이렇게 노래 불렀다. "사랑스러운, 안아 주고 싶은 에밀리 브라운, 당신에게는 미스 브라운." 하지만 이 시대 잡지계의 대단한 흥행주이자 현대 가십의 거장인 티나는 가십 특유의 속사정을 빠삭하게 꿰뚫었다. 그녀는 짜릿하고 가십 넘치는 저널리즘을 창조해 냈다. 그리고 나뿐 아니라 수백, 수천, 수백만의 티나가 되었다.

티나 브라운에게 다양한 자기 향상 기술이 없었다면 이 업계에서 보여 준 그녀의 재능은 제대로 발휘되지 못했을 것이다. 독자들이 무엇을 알고 싶어 하는지 정확히 짚어 내고 그것을 기사로 만드는 능력이 없었다면 그녀의 재능은 별것 아닐 수도 있었다. 티나는 독자들이 알고 싶어 하는 것은 부유하고 유명하고 강력하고 아름다운 인물에 대한 비밀 정보라고 굳게 믿고 있지만, 적어도 〈내셔널 인콰이어러〉 같은 저급한 수준은 아니다. 티나의 능력은 본질적으로 품격이 떨어지는 관심이나 엉뚱한 호기심, 훔쳐보는 취향 등을 조잡하지 않고 완벽하게 정상적이며, 재미있고 세련된 것으로 보이게 만드는 힘이다.

크리스티나 브라운은 1953년 영국에서 영화 제작자인 조지 햄블리 브라운과 베티나 브라운의 딸로 태어났다. 세계적인 영화 제작자 알렉산더 코르더 밑에서 일했던 어머니 덕분에 어린 시절부터 티나는 집을 찾아오는 유명 인사들에게 둘러싸여 있었다. 그들은 부친의 영화 제작이나 매력적인 모친의 출세와 관련된 인물들이었다. 유대계 혈통을 물려받은 티나의 어머니는 엄격한 계급 사회에서 높은 사회적 신분을 꿈꿀 수 없었고, 신분 상승의 꿈을 이루기 위해 딸에게 공을 들였다.

어린 티나 브라운은 자신의 일을 스스로 알아서 했고 자신이 원하는 것이 무엇인지 잘 알고 있었다. 그리고 그것을 얻으려면 무엇이 필요한지 정확히 꿰뚫고 있었다. 그녀는 부자와 유명 인사를 조롱하고, 내부에 안전하게 자리 잡은 사람들의 삶이 어떤지 기록하는 일을 하고 싶은 동시에, 스스로 내부자가 되고 싶었고, 부유하고 유명해지고 싶었다. 그녀는 옥스퍼드 최고의 여자 단과대학으로 진학하지 못했는데, 이것은 그녀에게 좌절이었다. 그래도 옥스퍼드는 옥스퍼드였다. 어린 시절 티나는 땅딸막한 키에 도수가 높은 두꺼운 안경을 쓴 아이였고, 숙녀가 되자 땅딸막한 체격은 풍만해졌다. 대학 시절 사귀던 남자는 그녀를 '금발의 모니카 르윈스키'라고 회고했다. 하지만 르윈스키와 달리 티나는 대통령이나 총리를 만나지 않았고, 옥스퍼드대학교에서 유명 인사의 먹이 사슬 맨 위로 올라가기 위해 애쓰며 온몸으로 부딪쳤다. 주디 바크락이 쓴 《티나와 해리, 미국에 가다Tina and Harry Come to America》에 언급된 또 다른 남자는 그녀가 선글라스를 썼고, 선글라스를 씌웠어야 할 '빵빵한 가슴'을 가졌다고 기억했다.

티나는 무엇인가 될 것 같은 젊은 남자들, 혹은 이미 무엇인가가 되어 있는 영국의 상류층 남자들과 연애를 했다. 그녀는 스무 살에 영화감독과 이혼했고, 소설가 킹즐리 에이미스의 아들인 작가 마틴 에이미스와 오랫동안 관계를 유지했다. 소설가 에벌린 워의 아들이자 성공한 저널리스트였던 오베론 워는 그녀의 또 다른 신사 친구로, 일찌감치 티나의 재능을 알아보고 그녀를 영국 유수의 신문사와 잡지사 편집자로 정착시키기 위해 힘썼다.

티나는 과거 '네트워킹'이라는 말이 없을 때 이미 네트워크에 민감하며 뛰어난 인물이었다. 그녀는 살짝 밀기만 하면 활주하다가 높이 나는 법을 알고 있었다. 현역 저널리스트로서 그녀는 가십거리가 많고, 겉만 번지르르하며, '핫'한 기사로 성공을 거뒀는데, 이런 기사들은 겉멋과 속물근성, 가십을 적절히 배합하여 구성된다. 그녀는 저널리스트로서 성공했지만, 자신처럼 야망 있는 사람에게 반드시 글재주가 필요한 것은 아니라는 사실을 분명 알았을 것이다.

티나 브라운은 영국에 귀족이 존재하던 시대에 태어났다. 귀족은 많은 존경을 받지는 못해도 선망의 대상이고 여전히 우월감에 젖어 고상한 척하지만, 티나는 마음에 둔 베키 샤프새커리의 소설 《허영의 시장vanity fair)의 여주인공으로 가난하게 태어나 신분 상승을 위해 노력하는 인물이다같은 삶을 바라는 마음을 억누를 힘이 없었다. 영국의 옛 계급 제도가 붕괴된 증거로 티나보다 25세 많은 남편 해럴드 에반스를 들 수 있다. 그는 노동 계급 출신이지만 런던의 〈선데이 타임스Sunday Times〉 편집장과 〈타임스〉 편집장을 역임하며 영국 신문 언론의 정상에 올랐다. 그러나 에반스는 〈타임스〉의 편집장 자리에 오르고 얼마 되지 않아 오스트레일리아 출신의 루퍼트 머독에 의해 해고를 당한다. 노동 계급 출신의 편집장, 오스트레일리아 출신의 유력 언론사 사주, 빵빵한 가슴에 나서기 좋아하는 젊은 여성 저널리스트…… 아, 오래전부터 영국이라는 나라가 영원히 존재하지는 않을 것처럼 보이기 시작했다. 어쨌든 영국은 믹 재거의 나라다.

영국의 옛 계급 제도가 붕괴된 또 다른 증거는 티나 브라운이 〈태틀러Tatler〉의 편집자로 고용되었다는 것이다. 〈태틀러〉는 리처드 스틸이 18세기 초 〈스펙테이터〉를 창간한 조지프 애디슨과 함께 창간한 잡지로, 나중에는 영국 귀족들의 사회생활을 상세히 다뤘는데 차라리 계속해서 귀족들에 대해 존경심을 갖고 전통을 잇는 편이 나았을지도 모른다. 티나는 이 잡지를 귀족을 은밀하게 조롱하는 잡지로 만들어 버렸다. 그녀는 옥스퍼드 시절의 옛 친구인 마틴 에이미스, 줄리언 반스, 이언 매큐언 등에게 함께 모험을 하자고 제안했다.

티나는 〈태틀러〉에 3년 반 동안 머물렀다. 그동안 그녀는 잡지의 판매 부수와 자신의 존재감을 높였지만, 잡지사는 적자를 기록했고 재정 상태는 악화되었다. 티나가 경력을 쌓아 가는 동안 이 과정이 반복되었다. 그녀가 만든 잡지가 획기적인 판매량을 기록할 때도 있었지만 회사는 점차 돈을 잃었고, 그녀는 명성을 얻었다. 명망이 아니라 명성이라는 점에 주의하기 바란다. 명망이란 티나의 포커판에서 쓰이는 칩이 아니다. "명망은 죽었어요." 누군가 전에 〈뉴요커〉가 유지하던 경외심에 대해 이야기하자 그녀가 대꾸한 말이다.

1983년, 콩데 내스트 잡지사의 소유주이자 많은 신문사를 거느린 새뮤얼 I. 뉴하우스가 〈태틀러〉를 인수했다. 그는 예전에 인수한 〈배너티 페어〉를 대대적으로 개편할 계획이었다. 이 잡지는 1920년대 당시 최고의 편집자였던 프랭크 크라우닌실드가 편집을 맡은 고급스러운 대중 잡지였다. 뉴하우스는 새로운 〈배너티 페어〉를 위해 편집장을 두 번 바꿨다. 3호를 낸 뒤 그만둔 리처드 로크라는 남자와 콩데 내스트의 편집고문이었던 리오 러먼이 그 둘이었다. 그리고 뉴하우스는 티나 브라운에게 그 자리를 제의했다. 기가 막힌 타이밍이었다. 티나의 남편인 해럴드 에반스는 몇 년 전 루퍼트 머독에 의해 〈뉴욕 타임스〉에서 해고되었고, 〈태틀러〉와 제한적인 독자층에 싫증을 느끼고 있던 티나는 미국으로 건너가는 게 좋겠다고 판단했다. 1984년, 티나는 31세라는 젊은 나이에 자신처럼 야망 있는 사람에게 영국은 더 이상 어울리지 않는 곳이라는 사실을 알고 있었다. 미국이 딱이었다.

그녀는 적으로 둘러싸인 〈배너티 페어〉에서 일을 시작했다. 여기서 말하는 적들은 주로 리오 러먼에게 끈끈한 충성심을 보이는 사람들을 말한다. 그들은 리오 러먼이 영국 출신의 햇병아리를 위해 자리를 양보했다고 생각했다. 어떻게 뉴하우스는 미국에서의 경험이 전혀 없는 여성에게 엄청난 비용이 드는 잡지를 맡길 생각을 했을까? 티나가 미국에서의 경험이 부족하다는 사실은 나중에 그녀가 〈뉴요커〉로 자리를 옮길 때도 비난의 이유가 되었다. 그녀에게 미국은 뉴하우스가 렌트해 준 리무진 안에서나 자가용 비행기 안에서, 아니면 뉴욕이나 할리우드, 워싱턴 DC의 호화 주택 안에서 본 것뿐이었다. 그런 그녀가 미국에 대해 무엇을 알겠는가?

리처드 로크는 〈배너티 페어〉에 잠시 머무는 동안 이 잡지를 진지한 방향으로 이끌기 위해 노력했다. 후임자인 리오 러먼은 메트로폴리탄적인 방향, 세련되고 도시적이면서 지적인 방향으로 끌고 가려 했다. 그러나 티나의 지향점은 이 둘과 전혀 달랐다. 그녀는 고급스러운 잡지 저널리즘에 새로운 요소를 가미하여 최신 유행에 맞춘 요란하고 자극적인 잡지를 만들고자 했다. 유명 인사, 부자, 권력자, 이들은 영국 출신의 새로운 편집장 밑에서 〈배너티 페어〉가 주로 다루게 될 인물이었다. 유명 인사를 앞세운 저널리즘, 이것이 바로 그녀의 지향점이었다.

잡지 편집은 매우 단순해 보인다. 편집장은 잡지에 어떤 내용을 담을 것인지 정하고 작가에게 이런 주제에 대한 기사를 써 달라고 청탁한다. 편집장은 다른 편집자에게 기사를 다듬게 하고, 사진작가와 디자이너에게 최대한 보기 좋게 꾸미도록 한다. 편집장이 이런 작업 전반에 걸쳐 좋은 감각을 지니고 있다면, 그러니까 자기가 심은 나무들이 이룬 숲을 볼 수 있다면, 여러 기사들을 모아서 만들어진 잡지는 꽤 괜찮은 것이 된다. 그래서 누구나 볼 만한, 그리고 고정 독자에게는 볼거리가 풍성한 잡지가 될 것이다.

이것은 매우 단순한 작업이다. 하지만 당신이 티나 브라운이라면 기사는 반드시 짜릿해야 한다. 잡지를 보는 순간, 유명 인사를 몰래 엿보며 느끼는 관음증 같은 흥분을 느낄 수 있어야 한다. 짜릿함은 돈이나 권력, 재능, 또는 멋진 외모 덕분에 우리는 꿈도 꾸지 못할 멋진 삶을 누리는 사람들이나 그런 사람들에 대한 기사를 볼 때 느끼게 된다. 짜릿함의 세계에서 이들의 이름은 늘 바뀐다. 짜릿했던 사람이 한순간에 재미없고 따분한 존재가 되어 전혀 짜릿하지 않게 되기도 한다.

짜릿함은 당연히 가십을 사실로 여긴다는 전제하에 맛볼 수 있는 것이다. '속사정을 빠삭하게 꿴다'는 말은 티나 브라운이 추구하는 잡지의 특성을 보여 준다. 주요 인사가 어떤 옷을 입고, 어떤 집에서 살며, 이를 위해 얼마나 지출하는지, 그들의 심리적 동기, 연애사, 일일 스케줄, 그 밖에 가십거리가 될 만한 것들에 관해 알려주면서도 저급한 호기심으로 품위가 떨어진다고 느끼지 않게 하는 것, 이것이 짜릿함을 만들어 내는 기술이다.

짜릿함을 제공하는 이들은 거의 대부분 유명 인사들이다. 그들은 재력이나 인간관계, 기이한 행동, 사회에서의 전력, 또는 단순히 명성을 가져다준 재능 덕분에 그 순간 관심을 끈다. 리오나 헴슬리뉴욕 부동산 업계의 거물 해리 헴슬리의 아내. 1988년 탈세로 재판 받던 중 "부자들은 세금을 내지 않아요. 존재감 없는 서민들만 내지요"라는 말을 한 것으로 유명하다, 이멜다 마르코스, 도널드 트럼프, 마돈나, 셰어, 케네디 가의 과부들과 자녀들, 영화감독과 스타들처럼, 길이 남을 업적보다는 시대정신의 상징적인 존재가 되어 유명해진 인물들 말이다. 시대정신을 포착하는 것, 이것이야 말로 티나의 욕망을 대변하는 것이다. 마돈나야말로 그 대표적인 예로 그녀는 매순간 유행에 맞춰 끊임없이 변신해 왔다. 그리고 실제로 티나는 현대 저널리즘의 마돈나라고 불린다.

티나 브라운이 알고 있는, 그리고 살고 싶어 하는 유일한 시간은 현재다. 바로 지금 무슨 일이 벌어지고 있는지, 바로 지금 무엇이 짜릿한지……. 이따금 〈배너티 페어〉에 아이티나 러시아, 또는 진지한 예술가들에 대한 기사가 실리기도 하지만, 이는 매음굴에 놓인 성서일 뿐이다. 독자들은 이 기사를 보려고 〈배너티 페어〉를 집어 들지 않는다. 현재에 몰두하는 잡지답게 오래 지속되는 일에 대한 기사는 실린 적이 없고, 그럴 기미도 보이지 않는다. 티나 브라운이 키웠다고 할 수 있는 유일한 저널리스트는 사진작가인 애니 레보비츠다. (티나는 그녀에 대해 이렇게 말했다. "애니는 시대정신의 창조물, 그 자체다.") 도미닉 던은 〈배너티 페어〉를 지탱하는 또 다른 기둥이었다. 그는 부자와 유명 인사들이 저지른 살인 사건에 대한 재판 기사를 주로 썼는데, 유명 인사들의 이름을 들먹이며 가십을 전하는 데 많은 지면을 할애했다. (던은 이렇게 단언했다. "내가 멍청이들을 잘 다루는 것은 나 자신이 한때 멍청이였기 때문이다.")

〈배너티 페어〉는 상류 사회에 대한 판타지를 위한 잡지다. 티나 브라운이 생각하는 상류 사회는 왕족, 의상 디자이너, 영화계 스타, 갑부들이다. 잡지는 독자들에게 이런 사람들이 실제로 사는 모습을 들여다볼 수 있는 특권을 가졌다는 환상을 제공한다. 편집장은 오늘날 '마당발'이라 불리는 사람을 고용해 잡지에서 집중적으로 다룰 사람들에게 살금살금 다가가 〈배너티 페어〉 지면에 모습을 드러내도록 부추긴다. 그러면 정성껏 찍은 사진과 멋지게 쓴 글, 과장된 프로필은 가벼운 가십거리로 바뀌어 버린다.

티나가 〈배너티 페어〉에서 보낸 기간을 단 한 줄로 표현한다면 '포효하는 생쥐'라 하겠다. 이것은 그녀 자신이 다이애나 왕세자비에 대해 쓴 기사의 제목으로, 당시 다이애나는 전 세계인의 부담스러운 관심을 한 몸에 받고 있었다. 기사의 맺음말은 이렇다. "멋지고 당당한 찰스 왕세자는 지금부터 영원히 공처가다." 이 문장의 여운이 채 가시기도 전에, 한때 위대했던 나라가 가십이 넘치는 저널리즘으로 인해 종말을 알리는 웨스트민스터 대성당의 종소리가 들린다.

티나 브라운이 진두지휘하는 동안 〈배너티 페어〉의 판매량은 계속 증가하여 백만 부 이상 팔리기도 했고, 1991년에는 흑자를 내기도 했다. 확실히 이 잡지는 당시 가장 '핫'한 물건이었다. 하지만 티나가 재직하는 동안 〈배너티 페어〉는 약 6,300만 달러의 적자를 냈다. 이렇게 많은 적자를 낸 것은 편집장의 낭비벽 때문이었다. 그녀는 다른 출판사에서 편집자를 빼오기 위해 높은 급여를 지불했다. 그녀가 기고가들에게 지불한 원고료는 다른 출판사보다 훨씬 높은 수준이었으며, 그 원고가 큰 반향을 일으키지 못할 것 같으면 원고를 그대로 폐기해 버렸다. 그녀가 편집장으로 있는 동안 잡지의 명성은 높아졌다. 그러나 위대한 개츠비처럼 그녀는 화려하지만 공허한 파티를 벌였을 뿐이다. 편집장으로서 티나는 돈을 벌지도 못했고 문학성을 높이지도 못했지만 주의를 끄는 데는 성공했다.

그녀의 이런 능력에 깊은 인상을 받은 뉴하우스는 〈뉴요커〉를 인수하자 티나 브라운을 편집장으로 임명한다. (또한 그녀의 남편을 랜덤하우스 출판사 사장 겸 편집 주간에 임명한다.) 〈배너티 페어〉처럼 새롭게 재창간된 (그리고 실망스러운 수준의) 잡지를 '바로 지금'에만 초점을 맞추는 무모한 편집장에게 맡긴 것도 모자라 그 무모한 편집장에게 20세기 미국에서 가장 신성한 잡지, 신성불가침의 〈뉴요커〉를 맡긴 것이다.

티나 브라운 이전의 〈뉴요커〉는 사람들의 사랑을 받았고 티나 브라운 이후의 〈뉴요커〉는 사람들의 입에 오르내렸다. 사람들은 짜릿함을 느끼며 웅성거린다. 물론 전에도 이 잡지가 사람들의 입에 오르내린 적은 있지만, 지금과는 달랐다. 환경오염에 대한 레이첼 카슨의 글이나 홀로코스트 희생자들에 대한 한나 아렌트의 글, 블랙 모슬렘Black Moslem, 흑인 국가 건설을 목표로 미국 흑인 분리주의 운동을 주도하는 이슬람교 조직에 대한 제임스 볼드윈의 글처럼 논쟁을 불러일으키는 글로 사람들의 주목을 끌었던 것이다. 하지만 티나가 이해한 짜릿함은 수십 년 동안 〈뉴요커〉 본사가 자리 잡은 웨스트 4번가에서는 전혀 다루지 않은 것들이다. 과거의 〈뉴요커〉는 짜릿함 대신 밀과 지질 단층, 그 밖에 전혀 짜릿하지 않은 주제들에 전념했던 것 같다. 〈뉴요커〉의 기고자들은 귀한 대접을 받았고, 글을 쓰는 데 몇 년이 걸려도 용납되었다. 윌리엄 숀이 편집장이었던 시절, 야구 전문 기고가 로저 에인절은 때로 이듬해 2월에 월드 시리즈에 대한 글을 들고 오기도 했다. 이 잡지는 지금이라는 시점에 맞추지 않으려고 노력하는 것처럼 보이기도 했다. (그리고 실제로 그것은 성공을 거뒀다.)

티나 브라운은 〈배너티 페어〉에서 평론과 단편 소설을 없애 버렸다. 평론과 단편 소설이 사람들의 관심을 끄는 핵심 요소였던 〈뉴요커〉에서도 이것들을 싣는 데 열의가 없었다. 티나 브라운은 〈뉴요커〉의 편집장이 되자 이렇게 발표했다. "이번에도 진지함은 섹시함이 될 것이다. 실체나 따지고 있는 것은 스타일에서 뒤진 것이다." 이에 대한 반응은 격렬했다. 개리슨 케일러^{미국의 풍자 작가이자 방송인}는 티나 브라운이 〈뉴요커〉의 편집장이 된 것에 대해 이렇게 말했다. "어느 날 멍청한 미국인 편집자가 런던으로 건너가 〈스펙테이터〉를 맡게 되었는데 그가 당신 앞에서 그 잡지를 흔들며 '코 묻은 잡지'라고 한다면 엄청난 소동이 벌어질 것이다. 지금 미국의 위대한 잡지가 영국인 편집자의 수중에 들어갔는데, 그녀는 미국이라는 나라를 텔레비전이나 영화를 통해서만 알 뿐이다. 하지만 아무도 그것에 대해 거론하려 하지 않는다."

케일러는 티나 브라운이 편집장으로 취임하면서 물러난 〈뉴요커〉의 기고가 가운데 한 사람이다. 티나는 오랫동안 이 잡지와 함께한 70명 남짓의 작가와 편집자들을 내보냈다. 말하자면 짜릿함이 덜한 인물들을 자른 것이다. 그들 중에는 베스트셀러 작가이자 명칼럼니스트인 존 맥피, 뛰어난 과학 저술가 제레미 번스타인, 그리고 진지한 워싱턴 통신원인 엘리자베스 드루가 포함되어 있었다. 티나는 자신이 원하는 종류의 상품을 넘겨줄 수 있는 작가들을 〈배너티 페어〉에서 데려왔다. 거만한 독자들은 그녀만큼이나 글쓰기에서 제일 먼저 배제해야 하는 것은 '지루함'이라고 생각했고, 글이 지루하면 절대 성공할 수 없다고 생각했던 티나는, 〈뉴요커〉의 기사 길이를 줄이고, 파격적으로 지면을 구성했으며, 깊은 사상보다는 생동감을 강조했다.

내리막길로 접어들었던 〈뉴요커〉를 티나 브라운이 구했다고 말하는 사람들도 있다. 그녀가 이 잡지의 보수적인 독자들에게 충격을 준 건 확실하다. 그녀는 '하시드^{계율을 지키며 신비주의를 믿고 받드는 정통파 유대인}'가 흑인 여성과 키스하는 장면과 같이 논란을 가져올 수 있는 사진을 표지에 실어 분노를 불러일으켰다. 티나는 입이 거칠기로 유명한 코미디언 로잰 바를 특집으로 내세우기도 했지만, 이 시도는 완전히 실패로 끝났다. 그녀는 더욱 과감하게 거친 언어를 사용하고 섹스 관련 기사들을 내보냈다. 불필요한 고백을 잘하는 작가 대프니 머킨은 남자가 엉덩이를 때려서 자신을 즐겁게 해준 이야기를 썼다. 할리우드를 중시한 티나 덕분에 잡지는 마치 로스앤젤레스에서 만들어진 것 같았다.

〈뉴요커〉의 편집장으로서 티나가 기울인 노력에 대해 사람들은 약간의 칭찬과 많은 비난을 보냈다. 하지만 그녀는 주요 목표인 큰 평판을 얻는 데 성공했다. 그녀가 이런 평판을 얻는 동안 뉴하우스에서는 막대한 자금이 낭비되었는데, 그중 엄청난 액수가 잡지에 영원히 실리지 않을 글의 원고료와 파기되었다가 마지막 순간에 다시 만들어진 잡지의 제작비, 워싱턴과 할리우드에서 더 많은 인간관계를 맺기 위해 열린 파티 비용으로 지불되었다. 유명인을 앞세운 티나의 저널리즘에는 값비싼 대가가 따랐다.

지루함 때문이었는지 넘치는 야망 때문이었는지 아니면 뉴하우스의 돈을 너무 많이 썼다는 걸 깨달아서였는지, 티나 브라운은 1998년 〈뉴요커〉를 떠나 새로운 잡지를 창간했다. 제목에서 알 수 있듯 가십으로 꽉 찬 〈토크Talk〉는 영화 제작사인 미라맥스의 대표 하비 웨인스타인의 지원을 받았다. 이번에는 선임자들의 작업을 변질시키거나 부흥시킬 것 없이 고스란히 티나 자신만의 잡지를 만들면 되었다. 부유층과 유명인에 대한 가십으로 기획된 〈토크〉는 섹시하고 선정적이고 짜릿하며 나폴레옹의 십이지장보다 더 깊숙이 그들의 내부 사정을 알려주는 잡지가 되었다.

그러나 〈토크〉는 성공하지 못했다. 그렇게 된 데에는 독자층에도 문제가 있었다. 티나는 '프라다를 입고 미라맥스의 영화를 보며 어반페치뉴욕을 중심으로 하는 심부름 대행사로 해리 포터를 주문하는 30대 여성', 즉 티나 브라운 자신과 비슷한 여성을 주요 독자층으로 예상했다. '핫'한 잡지를 만들겠다는 그녀의 환상을 실현시켜 줄 편집자와 작가들을 확보하는 데에도 문제가 있었다. 게다가 미라맥스와의 특수한 관계 때문에 〈토크〉의 많은 기사가 미라맥스 영화의 소재로 쓰일 것으로 예상되었지만 그런 일은 일어나지 않았다.

유명인을 앞세운 저널리즘이 늘 직접적으로 인물에 대한 거품을 없애거나 우상 파괴를 지향하지는 않지만, 〈토크〉는 강력한 관심을 끌기 위해 그런 특색을 갖추려 했다. 어느 날 〈토크〉의 젊은 편집자가 내게 전화를 걸었다. 명사들에 대한 특별 코너가 기획되었는데, 티나는 내가 과대평가된 인물을 파헤치는 글을 써 주길 바란다고 했다. 나는 아서 밀러를 이야기했다. "그는 형편없는 작가인 데다 정신적 지도자나 정치적 지도자로서도 별로 인상적인 인물이 아니었어요." 젊은 편집자는 멋진 아이디어라고 말하며 티나에게 보고한 뒤 다시 연락하겠다고 했다. 다음 날, 그는 전화를 걸어 아서 밀러는 티나의 마음에 들지 않은 것 같다며 다른 인물을 추천해 달라고 했다. "그럼 월터 크롱카이트는 어떨까요? 그는 국가만 마음에 들어 할 얼굴을 하고 있지요. 그리고 정말 지성적이지 못한 인물이에요. 하지만 방송인으로서 꾸준한 영향력을 행사하며 오랜 기간 동안 성공적인 이력을 쌓았고 이런 약점들을 잘 감춰 왔지요." 내 말에 젊은 편집자는 좋은 생각이라며 맞장구를 쳤지만 다음 날 역시 월터 크롱카이트도 티나가 탐탁지 않아 하는 것 같다며 난색을 보였다.

티나가 이런 인물들을 덜 짜릿하다고 판단했을 수도 있지만, 내가 보기에는 그들에 대한 기사가 아무리 큰 반향을 불러일으킨다 해도 그들은 공격하기에는 너무나 중요한 인물이라고 판단했던 것 같다. 사실 그녀는 반은 우상 파괴자였지만, 나머지 반은 여전히 더 높은 곳에 오르기 위해 주요 인사들의 도움이 필요한 여성이었다. 젊은 편집자와 티나 브라운, 그리고 나는 마침내 잘난 척하는 문학 평론가 해럴드 블룸으로 결정지었다. 나는 글을 썼고 원고료로 오천 달러를 받았지만 내 글은 잡지에 실리지 못했다. 원고를 완성하고 얼마 지나지 않아 〈토크〉가 폐간되었기 때문이다.

티나 브라운에게 적개심을 갖고 있던 많은 사람들은 〈토크〉의 실패를 기뻐했다. 그들은 이번 실패의 주된 원인은 티나가 오랜 친구인 '시대정신'을 읽어 내는 마법을 잃어버렸기 때문이며, 이제 그녀는 중요한 의사 결정 과정에서 빠지게 되었고, 주특기인 대중의 짜릿한 관심을 끌어내는 능력도 쇠퇴했다고 떠들어 댔다. 티나가 존경하는 인물인 힐러리 클린턴은 티나에 대해 이렇게 말했다. "티나는 언론계의 정크 푸드입니다."

티나 브라운은 정말 사랑스러운, 안아 주고 싶은 미스 브라운은 아니지만 절대 가라앉지 않는 티나 브라운인 것은 틀림없다. 〈토크〉가 폐간된 지 1년 만인 2003년, 그녀는 케이블 텔레비전에서 토크쇼로 성공의 발판을 마련했으며 이 토크쇼는 2년 동안 계속되었다. 그녀는 비참한 최후를 맞은 다이애나 왕세자비에 대한 가십성 비화가 가득 들어 있는 책으로 세간의 주목을 받기도 했다.

좋은 남편감을 구하는 데 능력 있는 여자들이 있듯이 티나 브라운은 후원자를 찾는 데 탁월한 능력이 있었다. 그녀는 영화와 미디어 업계의 거물인 배리 딜러의 재정적 후원을 받아 웹 신문인 〈데일리 비스트〉를 창간했다. 그녀는 다른 신문이나 잡지, 텔레비전 방송, 토크쇼와 인터뷰에서 이야기를 가져왔고, 가십이나 논쟁거리가 될 만한 아이템에 대한 감각이 발달한 작가들을 고용하여 '핫'하거나 재미있다고 생각한 주제에 대해 기사를 쓰게 했다. "나는 이것이 시대정신을 신속하게 보여 주는 읽을거리가 되길 바란다. 우리는 스마트하고, 자기주장이 강하고, 날카로운 감각으로 수많은 뉴스와 정보로부터 기사를 뽑아낼 것이다. 우리는 정치와 뉴스, 미디어, 세계를 사랑하는 호기심 많고 상류층에 속하는 전 세계 독자들을 대상으로 한다."

티나 브라운은 〈데일리 비스트〉를 통해 트위터 시대에 레카미에 부인_{나폴레옹 시대 파리 사교계를 지배한 여성으로, 파리 문화계에서 높은 지위와 명성을 누리며 당대에 활동하던 문화예술계의 저명인사들과 접촉했다. 나폴레옹의 전속 화가였던 다비드와 그의 제자 제라르가 그린 초상화의 주인공으로 유명하다}이 되고 싶어 했다. 그녀는 이 웹사이트가 "사고 방식과 더불어 감각의 길잡이가 될 것"이라고 했다. 그리고 이것은 "정말로 시대정신을 미리 살펴볼 수 있는 사이트"이며, "시대정신이 있는 곳으로 움직일 것"이라고도 했다. 정치적으로는 "여러 당을 대표한다"고 했는데, 이 말은 정당의 영향력에서 벗어나겠다는 뜻이다. 그렇다고 이 사이트가 객관적이라는 뜻은 아니다. 〈데일리 비스트〉는 속사정을 빠삭하게 꿰게 해줄 이야기 즉, 가십이나 실패담, 다시 말해서 개인의 문제로 삼을 수 있는 모든 것을 다뤘다. 티나는 "내가 선호하는 것은 재미있는 것, 자극적인 것, 흥미로운 것…… 일반적인 통념에서 벗어난 것입니다"라고 말했다.

티나는 예수가 예루살렘에 들어갈 때 타고 간 어린 나귀 같은 역할을 〈데일리 비스트〉가 해줄 것으로 기대한 게 틀림없다. 얼마든지 가능한 일이다. 하지만 사이버 공간에는 수많은 경쟁자들이 존재한다. 〈허핑턴 포스트Huffington Post〉와 〈애틀랜틱 와이어Atlantic Wire〉를 비롯한 막강한 온라인 매체들이 포진하고 있는 것이다. 하지만 60세에 가까운 나이에도 그녀는 여전히 에너지가 넘친다. 결코 KO패를 당할 여인이 아니다.

2010년 말, 그녀는 음향기기 제조업자의 도움으로 〈데일리 비스트〉와 이미 사망 선고를 받은 〈뉴스위크〉의 제휴를 성사시켰다. 〈뉴스위크〉는 부채를 견디다 못해 당시 92세인 음향기기 제조업체의 거물 시드니 하먼에게 매각되었다. 티나 브라운은 〈데일리 비스트〉에 이렇게 밝혔다. "동물적인 감각을 지닌 〈데일리 비스트〉와 전설적인 시사 주간지 〈뉴스위크〉는 '뉴스위크 데일리 비스트 컴퍼니'라는 공동 기업 안에서 한 팀을 이루게 될 것이다. 나는 〈데일리 비스트〉와 〈뉴스위크〉, 양쪽의 편집장을 맡게 되었다."

그녀는 지치지도, 패배하지도 않는다. 과장 광고에 쏟는 정력, 존재하지 않는 것에 대한 강렬하지만 거짓인 열정, 돈 많은 중년 남자들과 과장된 가능성에 불을 지피는, 정말로 매력적인 능력. 티나 브라운은 그녀를 좋아하든 좋아하지 않든 진실로 대단한 인물이다.

그녀는 말한다. "우리는 모든 사람들이 당신에 대한 모든 것을 알고 싶어 하는 시대에 살고 있다." 그녀에게는 자신의 독자들을 심각하지 않은 방향으로 유도하는 재능이 있다. 진지해지려면 사고하는 노력을 해야 하고, 그것은 고통스럽고 지루한 일이다. 티나 브라운이 퍼트린 흥미 위주의 읽을거리들은 법에 어긋나는 것은 아니지만 우리의 주의를 산만하게 만드는 것들이다. 우리는 그것들의 실체를 정확히 인식해야 한다. 시대정신을 직감적으로 이해하는 능력을 지닌 그녀는 스스로 시대정신의 한 부분이 되었고, 이 시대 저널리스트의 전형적인 모습을 하고 있다. 다시 말해서 그녀 스스로는 인식하지 못할 수도 있지만, 그녀가 목표로 하는 것은 모든 것이 그저 재미있고 결국 아무것도 중요하지 않은 극도로 지루한 상태임에 틀림없다.

나는 절대로 가십을 두 번 말하지 않으니 잘 들어야 한다.

— 리즈 스미스

17

가십에 관한
인식론적 문제들

모든 종교가 가십을 혐오한다고들 하지만 내가 알기로 유대교는 그 혐오를 성문화해 놓은 유일한 종교이다. '사악한 혀'라는 뜻의 '라숀 하라Lashon hara'는 유대인들에게 중대한 죄악으로 여겨지며 그에 대해 많은 기록이 전해진다. 랍비 이스라엘 메이르 카간이 쓴 《인생의 추구자Chafetz Chaim》는 독자로 하여금 올바른 언어를 말하고 남을 비방하지 않도록 하는 내용으로 가득하다. 그 주제는 탈무드 정신에서 가장 훌륭한 것과 가장 나쁜 것을 모조리 끄집어낸 것으로 탈무드 정신이란 놀라운 기억력과 지적 통찰력을 겸비함으로써 때때로 아주 사소한 것들 가운데서도 큰 기쁨을 느낄 수 있는 정신이다.

탈무드 학자들은 시편(34장 13절 "네 혀를 악에서 금하며 네 입술을 궤사한 말에서 금할지어다"), 출애굽기(23장 1절 "너는 거짓된 풍설을 퍼뜨리지 말라", 23장 7절 "거짓된 일을 멀리 하라"), 그리고 레위기(19장 15절 "공의로 사람을 재판할지어다", 19장 16절 "돌아다니며 사람을 비방하지 말라") 구절들을 받아들여 가공한다. 때로는 라숀 하라를 논박하기 위해 많은 성경 구절들이 인용되기도 한다. 유대인의 율법에서 계율을 뜻하는 613개 미츠바^{mitzvoh} 가운데 무려 31개가 가십과 관련된 규정이다. 그 논점의 주된 경향은 분명하기 그지없다. 가십을 시작하는 것도 죄악이요, 되풀이하는 것도 죄악이며, 귀를 기울이는 것조차 죄악이라는 것이다.

라숀 하라의 종교적 위험성과 그것을 피하는 데 수반되는 복잡성에 대한 랍비들의 가르침을 읽다 보면, 가십이 제공하는 명백한 (자연스럽다고도 할 수 있는) 즐거움을 철저하게 탈피하기 위해서는 고도의 도덕성이 요구됨을 새삼스레 깨닫게 된다. 조지 산타야나는 《사람과 장소$^{Persons\ and\ Places}$》에서 보스턴의 훌륭한 예술 후원자에 대해 다음과 같이 적었다. "(이사벨라 스튜어트) 가드너 부인은 고상한 체하지 않았지만 적개심이 충만한 사회에서 사는 총명한 여성이 지니기 어려운 도덕심을 발휘했다. 그녀는 어느 누구에 대한 험담도 하지 않았다." 우리 시대에는 가드너 부인과 같은 사람이 많지 않다.

탈무드를 읽고 나면 가십이 인간 본성에 얼마나 많은 부분을 차지하고 있는지 알게 된다. 하지만 종교는 가공되지 않은 인간 본성을 길들이고 고치고 다듬는다. 종교가 인간을 교화하는 데 기여했을지는 몰라도, 가십의 영역에서는 그러지 못했다.

〈코스모폴리탄^{Cosmopolitan}〉, 〈글래머^{Glamour}〉, 〈US 위클리$^{US\ Weekly}$〉 등 가십성 잡지를 편집해 왔던 보니 풀러는 "나는 우리 모두에게 가십 유전자가 있다고 믿는다"고 말한다. 보니 풀러는 유전학자가 아니라 명사들을 다루는 웹사이트 '할리우드라이프닷컴$^{Hollywoodlife.}$

com'을 운영하는 가십 전문가이다. 여기서 '명사들을 다룬다'고 하는 것은 가십을 다룬다는 뜻이다. 하지만 우리가 가십 유전자와 비슷한 것을 가지고 있든 아니든, 오지랖 넓은 호기심이 있고 세상을 잘 이해하기를 바라며 그저 원만한 사회생활을 할 수 있기를 바라는 사람이라면 누구나 때때로 가십에 귀를 기울이게 되며, 그런 다음에는 자신의 가십을 한두 개는 만들어야겠다고 생각하게 될 것이다. 가십도 돈과 마찬가지로 사교계의 윤활유 역할을 하기 때문이다.

나는 얼마 전 친구와 함께 야구 이야기를 하면서 시카고 사람이라면 으레 그렇듯 커브스 팀의 참담한 성적에 대해 불평을 터뜨렸다. 그러면서 다른 팀으로 간 뒤 슈퍼스타가 된 선수들을 이적시킨 어리석은 사례들을 거론했다. 이러한 트레이드 중에서도 최악의 선택은 거포 라파엘 팔메이로를 내보낸 것이었다. 그는 (물론 약물의 도움을 받기는 했지만) 텍사스 레인저스와 볼티모어 오리올스에서 뛰면서 500개 이상의 홈런을 쳤다. 내 말을 듣고 있던 친구는 말했다. "팀에서는 선택의 여지가 없었어. 팔메이로가 X의 마누라와 바람을 피웠거든." (그는 훗날 명예의 전당에 오른, 커브스 팀의 가장 인기 있는 선수 X를 언급했다.) "팀으로서는 난처한 지경에 빠진 거야. 그래서 프런트는 팔메이로를 내보내고 X를 남기기로 한 거지. 다른 방도가 없었다니까."

이것이 사실일까? 누가 알겠는가? 그러나 멋진 추측이며, 멋진 추측이야말로 거의 언제나 멍청한 설명을 압도한다. 이 '멋진 추측'이란 말에서 우리는 가십의 또 다른 정의를 발견한다. 이 정의는 가십의 절반 이상에 적용될 것이다. 가십은 속성상 외과적이다. 외과 수술처럼 가십은 심리적으로 취약한 부위(자존심, 수치심, 창피를 당하는 것에 대한 두려움, 불안감 등)를 파헤치기 위해 우리의 자아를 보호막처럼 감싸고 있는 사교적인 피부를 도려내려 한다. 가십은 덜 인상적이지만 더 진정한 자아를 드러내게 만든다. 사회 이론가인 어빙 고프먼은 《일상생활에서의 자아 표현The Presentation of Self in Everyday Life》이라는 책에서, 각광 받는 공적인 자아와 화장기 없는 얼굴에 대충 머리를 묶은 채 편안하게 무대 뒤에 있는 사적인 자아를 구분했다. 가십은 바로 이러한 내적이며 허영심 강하고 환상을 만들어 내며 측은하고 그다지 사랑스럽지 못한 자아를 드러내려 하며, 그것을 다루려고 한다. 가십은 무자비하다.

강압적인 사회, 공산 체제의 러시아와 중국, 나치 독일, 탈레반 등등은 체제 전복의 우려가 있는 가십을 막기 위해 필사적인 노력을 기울였다. 누군가 이런 이야기를 글로 쓴 적이 있는지는 모르지만(기록으로 남기기에는 복잡한 문제일 것이다) 세상을 어지럽게 하는 가십의 도움 없이 아래로부터 일어나는 혁명은 상상하기 어렵다. 혁명은 퇴폐를 일삼는 지배 계층과(우리의 지도자들, 성직자들, 자본가들이 사는 꼴을 보라. 짐승 같은 것들!) 혹사당하는 하층민 사이의 반감과 질시로부터 시작된다. 마리 앙투아네트와 부군 루이 16세는 그 같은 가십 때문에 단두대에 섰다. 이처럼 때로 가십은 혁명에 불을 붙이는 강력한 불쏘시개 역할을 할 수 있다.

불안이나 위기가 만연한 시대에는 소문도 가십도 무성해진다. 그런 시대의 가십은 흙탕물을 휘저으며 전해지기 때문에 뒷마당의 담 너머로 주고받던 구식 가십이나 옥스브리지 휴게실에서 나누는 위트 넘치는 가십보다 더욱 단호하고 과장되며 야심적이고 억지스러우면서 왜곡되거나 혹은 왜곡하기 십상이다. 여느 때보다 특히 가십이 창궐하는 시대가 있으며 경제 체제가 다르면 가십의 종류도 달라진다. 사회주의의 가십은 대체로 질투에 관한 것이 많고 ("그 여자는 우리보다 훨씬 많이 가지고 있어"), 자본주의의 가십은 탐욕에 관한 것("그 여자가 얼마나 많이 상속받았는지 알면 충격 받을 거야")이 많다. 카를 마르크스는 일단 프롤레타리아 독재가 자리 잡으면 질투와 탐욕 대신 보편적인 행복을 찾을 것이며 모든 가십도 사유 재산처럼 소멸될 것이라고 생각했다. 하지만 그런 일은 일어나지 않았다.

미국을 비롯한 다른 여러 나라에서 가십이 널리 퍼지는 이유는 무엇일까? 먼저 문화적·지적 생활의 빈곤을 들 수 있다. 우리 모두는 지적인 성급함에 시달리고 있다. 텔레비전, 디지털 카메라, 넘쳐 나는 정보 등이 사람들의 주의력을 산만하게 만들었고, 그 결과 국가 자체도 그렇게 된 것 같다. 가십은 대단한 주의력이나 인내심을 필요로 하지 않는다. 오히려 그 반대이다. 가십은 가장 밑바탕에 있는 사타구니에 관한 것, 누가 누구와 동침하는 관계이며 누가 무엇을 얼마나 훔쳤고, 누가 비인간적인 행태를 감추고 있는지를 다룬다. 가십은 이 이야기를 단도직입적으로 전하며, 복잡한 현실에서의 우리의 취향 따위는 무시해 버린다.

'경제력에 따른 사회 계층의 재편성' 또한 가십의 대상이 될 만한 사람들(연예, 스포츠, 일부 예술, 금융계 등에서 엄청난 돈을 벌어들이는 사람들을 가리킨다)을 쏟아 내며 가십을 풍성하게 하는 데 일조했다. 내가 말하는 그 대단한 부자들은 재산을 통해 명사의 지위를 획득한다. (사람들은 빌 게이츠나 워런 버핏의 추문을 기다린다.) 재산이 명사를 만들고, 명사들은 자금 관리인들의 도움으로 여유로운 생활을 즐기며 여느 때와 마찬가지로 재산을 불려나간다. 명사들의 숫자는 오랜 기간 급증해 왔다. 1920년대에 버지니아 울프는 "이 명성이라는 것이 아주 지겹다"고 말했다. 지금이라면 뭐라고 말했을까?

엄청난 재산이나 명성이 없는 우리는 둘 중 하나 또는 두 가지 모두를 엄청나게 가진 사람들에게 관심을 보이는 경향이 있다. 우리의 관심 때문에 가십 전문가(그 관심 덕분에 먹고 사는 사람들)가 나타난다. 개중에서도 눈치 빠른 이들은 그 관심의 끝에 강력한 질투가 매달려 있으며, 부유하고 유명한 사람들 혹은 타고난 재능이나 미모를 지닌 사람의 추락에 대한 가십보다 더 매력적인 것이란 없음을 아주 잘 알고 있다. 다른 사람의 불행에서 느끼는 기쁨을 뜻하는 독일어 '샤덴프로이데'는 전문가로부터 나왔든 아마추어로부터 나왔든 그러한 가십의 속성에서 얻어지는 것이다.

훌륭한 취향은 한때 가십에 대한 예방책이 되기도 했지만 이제는 더 이상 그렇지 않다. 솔직함이나 고백이라는 미명 아래 훌륭한 취향의 상당 부분이 말살되었으며 금지는 자리를 잡을 수 없게 되었고 억압은 적으로 간주되었다. '감추지 말고 털어 놓으세요. 괜찮아요, 말씀하셔도 좋다니까요.' 친구들 사이에서도 비밀은 허용되지 않는다. 심지어 친구 사이에서 은밀하게 털어놓은 비밀도 예전과 같은 무게를 지니지 못한다. 이는 사교계의 예법에 엄청난 변화가 일어났음을 뜻하며, 가십이 만연하는 주요한 요인이기도 하다.

"나는 가십을 싫어하지만 진실은 사랑한다." 철학자 A. J. 에이어는 말했다. 에이어는 열렬한 가십 애호가였다. 그는 철학자 길버트 라일, 역사가 휴 트레버-로퍼, 고전 연구가 모리스 바우라와 함께 옥스퍼드 연구실에 모여 앉아 희극적인 요소를 가미해 가며 더욱 교묘하게 악감을 드러냄으로써 표면상으로는 친구지만 적이기도 한 동료들을 갈갈이 찢어 놓았다는 사실을 기억해야 한다.

가십은 싫어하지만 진실은 사랑한다는 에이어의 방정식은 가십에 관한 인식론적 문제를 제기한다. 즉 가십에서 진실은 무엇이며, 가십이 얼마나 신뢰할 수 있는가 하는 문제이다. 여기서 우리는 가십의 매력과 좌절 두 가지 모두에 이른다. 가십은 짜릿하면서 흥분을 불러일으키기도 하고, 가끔 즐거움을 주는 풍부한 이야기지만 결국 확인할 수 없는 경우가 많기 때문에 완벽한 만족을 이끌어내지 못한다. 가십은 점성술, 정신 분석이나 다른 과학적 노력과 마찬가지로 중요한 비밀을 이야기하겠다는 약속을 내놓는다. 그리고 때때로 그 약속을 지키기도 하지만 공약으로 끝나 버리는 경우가 많다.

가십은 분명 매력적이지만 그 매력을 유지하기 위해서는 적절하게 조절되어야 한다. 소설가 아이작 바셰비스 싱어는 "크레플라크라도 과식할 수 있다"는 말을 자주 했다. 크레플라크란 치킨 수프 속에 고기만두를 넣고 만드는 유대 음식이다. 현재 가십은 지나치게 많이 흘러넘치고 있거나 어쩌면 그 이상일지도 모른다. 그럼에도 불구하고 가십에 대한 욕구는 누그러질 기미를 보이지 않는다.

가십은 지금까지처럼 전파될 것이다. 왜냐하면 우리들 가운데 참된 진술을 확인하는 방법을 훈련받은 사람은 거의 없기 때문이다. 또는 우리들 대부분이 진실 그 자체에 대한 믿음을 상실하고, 인쇄 매체든 전자 매체든 현대 언론에는 진실이 없다고 생각하며, 더 이상 진실은 명료하지 않고 대략적이고 상대적이므로 말굽 놀이처럼 진실에 가깝기만 하면 된다고 생각하기 때문일지도 모른다. 때문에 우리는 매트 드러지가 말하는 "편집되지 않은 정보(인터넷에 떠도는 정보)"에 점점 더 익숙해지며, 그가 주장하는 것처럼 그런 정보에 대한 욕구는 점점 더 커질 것이다.

과거에는 비밀스러운 악이었던 가십이 이제 정보를 제공하는 주체가 되겠다고 위협하고 있으며, 그에 대처할 수 있는 방책도 그리 많을 것 같지 않다. 여러 가지 측면에서 도덕적 황폐함의 결과라 할 수 있었던 가십이 아주 자연스럽게 우리에게 다가와 그 속에서 순수한 기쁨을 느끼게 만든다. 과연 누가 이 도도한 흐름을 막을 것인가? 종교적·윤리적 권고를 통해 현대의 가십에 유입되는 많은 자금을 막거나 사람들이 생생한 가십을 즐기지 못하게 만들 가능성은, 수학자들이 음의 정수라 부르는 것처럼 '0'보다 적다. 가십은 사라지지 않고 늘어날 것이며 우리는 그것과 함께 살아갈 수밖에 없을 것이다. 가십의 침입 없이 살 수 있는 곳이란 아마도 수도원 밖에 없을 것이다. 아니, 어쩌면 그곳에서도 가십은 살아 남을지 모른다.

여러분이 읽은 이 책처럼 많은 주장을 가지고 가십을 다룬 책이
또 있는지 모르지만 나는 아직 보지 못했다. 그들 주장에는 가십
이란 무엇이며 어떻게 작용하고 어떻게 변화해 왔는지 일반의 지
적인 독자에게 보고하려는 시도까지 포함된다. 반면 가십의 여러
측면을 탐구하거나 생활의 다양한 영역(정치, 연예, 그리고 문예 계
등)에서 가십을 이야기하려는 학술적이거나 대중적이거나 그저 저
속하기만 한 책은 많다.

　이 책에서는 특히 전기적인 내용에 관해 도움을 얻기 위해 몇
권의 책을 아주 많이 참조했다. 생시몽 공작을 설명하기 위해서
《생시몽 공작의 회고록》을, 윈첼을 묘사하기 위해서는 닐 게이블
러의 《월터 윈첼: 가십, 권력, 명성의 문화Walter Winchell: Gossip, Power,
and the Culture of Celebrity》를 참고했다. 티나 브라운에 대한 이야기를
쓰기 위해서는 가십의 성격이 짙은 주디 바크락의 《티나와 해리,
미국에 가다》를 참고했으며, 바버라 월터스를 소개하기 위해서는
그녀의 자서전인 《오디션》의 도움을 받았다.

　소설은 가십 연구에 유용하다고 판단되더라도 본문에서 거론된

것이 아니면 나열하지 않았다. 훌륭한 소설은 우리의 인생 다음으로 인간의 영광과 별난 행동을 관찰할 수 있는 가장 풍부한 원천이다. 소설은 내 교육의 중심에 있었고, 지금도 그렇다. 옥스퍼드의 철학자 길버트 라일은 소설을 읽느냐는 질문을 받으면 "그렇다, 모두 여섯 권"이라고 대답한다. 이는 제인 오스틴의 소설 외에 다른 소설은 읽을 필요가 없다는 뜻이다. 소설을 읽는 나의 습관은 그처럼 순수하지 않으며, 성인이 된 뒤로는 읽던 소설에 책갈피를 끼우지 않는 적이 없었다. 그리고 내가 읽은 소설들 중에서 어떤 식으로든 가십이 중심이거나 가십인 체하거나 또는 가십을 이용하지 않는 것은 거의 없었다. 유명 인사와 이차적인 인물들의 회고록이나 일기, 서한 등도 이 책을 쓰는 데 많은 도움이 되었다. 그런 형식의 글들은 대개 그 성격상 무분별함으로 이끌게 마련이다. 즉 그만큼 가십으로 가득 차 있다는 뜻이며, 만약 그렇지 않다면 그다지 관심을 끌지 못했을 것이다.

인쇄된 가십도 대화에서의 가십과 마찬가지로 풍부하다. 이 책을 쓰는 데 도움이 된 책들을 소개한다. 가십의 성격이 풍부한 것도 있고 가십을 설명하려고 시도한 것도 있다.

제인 오스틴, 《설득》
주디 바크락, 《티나와 해리, 미국에 가다》
외르크 베르크만, 《신중한, 신중하지 못한 행위》
시셀라 복, 《비밀: 은폐와 폭로의 윤리에 관하여Secrets: On the Ethics of

Concealment and Revelation》

리오 브로디, 《명성의 광란: 명성의 역사The Frenzy of Renown; Fame and Its History》

티나 브라운, 《다이애나 일대기》

게일 콜린스, 《전갈의 혀: 미국 정치에서의 놀라운 가십의 역사》

노엘 코어드, 《노엘 코어드의 일기The Diaries of Noël Coward》 그레이엄 페인 · 셰리던 모얼리 편

조지 엘리엇, 《대니얼 데론다》

닐 게이블러, 《월터 윈첼: 가십, 권력, 명성의 문화》

《좋은 가십Good Gossip》 로버트 F. 굿맨 · 에런 벤제에브 편

헨리 제임스, 《리버버레이터》

리오 러먼, 《대단한 서프라이즈: 리오 러먼의 일기》 스티븐 파스칼 편

세인트 클레어 매켈웨이, 《가십: 월터 윈첼의 삶과 시대Gossip: The Life and Times of Walter Winchell》

바버라 핌, 《크램프턴 호드넷》

도촌 레이더, 《테네시: 가슴으로부터의 외침Tennessee: Cry from the Heart》

프레더릭 라파엘, 《바이런Byron》

리처드 시켈, 《낯설지만 친밀한 사람들: 미국의 명성 문화Intimate Strangers: The Culture of Celebrity in America》

다니엘 J. 솔로브, 《인터넷 세상과 평판의 미래: 루머, 가십, 익명성, 그리고 디지털 주홍글씨》

패트리샤 메이어 스팩스, 《가십》

바버라 스털링, 《타블로이드 신문 기자의 비밀: 내셔널 인콰이어러의 할리우드 취재로 보낸 20년Secrets of a Tabloid Reporter: My Twenty Years on the National Enquirer's Hollywood Beat》

수에토니우스, 《열두 황제The Twelve Caesars》

캐스 선스타인, 《루머: 오류는 어떻게 전파되며 왜 우리는 그것을 믿는가, 그리고 우리가 할 수 있는 일은 무엇인가》

휴 트레버-로퍼, 《옥스퍼드 서한집》 리처드 데이븐포트 하인스 편

케네스 타이넌, 《케네스 타이넌의 일기Diaries of Kenneth Tynan》 존 라 편

지넷 월스, 《접시: 가십이 어떻게 뉴스가 되고 뉴스가 또 하나의 쇼가 될까Dish: How Gossip Became the News, and the News Became Just Another Show》

바버라 월터스, 《오디션》

로저 윌크스, 《스캔들: 가십의 야비한 역사》

테네시 윌리엄스, 《회고록Memoirs》

옮긴이 **박인용**

서울대학교 국문학과를 졸업한 후, 시각문화사 편집장 업무를 시작으로 건축 잡지와 과학 잡지, 출판사의 전집물 기획 편집 등에 참여했다. 지금은 전문 번역가로 활동 중이며, 옮긴 책으로는 《마오쩌둥》《세상을 보는 지혜》《에코 에고이스트》《보통의 독자》《파일로 밴스의 고뇌》《미쏠로지카》《비발디의 처녀들》《이상한 나라의 언어 씨 이야기》 등이 있다.

함께 옮긴이 **김양미**

연세대학교에서 불문학을 공부하고 출판사에서 책 만드는 일을 했다. 지금은 외국 책을 번역하여 소개하는 일과 편집 일을 하고 있다. 옮긴 책으로는 《꼬마박사의 신기한 발견 – 아름다운 우주의 비밀》《알록달록 코끼리 엘머》《그림 형제 동화집》 등이 있다.

성난 초콜릿
그럴듯하면서 확인할 수 없고 매우 가혹한 가십의 문화·사회사

초판 1쇄 발행 2013년 4월 1일

지은이 조지프 엡스타인
옮긴이 박인용
펴낸이 양소연

기획편집 함소연 진숙현 **디자인** 하주연 이지선
마케팅 이광택 **관리** 유승호 김성은
인터넷사업부 백윤경 이정돈

펴낸곳 함께읽는책 **등록번호** 제25100-2001-000043호 **등록일자** 2001년 11월 14일

주소 서울시 금천구 가산동 60-3 대륭포스트타워 5차 1104호
대표전화 02-2103-2480 **팩스** 02-2624-4240 **홈페이지** www.cobook.co.kr
ISBN 978-89-90369-64-2(03330)